健全的社會

佛洛姆從人本主義出發，
勾勒人類真正的理想生活

The Sane Society

Erich Fromm

埃里希・佛洛姆——著
梁永安——譯

目錄

導讀 科技時代下的人性未來

紀金慶（臺灣師範大學助理教授）

佛洛姆（Erich Fromm, 1900-1980）的《健全的社會》（*The Sane Society*）出版於一九五五年，這是他最明確也最深入地談論政治制度與經濟結構的一本書，這與一九五五年前後的全球政治格局與美國經濟結構密切相關。

以當時的全球政治變遷來看，二戰結束後，美國與蘇聯從戰爭時的同盟，轉眼變為全球兩大意識形態與軍事霸權的敵對陣營。

一九四七年杜魯門主義確立後，美國對共產主義的全球擴張持強烈敵意，進入後來人們稱為「冷戰」的時代，緊接著在一九五〇到一九五三年韓戰爆發，更讓兩邊陣營意識形態對立升至高點，再兩年後，華沙公約組織於一九五五年成立，形成蘇聯主導東歐對抗北大西洋公約組織的政治態勢。

國際政治的主要兩邊勢力，一邊是蘇聯代表的極權式共產主義，透過一黨專政與計畫經濟管理社會。而另一邊則是美國與西歐所主張的民主自由與市場經濟，但實際上也逐漸形成技術官僚化與資本邏輯主導的社會結構。

此時，我們將鏡頭轉向美國本土，就更能明白佛洛姆當時寫作的背景。

在一九五〇年代初，隨著我們剛剛分析的全球政治的緊張狀態，美國本土出現強烈的反共恐慌，著名參議員麥卡錫（Joseph McCarthy, 1908-1957）領軍展開大規模的「清共」行動。在當時，許多學者、作家、藝術家被貼上左翼思想的標籤而被視為危險份子，並遭到清算。儘管到了一九五四年麥卡錫聲勢瓦解，然而整體社會仍處於高度意識形態警戒中。

經濟方面，二戰後的美國進入經濟高速增長期，也就是後來稱之為「黃金年代」的蓬勃發展，在這一時期消費主義的市場經濟正進入高速發展的初始階段，電視、家電、大眾文化迅速滲透人們生活，自由與繁榮是當時美國人的直觀體感。

處在這樣的現實氛圍下，佛洛姆身為法蘭克福學派的一員，地位極其特殊。首先，法蘭克福學派的成員多數有深厚的左派傳統，他們是因應時代變化下的新馬克思主義理論家；其次，法蘭克福學派的成立也與反對納粹極權主義的歷史有很深的淵源。

兩項條件點出法蘭克福學派與當前氛圍格格不入的特殊戰略位置，他們是左派思想的承續者，卻反對當時以蘇聯為首的共產主義，這是因為蘇聯的共產體制和種種粗暴的政治操作背離了人性；而另一方面，他們對於美國的自由資本主義也同樣不領情、不買單，他們看穿資本主義下的自由是虛假的自由，並預示這種資本主義的繼續發展，將成為更深的極權主義，資本主義發展至最終極處時無需殺人，而是直接將人性自人內心深處麻痹埋葬，就能進行最有效的社會控制。

這就是佛洛姆在《健全的社會》中的核心關懷，他不是用一種非黑即白的邏輯要我們選邊站，而是同時看穿兩邊陣營外表看似對立，但其實內裡一致的共同前提，然後讓我們去設想，如果還有選擇的可能，我們可以設想一個什麼樣的未來？我們如何掌握真正的自由？成為真實的自己？

一九八四與美麗新世界

佛洛姆在《健全的社會》提醒我們：儘管我們不能忽視自由資本主義與極權共產主義兩者間的巨大差異，但是如果我們看不見兩者的相似之處，特別是它們的未來發展趨勢的話，那麼我們的目光依舊是短淺的。

這是因為自由放任的資本主義與極權專制的共產主義雖看似制度對立，卻在生產前提共享同一套發展邏輯，也就是工業化和經濟效率至上的技術理性。如此一來，他們各自都沒有擺脫社會學家韋伯（Maximilian Karl Emil Weber, 1864-1920）診斷「現代性」（Modernity）的基本觀點，這就讓佛洛姆的批判理論找到介入社會分析與實踐的著力點。

法蘭克福學派的批判理論作為新世紀的新馬克思主義，其核心動力之一，就是將韋伯的社會學洞見引入哲學批判中，從這樣的批判觀點來看，蘇聯與美國為首的兩種體制，其實都以不斷提高生產力和財富為目標，由技術官僚（經理階級和職業政治家）掌控社會，並高度集中地組織勞動——無論是透過大工廠還是群眾政黨，個體僅僅淪為龐大機器體制中的小齒輪，必須順暢地運作。

也是在這樣的邏輯推論下，佛洛姆進而尖銳地指出：儘管自由資本主義社會與共產主義社會各自都宣稱為人類的最終幸福而努力，並宣稱對方是自己的絕對反面；然而，實質上兩者在奉行世俗化的物質信仰上是一樣的。西方高喊自由個人主義，但實則在拜物主義的文化邏輯下逐漸讓人物化、商品化；而東方標榜社會平等，卻在落入僵化教條下讓人淪為黨機器的附庸，使用黨機器的人反轉成為黨機器操作的人。

如此，話鋒一轉，佛洛姆諷刺當時東西方政治文化發展的「光明」前途，一邊是歐威爾的《一九八四》，而另一邊則更加「明亮」，它成了赫胥黎的《美麗新世界》。

佛洛姆當時悲觀地預言，未來的時代將有五十到一百年間，自動化與異化的過程還會持續並且加劇，兩種制度下的社會發展最終都會成為管理式社會，在那一天到來時，人不再是操控「體制／機器」的人，而是被「體制／機器」所徹底玩弄的人。不知道和我一樣處在佛洛姆當時所預言的未來世界的讀者，覺得佛洛姆當初的洞見是否成立？

現代科技下的人性未來

佛洛姆的觀點並非孤立。在一九五〇至一九七〇年代的西方哲學與社會思想中，現代性帶來的技術理性與自動化問題引發了一系列共鳴的批判聲音。

同為批判理論思想推手的馬庫色（Herbert Marcuse, 1898-1979）於一九五五年出版《愛欲與文明》（*Eros and Civilization*），可說與佛洛姆同年問世的《健全的社會》從不同面向對現代工業社會進行深刻批判與重構，兩者構成一九五〇年代法蘭克福學派在美國的重要思想交響。馬庫色在書中指出，在技術足以滿足基本生存需求的今日，持續的壓抑不再來自自然限制，而是來自維繫權力結構的社會機器。如此，現代資本主義社會號稱自由，其實是經過制度化的「額外壓抑」（surplus repression）驅使人、規訓人。

在大西洋的另一邊，德國本土的現象學大師海德格（Martin Heidegger, 1989-1976）對技術時代的批判同樣與佛洛姆形成遙遠的呼應。海德格在一九五四年發表的〈技術的追問〉（the Question concerning Technology）中探討了現代技術的本質，提出技術將萬物框架化（Gestell）為「持存」（standing-reserve），也就是將一切人事物框架為可供利用的人力資源與自然資源。

三位哲人在當時不約而同地指出：我們思考的起點不該是從社會制度或意識形態出發，討論資本主義或共產主義之別，而應該將思想的批判力劍指現代技術文明本身，因為無論何種社會，倘若不超越工具化的思維模式，人類都將「被技術不自由地束縛」而不自知。

被現代扭曲的人性追求

「十九世紀的問題是上帝死了，二十世紀的問題是人死了。」

這是我們讀到《健全的社會》尾聲時，佛洛姆發出的終極審問。

尼采在十九世紀末提出「上帝已死」，原指傳統宗教的崩潰，而深一層的意涵則是西方文化的價值根基的徹底瓦解。延續尼采的這個判斷，隨著所有終極價值的消亡，並在經歷一戰、二戰與冷戰之後，人們對於一切意識形態的失望，佛洛姆擔憂在盡去一切意識形態過後，我們會不會進入一個看似沒有意識形態，但意識形態更深地進入我們日常生活每一寸肌理的新世界，屆時人類迎來的將不是真正的自由與新價值，而是進一步導致人本身的消失。

佛洛姆自不是悲觀主義者，而是透過整本書主張，我們仍有能力重新「讓人復活」，當然這不是靠神祕主義或是政治意識形態，而是必須靠重建人道主義的社會、愛的能力與內在自由。

我們也特別關注他在書中所說的這句：「現代人具備了巨大的物質力量，卻不具備使用這些力量的智慧。」

因此，關鍵將是：什麼會是使用這個巨大科技力量的智慧？從這個問題出發，我們將會看到《健全的社會》作為銜接他早期的《逃避自由》（*Escape from Freedom*）與《自我的追尋》（*Man for Himself*），以及日後的《愛的藝術》（*The Art of Loving*）、《人心》（*The Heart of Man*）、《人類破壞性的剖析》（*The Anatomy of Human Destructiveness*）與《擁有還是存在？》（*To Have or to Be?*）等一系列著作的核心關懷。

什麼是有別於技術性思維，而能動用技術力量為我們生命服務的生活智慧？

例如，佛洛姆在《愛的藝術》和《擁有還是存在？》中始終強調的，愛是一種生產性的行動，是連結他人、擴展自我、創造社群的能力，因此，若技術不能促進人與人、人與自然的深層聯繫，而只加劇孤立、操控、消費，那就是非智慧的運用。又例如他在《逃避自由》與《自我的追尋》裡堅持主張的，真實的個性是能夠自由地選擇價值並承擔其後果的主體，因此，若科技只是為了滿足操控欲望、建立虛假形象、強化商品化自我，這是智慧的缺席，而在《健全的社會》與《人類破壞性的剖析》中你也會意識到，他默默堅持著智慧不僅僅是個人層次的品德，而是要設計能容納愛、創造力與對話的社會制度，這樣的社會必須讓工作要有意義而非只是餬口；教育要激發好奇心與責任，而非馴化；經濟要服務生活，而非讓生活服從經濟。

若沿著佛洛姆的哲學線索繼續追問，我們不難發現：我們的問題從未遠離他當時的憂慮，甚至已更深化、更結構化地進入我們的日常與文化肌理中。在今日的資訊社會中，我們能生成海量資訊，卻為何無法分辨何為真實與意義？我們能連接所有人，卻為何日益感到孤立與焦慮？我們能生產無限商品，卻為何無法回答什麼是值得擁有而什麼應該去守護？唯有將佛洛姆的問題重新擺置到我們現下的時代語境下，你才能發現佛洛姆的追問永遠不是過時的擔憂，而是對我們這一代人最切身的反思。

思考這一步，你就會發現佛洛姆依然走在我們前頭，例如他在《健全的社會》中幾乎超前了半個世紀以上為我們指出：現代社會對快樂的迷信，本質上是愛與自由的深層錯置，特別是當資本主義文化將「愛」與「幸福」轉化為商品邏輯下的「消費品」與「服務」，這個過程極具欺騙性，因為它披著自由與進步的外衣，實則在飼養一種「精神的嬰兒化」。

在當代以及未來的市場經濟中，幸福將持續被打造成消費的結果，而不是一種生命的成就。在書中他所擔憂的「美麗新世界」裡，我們被教導要「快快樂樂」，但這種快樂往往由外部提供、被動接收、短暫而空虛，如此一來，「快樂」與「自由」、「愛」本應是一體的生命活動結果，如今卻被扭曲成如何讓自己成為更受歡迎的商品。屆時，我們將走入佛洛姆所批判的現代文化氛圍裡，資本主義的未來是製造既無愛人能力、又無承受孤獨勇氣的「自戀型消費人」，而一旦如此，消費式快樂將不是自由的結果，而是逃避自由的補償。

愛生性

佛洛姆在第五章結束前的這個推論，我認為對照現下的時代狀態特別值得我們細思：他說如果我們從反面來為快樂下定義，也許對於「什麼是人」會更有縱深的立體感。佛洛姆指出：「快樂不對比於憂愁，而是憂鬱。憂鬱是什麼？憂鬱是再沒能力去感覺。儘管肉身還存在，卻槁木死灰。」

憂愁仍有感受力，憂鬱卻是感受的枯竭，是槁木死灰的存在狀態。在這樣的分析下，我們赫然發現：資本主義社會所推銷的快樂，本質上與憂鬱其實並不遙遠。它們同樣來自一種內在主體的崩塌：那個本應有創造力、敏感度、與世界連結能力的人，變成了被動接收刺激的對象——對資訊、影像、商品、關注的回應成為生活的全部，而那個可以給出感受、生成意義的我，已不在場。

關於這一點，在商品提供的刺激反應中，麻痺的資本主義社會人們所體驗到的快樂，本質上和憂鬱相距不遠，無怪乎躁症和鬱症輪流出現在當下人們的日常生活情態中。我們逐漸失去了主動創造與感受的主體能力。這一切正是當代社會出現躁症與鬱症交替的心理文化背景：我們時而狂奔、時而癱瘓，時而拚命想證明「我存在」，時而深陷一種「我根本不存在」的虛無。

佛洛姆的診斷極為深刻。他指出：真正的快樂不可能在這種被動與異化中誕生，快樂必須由主體的活力去生成，它發生在我與世界之間那個充滿創造可能的「中介」（in-between）的灰色地帶。唯有在那中間發生的一切，既不會淪為純粹幻想，或是對於現實生活的單方面投降，而是「我與物」、「我與人」之間發生創造性交會的場域。在這裡，自我不是絕對封閉的堡壘，也不是全然投降的工具，而是一個能夠「出走而又歸返」的流動形態。快樂不再是商品，不再是結果，而是過程中的能量流動，是活著的證明。

簡言之，真正的自由、自我、愛與快樂，其可能性條件存在於「物與我」、「人與我」之間的那個「與」，在那個灰色地帶，自由創造出不過分扭曲現實，也不過分委屈自我的那個創造性，在那個「中間地帶」注入「活生生的能量」（vital energy）。

能轉念如此思考，自由、真理與愛，就不能看作是故作高調的傳統價值，其實從佛洛姆的一系列著作看，這些不但始終是我們身而為人的價值所在，同時我們在新世界中所追求的幸福快樂也在其中，幸福是愛的副產品，而快樂是自由的副產品，是主體與世界進行真實連結時會油然而生的存在。因此，若一個社會只會給出快樂的替代品——短效刺激、即時回報、標準化滿足——那麼它所生產的，將不是快樂，而是系統性憂鬱的麻醉配方。

佛洛姆在《健全的社會》中尚未發展出他在二十年後於《人心》一書中提出的「愛生性」（biophilia）這個詞彙，但在書末，他已逐步接近這個觀念的靈魂核心。他不斷強調：真正的自由與快樂並非產於逃避現實，而是誕生在人與人、人與物之間的創造性交會地帶。這種對活力、關係、開放與創造的渴望，就是日後《人心》中所命名的「愛生性」。在那裡，佛洛姆明確指出：對生命的熱愛是唯一能對抗現代死生文化與破壞性結構的根本力量。

佛洛姆是一個對現代文化發展進行系統性反思的哲學家，他一生持續不斷地寫作都走在這個漫長的沉思道路上，木馬文化出版社在過去幾年努力將這位哲人的一系列著作重新譯介到我們這個新時代，這在消費時代下是很艱難的嘗試，很具有意義的行動。

我們這個時代有個迷思，總覺得一路往前意味著進步，而進步意味著放棄過往，於是不知不覺中我們拋棄過往時也丟下了經典。其實經典永不過時，我們閱讀經典，有時更能從經典中讀出我們，真正的自由與創造有時真如佛洛姆一再暗示我們的那樣，就在我們與過往、我們與未來「中間」的那個地帶召喚著我們。

導讀　從異議中找尋意義的人性需求

蘇俊濠（諮商心理師，精神分析主題作家）

《健全的社會》（*The Sane Society*, 1955）是在上世紀五十年代冷戰時期，衰敗的資本主義及向極權傾側的背景下，同時是佛洛姆作為左翼知識份子最常受邀與政客交流和講學的狀態下所出版的。書的後半寫得異常厚重，因佛洛姆得為理想的人本社群社會主義（Humanistic Communitarian Socialism）提供足夠的支撐論述及具體建議，然而，這些對公共事務與社會制度的分析與指導，一九五五到五六年間引發他與哲學家馬庫色（Herbert Marcuse, 1898-1979）在《*Dissent*》（異議）雜誌上著名的論戰。

哈佛大學心理學教授費里德曼（Lawrence Friedman）指出[1]，由於佛洛姆淡化了精神分析對驅力或本能的重視，某程度上過度把人所處的社會結構視為人格或潛意識的參照物，使得不少正統的佛洛伊德主義者樂見對佛洛姆的各式批評。

這場寡不敵眾的論戰一度挫敗了佛洛姆，卻讓他在窘境中向第三任妻子佛里曼（Annis Freeman）尋覓慰藉，從中學會了自愛（self-love）的意義：由內而起。佛洛姆彷彿領悟到儘管社會急需改革，但人們不必等到政制更替以後才開展內在的革命：透過仿效藝術修為之道，人亦可抵抗消費文化的污染，用創造性的行動轉化世道。翌年，佛洛姆便出版了通俗易懂卻又非流行自助書的經典之作《愛的藝術》，他從此得以自在地書寫跨越學術與大眾領域的著作。

無論在書寫風格上，還是在改革的順序上（由社會結構到個體心理為先，當然他主張內外並行為佳），《健全的社會》都標誌著佛洛姆思想之調性轉換的關鍵前夕。事實證明，此轉換極其成功，他的事業和聲望都更勝從前。

另一方面，從佛洛姆日後的反駁——馬庫色對佛洛伊德的臨床部分一無所知——來看，他身為精神分析師的臨床基底，才是其論述背後的根本動力。因此，用音樂的語言來說，《健全的社會》本身也有著主、屬調性的移動。接下來我將從書的後半部的屬調（外在政策因素）回頭，引領大家聽見前半部的主調色彩（人本主義精神分析的人性關懷）。

人性的五大需求：用一生去回應的存在問題

人性（human nature）從正常到病態的各種表現形式，其實深受人們所處的社會制度與文化所塑造。人既善又惡，是羊也是狼，一切端看社會在各個層面是否以符合或促進**人性（或本能）中的潛在美善及健康發展**之方向去架構。

由此可見，佛洛姆的語言雖然是社會學式的，基調卻是心理學式的，但要定義人性，還得看人類最核心的心理需要為何。他提出了五點：連結的需要、超越的需要、扎根的需要、對身分認同的需要，以及對定向架構和獻身的需要。

我試圖重新串連這些需要，並輔以不同精神分析師的觀點，凸顯佛洛姆這段旋律的和聲細節——人類與其他動物的最大差別，在於人是唯一把自身生命視為一道問題的存在。我們無法不在這種獨特的生命處境下，用最大的激情去回答一連串人性問題：

我自哪裡來（扎根）？我是誰（身分）？將往哪裡去（獻身）？

出生的必然創傷，造就人類永不止息地渴求對「家」的依賴。生物學上，人不過是離開了母親的子宮，但心理學上，出生帶來了分離的原初焦慮（primal anxiety）與孤獨感，並激起「重新合一」的亂倫或共生幻想，心理上的不願出生亦意味著個體性的喪失。

出生使然的**兩難**——離家便感到無助與孤獨，留在母親身邊卻會失去自我——驅使人去尋找能夠再次滿足他的依賴需求、又能建立身分認同的新對象。在社團、政黨、教會之內「我跟你站同一邊，共享同樣的理念」的歸屬感，撫慰了人身為被拋入世界的孤獨者的焦慮。

新的身分認同所屬的文化、歷史與傳統，更提供了人生一個「定向架構」，使人們能夠為特定的價值或信仰而戰、貢獻、被記載，讓人生在世有了方向與意義，激情亦尋得出口。

值得注意的是，投入團體或文化活動是中性的人性需求，絕非強調「獨立」的當代風潮的反面，一如精神分析師溫尼考特（D. W. Winnicott, 1896-1971）提到[2]：文化經驗延伸自童年的玩耍（playing），教人們熱情參與的文化生活其本身作為一種**潛在空間**（potential space），其實是建立於**錯覺**（illusion）之上的：無獨有偶，佛洛姆指出，即便**定向架構**（frame of orientation）完全是

虛幻的（illusory），亦能夠滿足人們對某種對他而言具有意義之願景的需要。換言之，人們在無需特意明證真與假、對或錯之文化框架的時空裡玩得開心，已然是需求的滿足經驗。

人性的需要有其被滿足的特定方式。蘭克（Otto Rank, 1994-1939）強調[3]，人必須克服與母愛紐帶（maternal tie）斷裂之恐懼而心理地「出生」，或克莉斯蒂娃（Julia Kristeva，1941-）所說[4]，人必須象徵地「弒母」，才能告別「舊家」的思考囚牢，在「新家」重新連結與發展。為了踏上**個體化**（individualization）之途，剩下的兩個人性問題可以表述為：

我能成為神嗎（超越）？我若不是神，又能是什麼（連結）？

每個人都有感受自身創造力的需要。溫尼考特認為在夠好的母親照料下，小嬰兒會產生「身為神」的錯覺，這美麗的錯覺使他信心滿滿地開展每天的創世工程（如發明一種遊戲方式、享受照顧一隻布娃娃），並被自己所驚豔。如果一切順利，此超越身為受造物，能根據需要而像神一般地創造的力量，將繼續在某個文化場域中發揮為「創造性取向」（productive orientation），最終這錯覺又能順利地幻滅。

幻滅指認識到自身不是神，自己就像其他生活在地球上的兄弟姊妹一樣是個平凡人，於是這時候最美的創造，就是「去愛」，人藉此獲得克服自戀並與他人連結的滿足。

從「我是神」對超越的追求，到「我是人」對連結的渴慕，居然回頭答覆了因出生創傷所帶來的兩種存在恐懼（蘭克強調）和人性需要（佛洛姆強調）：突破與母親共生而失去個體性的死亡恐懼（death fear），超越以成為完整的自己的需要；克服與母親分離而必須獨自承受孤獨的生命恐懼（life fear），連結以和別人共融的需要。

出生的**兩難**成為了**兩全**，成全了死亡需求——在愛之中與他人結合為一，與生命需求——在創造中找到並超越自我。

缺陷的社會：極權主義及追隨者的心理

在《健全的社會》時期的佛洛姆相信，決定人格的因素主要是文化：人性的需要、激情和規律，會因為不同的文化與環境，及不同的滿足途徑，被促進和扭曲至完全相反的心理健康結果，因此他才有別於其他精神分析學家，主張心理健康「必須定義為社會對人的需要所做的適應」。愈能適應的正面方向，就愈體現出規範性人本主義（normative humanism）的精神；愈是異化（alienation）與機器人化（robotism）的負面方向，其極端形式就是極權主義（totalitarianism）。

延續前述心理需求的調性，在極端值上我們毫不意外，當一個人浸泡在永遠受到全能母親保護的潛意識幻想，他必然習慣以個體性為代價，換取從威權而來的安全感與肯定。在放棄理性與客觀思考的自我面前，對定向架構和獻身的需要很容易被抽象的形象與論述所點燃，成為非理性的激情。可想而知，這樣的人其實是無能的和缺乏創造力的，他必須透過偶像化或屈從於某領袖、政權或主義，去填補自戀的空洞。儘管他們有所生產，也只能產出贗品，或做出供自己膜拜的偶像；看似友愛的行為，也只是機器人一般的盲目跟風；類似愛的行徑，其核心仍是自戀的。

絕大多數的連結與愛，都只是以其美名的利益交換。

《逃避自由》談極權主義作為現代人逃避自由的方式，《健全的社會》則是進一步解釋極權主義是如何作為一種滿足途徑，吸引著人性需求被高度異化的、從未成為自己生命主人的人。換言之，人被生命恐懼（離開母親）與死亡恐懼（自我負責）雙重嚇窒，不論忙碌或庸碌地度過一生，亦「不知道他們做的是什麼」（路加，23：34）。

如若真的貫徹佛洛姆的批判思考，我們可曾想過除了延續上世紀的威權與父權以外，今天某類政治正確的主張或科技為王的思想，也是值得保持警醒的異化與機械化之途？

被異化的需求裡，可有反抗的希望存在？

從今天回看，對關係取向精神分析有相當影響的當代自體心理學家利希滕伯格（Joseph Lichtenberg, 1925-2021），提出五個基於滿足及回應先天需求之動機系統（motivational system）[5]。簡要比對之下，我認為佛洛姆提出的五項人性需要，的確對傳統精神分析強調的攻擊（厭惡系統）與性（感官與性欲系統）的本能需求有所忽略。

然而，我並非要像佛洛伊德主義者般就此抬出批評，相反的，假設佛洛姆是對的，多數人的性格與行為都難逃被當前文化風氣或多或少地異化的命運，這便讓人不禁奇想：由於性與攻擊蘊含著生物本能的激情基調，那會否在各種需求都被高度異化的大環境下，二者反而仍能保有從異化中逃逸的自發性，成為反異化之希望的力量泉源？

閱讀佛洛姆是一個螺旋下探的過程，透過他日後的《人心》、《擁有還是存在？》、《存在的藝術》……在健全的社會來臨之前，我們又能否在日常生活中感知到，或創造出那些真正能安撫原初的分離焦慮與威脅，並讓心靈能持續在告別中再次連結、在分裂後重新整合的事物呢？

---

1 Friedman, L. J. (2013). *The lives of Erich Fromm: Love's prophet*. Columbia University Press.
2 Winnicott, D. W. (1967). The location of cultural experience (pp.128-139). In *Playing and reality* (2005[1971]). Routledge.
3 Rank, O. (1950). *Will therapy and truth and reality*. Alfred A. Knopf.
4 Kristeva, J.（2023）：《弒母：梅蘭妮・克萊恩的痛苦、瘋狂與創造》（許薰月譯，心靈工坊初版，原著出版年：2000）。
5 Lichtenberg , J. (1988). A theory of motivational-functional systems as psychic structures. *Journal of the American Psychoanalytic Association*, 36:55-70.

健全的社會

前言

本書是我超過十五年前所寫的《逃避自由》一書的延續。在該書中，我設法顯示極權主義運動喚起了人們深藏的渴望，即渴望逃避人在現代世界好不容易取得的自由。現代人擺脫了中世紀的束縛，卻無法在理性與愛的基礎上自由地營造有意義的生活，於是想藉由順從領袖、民族或國家，求得新的安全感。

在《健全的社會》這本書中，我則盡力顯示二十世紀民主制度下的生活在許多方面構成了對自由的另一次逃避。對這次逃避的分析，我是以「異化」（alienation）為核心來進行，這項觀念構成了本書的一大部分。

《健全的社會》並以另一種方式延續《逃避自由》，就此而論，它在某種程度上也與《自我的追尋》一書一脈相承。在這兩本書中，我都討論了與主題有關的具體心理機制。《逃避自由》主要涉及專制性格（施虐癖、受虐癖等），而《自我的追尋》則探討了各種性格取向（character orientations），以人際關係為基礎的性格發展概念，取代佛洛伊德的「力比多」[1]發展理論。在《健全的社會》中，我更為系統地發展了我稱之為「人本主義精神分析」（humanistic psychoanalysis）的基本觀念。當然，我不可能不提我既有的觀點，但在本書中這些觀點只是一筆帶過，而將主要篇幅放在我最近幾年的觀察和思考的結果上。

我希望我的讀者能夠輕易看出，我過去書籍中的思想連貫性，以及其中的一些變化，這些都導向了人本精神分析的主要論點：人的基本激情（passion）不是根植於人的本能需求，而是根植於人類生命的特定狀況，根植於人演變成人後，對「人與人」和「人與自然」的新親密關係的需求。儘管在這個方面，我的觀點與佛洛伊德有著根本的區別，不過，這些觀點還是建立在他的基本發現上，並在後一代人的思想和經驗的影響下，進一步發展得來。但是，正由於本書包含對佛洛伊德直接或隱含的批評，我想在此十分明白地指出，我認為精神分析的某些發展趨勢包含著巨大的危機，因為它們固然批判了佛洛伊德思想體系的某些錯誤，卻也把他的學說中最有價值的部分連同他的錯誤一起丟棄。這些最有價值的部分包括佛洛伊德的科學方法、他的演化觀念，以及他認為無意識是一種真正的非理性力量，而不是一個錯誤觀念大雜燴的看法。此外，精神分析還面臨著另一種危機：它失去了佛洛伊德思想的另一項重要特徵，即不理會常識和輿論的勇氣。

最後要說明的是，《健全的社會》是從《逃避自由》中的純粹批判分析出發，就健全社會要如何建立的問題提出具體建議。本書最後這部分並非要人相信我提出的每種建議都必然「正確」，而是為了闡明，只有當經濟、社會—政治和文化領域同時進行變革，社會才可能會進步。任何局限於單一領域的進步對全面進步來說都是有害的。

我深深受惠於許多朋友，他們讀了我的手稿，提出不少建設性的建議和批評，使我獲益匪淺。在此，我要特別提的是喬治・福克斯（George Fuchs），他在我寫作本書期間去世。起初我們計畫共同執筆，後因他長期患病，計畫未能實現。不過，他給予我極大的幫助。我們有過多次長談，他寫過許多信函和便箋給我。尤其是在涉及社會主義理論的問題上，這些信函和便箋幫助我澄清自己的思路，有時還會修正我的想法。我在書中幾次提到他的名字，但我從他的受益遠大於此。

世界衛生組織心理健康處的負責人哈格里夫斯博士（Dr. G. R. Hargreaves）為我提供了有關酒精中毒、自殺和謀殺的數據，在此亦致上謝忱。

——埃里希・佛洛姆

1 譯註：「力比多」（libido）心理學上指性驅力，或生命能量。

祂必在多國的民中施行審判，為遠方強盛的國斷定是非。他們要將刀打成犁頭，把槍打成鐮刀。這國不舉刀攻擊那國，他們也不再學習戰事。
人人都要坐在自己葡萄樹下和無花果樹下，無人驚嚇。這是萬軍之耶和華親口說的。

——《聖經．彌迦書》（*Micah*）

沒有比生活的藝術更困難的藝術。對其他藝術和科學，各處可以找到許多老師。就連年輕人也相信他們可以藉這種方式學到以下的道理，再把它教給他人：人在一生中必須不斷學習如何生活，而尤其讓人驚訝的是，人在一生中必須不斷學習如何死去。

——塞內卡（Seneca，古羅馬哲學家）

此世與彼世不斷地孕育萬物：每個因都是母親，每個果都是孩子。
當一個果誕生，它也會成為新的因，孕育出其他奇妙的果。
這些因果是一代又一代，唯有具備洞察的眼光，才能看出其中的脈絡。

——魯米（Rumi，伊斯蘭教蘇菲派詩人）

人類所創造的事物，如今猶如坐上馬鞍，反過來駕馭人類。

——愛默森（Emerson，十九世紀美國思想家）

人類既然有智慧創造科學與藝術，為什麼無法創造一個公義、友愛與和平的世界？人類曾孕育出柏拉圖、荷馬、莎士比亞、雨果、米開朗基羅、貝多芬、帕斯卡和牛頓這些英雄，但他們的天賦都只與基本的真理接觸，只與宇宙的最內在本質接觸。為什麼人類無法孕育出一些領袖，把人類帶往最貼近宇宙和諧的生活方式？

——布魯姆（Leon Blum，法國左派政治家、作家）

第一章

我們的心理健全嗎？

沒有比這種看法更常見了：生活在二十世紀西方世界的人自認極為理智。雖然我們之中很多人事實上患了或輕或重的心理疾病，但這並沒有使我們懷疑人類心理健康的整體水準。我們深信，只要採用較好的心理衛生方法，就能進一步改善我們的心理健康狀況。至於個人的精神障礙，我們則僅僅視之為個別事件，你或許會有些驚訝，在一個如此理性的文化中竟然會發生那麼多的此類事件。

但我們有把握說我們不是在自欺欺人嗎？精神病院裡許多病人都認定，除了他們自己，人人都是瘋子。很多嚴重的精神官能症患者相信，他那難以控制的強迫行為或歇斯底里的發作，都是對有點不正常的環境所做出的正常反應。我們自己的情形又是如何？

讓我們從正確的精神病學角度來看看事實吧。過去一百年來，西方國家創造出的物質財富超過人類歷史上任何社會。但是，我們卻透過一種名為「戰爭」的機制，殺戮數以百萬計的人。除了小型戰爭之外，我們在一八七〇年、一九一四年和一九三九年進行過三次大規模戰爭。在這些戰爭中，每個參戰方都堅信自己是為自衛而戰，是為榮譽而戰，再不然就是得到了上帝的支持。反觀戰爭中的對手則常常被視為殘酷和喪失理性的惡魔，必須予以擊敗方能將世界從罪惡中拯救出來。但不到幾年工夫，在相互殘殺事過境遷之後，昔日的敵人便成了我們的朋友，昔日的朋友便成了我們的敵人，我們又再次一本正經地重新劃分敵友。在一九五五年的今天，我們正在準備進行一場大屠殺[1]，如果成為事實，其規模將刷新人類歷史。自然科學領域最重大的發現之一將被用於這項目的。每個人都懷著信任又擔憂的心情，指望各國的政治領袖，只要他們能成功避免戰爭，就準備好對他們大加讚揚，卻忽略了一個事實：正是這些政治領袖才會引發戰爭。他們之所以造成戰爭，通常甚至不是出於惡意，而是因為對人民所託付的事務管理不當。

然而，當我們爆發出毀滅性的行為與偏執的猜疑時，我們的行為其實與過去三千年來所謂文明社會的人類並無不同。按照維克多．切布里茲（Victor Cherbulliez）的計算，從西元前一五〇〇年到西元一八六〇年之間，人類簽訂的和平條約不少於八千份，而每一紙和約都被認為能維持恆久的和平，但平均效力只有兩年！[2]

經濟事務的運作也談不上樂觀。在我們的經濟制度中，農作物特別豐收反而成為經濟上的災難，我們甚至以穩定市場為由，限制部分農業生產力——儘管世界上有千千萬萬人正好缺乏這些被限制生產的物資，且極度需要它們。目前，我們的經濟系統運轉良好，其中一個重要原因，是我們每年花費數十億美元來生產軍備。經濟學家對我們停止軍備生產的那一天感到憂慮；主張國家應該蓋房子與生產其他實用且必要的物資，而非軍備的觀點，則常被指控為危害自由與扼殺個人行動自主。

我們有九成人口識字。我們有廣播、電視、電影，人人天天有報紙可看。但是，這些傳播媒介並沒有為我們引介古今最好的文學和音樂，反而在廣告的推動下，用最廉價的垃圾內容塞滿人們的腦袋。這些內容完全缺乏現實感，充斥著施虐式的幻想，連稍有文化修養的人偶爾想到這些都會感到難堪。儘管不論老少，每個人的心靈都受到毒害，我們仍然高興地確保螢幕上不會出現任何「不道德」的內容。如果有人主張政府應該資助製作電影和廣播，以推出啟迪人心的節目，這樣的建議必定會被人以自由和理想主義之名加以指責。

我們已經將平均的工作時間減少到一百年前的一半左右。我們現在能夠自由支配的時間遠超過先人所夢想的。但結果又是如何？是我們不知道如何使用這些新獲得的自由時間。我們盡力消磨掉這些省下來的時間，樂於看到另一天又結束了。

我為什麼要繼續描繪這幅人盡皆知的畫面呢？如果一個人以這種方式生活，我們一定會懷疑他神智是否健全。又如果他聲稱自己一切正常，行為完全合乎常理，那我們的診斷更顯正確無疑。

可是，很多精神疾病學者和心理學家都拒絕接受「社會整體可能神智不健全」的說法。他們力主社會的心理健康問題只關於某些「無法調適的」（unadjusted）個人，文化本身不可能存在這種問題。本書關注的是後者，不討論個人的病態（individual pathology），只討論常人的病態（pathology of normalcy），特別是當今西方社會的病態。在對社會病態（social pathology）這個概念進行複雜討論之前，讓我們先看一些有關西方文化中個人病態發生率的數據，它們說明了很多問題。

西方各國的精神疾病發生率是多少？最讓人吃驚的是，我們竟然沒有可以回答這個問題的任何數據。在物質資源、就業、出生率和死亡率這些方面，我們都有精確的比較統計數據，但我們卻沒有關於心理疾病的充分資料。只有為數不多的幾個國家（比如美國和瑞典）有一些精確數據，但這些數據只是關於精神病院收容的病人，無助於我們估計心理疾病的相對發生率。[3]有關精神疾病護理和設備的改善情況，以及精神疾病發病率增加程度的數據，也少得可憐。美國所有醫院的大半病床都用來安置精神病患的事實，還有我們每年在他們身上花費了十多億美元的事實，可能並不表示精神疾病發病率的增加，只表示對這方面的醫療護理資源有所增加。不過，有些其他數字更能顯示較嚴重的心理障礙的發生率。例如，第二次世界大戰期間美國免服兵役的人當中，有一七．七％是由於患有精神疾病。這樣，即使我們沒有過去或其他國家的數據可供比較，也足以說明精神疾病的高發生率了。

我們能夠得到的，唯一可粗略顯示心理健康情況的比較數據，是有關自殺、殺人和酒精中毒的數值。自殺無疑是最複雜的問題，不能簡單地歸因於某個單一原因。但是，即便我們不馬上討論自殺問題，我們也可以有把握地做出以下假設：一個國家的自殺率高，顯示這國家的人民缺乏心理健康和精神穩定。所有數據都清楚證明：高自殺率絕不是物質匱乏的結果。最貧窮的國家自殺率最低，而在歐洲，人們在物質方面日趨繁榮的同時，自殺率也在升高。[4]至於酒精中毒，毫無疑問也是精神和情緒不穩定的症狀。

殺人的動機可能不像自殺的動機那樣具有病態性。雖然在他殺率高的國家自殺率通常較低，但如果把這兩者加總，卻得出一個耐人尋味的結論。如果我們把殺人和自殺都歸入「破壞性行為」，那麼，表二便顯示了兩者相加的比率不是一成不變的，而是在三五．七六％與四．二四％之間浮動，這與佛洛伊德「死亡本能」理論中所假設的「破壞性相對恆定」相矛盾，並進一步推翻其「破壞性保持恆定比率，僅在指向自我或外在世界時有所不同」的說法。

以下三個表顯示歐洲和北美主要國家的自殺、他殺和酒精中毒的發生率。

表一[5]　（每十萬成年人中所占的數字）

國家	自殺	殺人
丹麥	35.09	0.67
瑞士	33.72	1.42
芬蘭	23.35	6.45
瑞典	19.74	1.01
美國	15.52	8.50
法國	14.83	1.53
葡萄牙	14.24	2.79
英格蘭和威爾斯	13.43	0.63
澳洲	13.03	1.57
加拿大	11.40	1.67
蘇格蘭	8.06	0.52
挪威	7.84	0.38
西班牙	7.71	2.88
義大利	7.67	7.38
北愛爾蘭	4.82	0.13
愛爾蘭（共和國）	3.70	0.54

表二

國家	破壞性行為（自殺與殺人之總和）
丹麥	35.76
瑞士	35.14
芬蘭	29.80
美國	24.02
瑞典	20.75
葡萄牙	17.03
法國	16.36
義大利	15.05
澳洲	14.60
英格蘭和威爾斯	14.06
加拿大	13.07
西班牙	10.59
蘇格蘭	8.58
挪威	8.22
北愛爾蘭	4.95
愛爾蘭（共和國）	4.24

（表一、表二是一九四六年的統計數字）

表三

國家	酒精中毒者的估計數字 （不論是否有併發症） （每十萬成年人中所占的數字）
美國	3,952（1948年）
法國	2,850（1945年）
瑞典	2,580（1946年）
瑞士	2,385（1947年）
丹麥	1,950（1948年）
挪威	1,560（1947年）
芬蘭	1,430（1947年）
澳洲	1,340（1947年）
英格蘭和威爾斯	1,100（1948年）
義大利	500（1942年）

我們只要略看一下這些表，就會發現一個明顯現象：丹麥、瑞士、芬蘭、瑞典和美國的自殺率最高，自殺率與殺人率的總和也最高，而西班牙、義大利、北愛爾蘭，及愛爾蘭共和國的自殺率和殺人率最低。有關酒精中毒的數字顯示，自殺率最高的國家（美國、瑞士、瑞典和丹麥），酒精中毒率也最高，不同的只是美國高居首位，而法國位居第二（法國的自殺率是第六位）。

這些數據確實令人震驚，也發人深省。我們或許應該懷疑，單憑高自殺率是否足以判斷一個國家人民的心理健康狀況，但自殺率與酗酒率大體一致的事實，似乎清楚地表明，我們所面對的是精神失衡的症狀。

於是我們發現，最民主、最和平、最繁榮的歐洲國家，以及世界上最昌盛繁榮的美國，顯示出最嚴重的精神障礙症狀。西方世界整體社經發展的目標是舒適的物質生活、相對平均的財富分配、穩定的民主和持久的和平，然而，正是最接近這些目標的國家表現出最嚴重的心理失衡跡象！當然，這些數字本身並沒有證明什麼，但至少它們令人吃驚。雖然我們對整個問題還未做詳細討論，但是這些數據卻引發一個問題：我們的生活方式，我們奮鬥的目標，難道沒有根本性的錯誤嗎？

這是否因為，中產階級的富足生活在滿足我們物質需求的同時，也帶給我們強烈的乏味感，而自殺和嗜酒則是逃避這種乏味感的病態方式呢？這些數字是否有力地說明了「人活著不是單靠食物」[6]這句話的真理性，顯示出現代文明未能滿足人內心深處的需求？果真如此，那麼，這些需求又是什麼呢？

以下幾章試圖回答這個問題，並批判性地評估當代西方文化對人類心理健康的影響。但是，在進入對這些問題的具體討論前，我們似乎應該先探討「常人的病態」這個基本問題，因為它是本書整體思想脈絡的前提。

---

1 譯註：此處指冷戰時期的核武威脅。

2 參見H. B. Stevens, *The Recovery of Culture*, Harper and Brothers, New York, 1949, p. 221.

3 參見H. Goldhamer and A. Marshall. *Psychosis and Civilization*, Free Press, Glencoe, 1953.

4 參見Maurice Halbwachs, *Les Causes du Suicide*, Félix Alcan, Paris, 1930, pp. 109 and 112.

5 表一和表二的資料來自：1. World Health Organization (1951) *Annual epidemiological and vital statistics*, 1939-46. *Part I. Vital statistics and causes of death*, Geneva, pp. 38-71.（為了更精確，本來源中的數字被從全部人口轉換為成年人口。）2. World Health Organization, (1952) *Epidem. vital Statist. Rep*. 5, 377. 表三的資料來自the Report on the First Session of the Alcoholism Subcommittee, of the Expert Committee on Mental Health, World Health Organization, Geneva, 1951.

6 譯註：語出《聖經》。

第二章

社會有可能生病嗎？

——關於常人的病態[1]

說整個社會缺乏心理健康，隱含一個有爭議的假設。這個假設與當今大多數社會學家所持的社會相對主義（sociological relativism）立場相反。他們認為，任何一個能夠運轉的社會都是正常的，而所謂的病態，只能夠形容個人無法適應其身處社會的生活方式。

說到「健全的社會」，則隱含著一個與社會相對主義不同的前提。只有在我們假設不健全的社會確實存在時，這種說法才有意義。抱持這種假設，又等於承認，世上有放諸四海皆準用以衡量心理健康的標準，讓我們賴以判斷每個社會的健康狀況。這種規範性人本主義（normative humanism）[2]的立場基於以下幾個基本前提。

「人類」這個物種不僅可以根據解剖學和生理學來定義，其成員也具有共同的基本心理特質、支配心理與情感運作的規律，以及對於圓滿解決人類生存問題的追求。確實，我們對「人」的了解仍相當不完整，迄今還無法從心理學的角度為「人」提出一個令人滿意的定義。「人之科學」（science of man）的最終任務便是對「人性」（human nature，人類本性）的正確描述。人們所謂的「人性」，只是人性的眾多表現形式之一，而且往往是病態的表現；而這類錯誤的定義，通常是為特定類型的社會辯護，宣稱該社會乃是人類精神結構必然產生的結果。

自十八世紀開始，自由主義者反駁這種對「人性」概念極端保守的用法，強調人的可塑性和環境因素的決定性影響力。這種強調既正確又重要，讓許多社會學家進而假設：人的精神結構猶如一張白紙，其本身並不具備固有的內在特質，但憑社會和文化在它上面寫下具體的內容。這種假設與其相反的觀點一樣，既站不住腳，也對社會進步造成破壞。真正的問題是，我們必須觀察人性在不同個體與文化中的種種表現（包括正常與病態的形式），並從這些表現中推論出人類共有的核心。而進一步的任務，是認識人性的內在規律和人性發展的固有目標。

這種人性概念不同於人們習慣上的用法。就像人會改造周圍的世界，人也在歷史的進程中改造自身。可以說，人是自己的創造之物。但是，就像他只能按自然物質的特性來改造自然界那樣，他也只能按人的本性來改造自己。人在歷史進程中所做的，便是發展這種潛能，並依照潛能所內含的可能性加以轉化。如果說「生物學的」或「社會學的」觀點，是把人性的這兩個方面割裂開來的話，那麼，這裡提出的觀點便既不是「生物學的」也不是「社會學的」，而超越於此種二分法之上。這種觀點認為，人內在的主要激情和動力是人的總體生命（total existence）的產物，它們是明確和可知的，一部分有益於健康和幸福，另一些則易於導致疾病與不幸。任何一種社會秩序都不會創造出這些欲求，但卻能決定在有限的潛在激情中，哪些會展現出來或占據優勢地位。人在任何特定文化中所呈現出的樣貌，始終是一種人性的表現，不過，他會以何種具體的形式展現人性，卻是由他生活在其中的社會環境所決定。嬰兒一生下來就具有人的所有潛能，這些潛能可以在有利的社會和文化條件下充分發展起來。而人類整體也在歷史進程中，發展成蘊含在他的潛能中的樣貌。

規範性人本主義的方法基於以下假設：就像所有難題一樣，解決人類生命難題的方法也有對或錯之分，有讓人滿意或讓人不滿意之分。如果人按照人性的特徵和規律發展成熟，他的精神就會健康。精神疾病即起因於這種發展的失敗。從這項前提出發，心理健康的判準就不是關乎個人是否適應特定的社會秩序，而是關乎它是否放諸四海皆準，可以對人類生命的難題做出讓人滿意的回答。

最容易讓人對社會成員的心理狀態產生誤判的觀念是「共識驗證」（consensual validation）。這項觀念天真地假定，只要是多數人共有的想法或情感，這些想法或情感就必然是正確的。事實遠非如此，共識驗證本身與理性或心理健康毫無關係。就像有「二人共享的瘋狂」[3]，同樣也可能有「千萬人共享的瘋狂」。千百萬人具有共同惡行的事實，並不能把這惡行變成美德；千百萬人犯了同樣錯誤的事實，並不能把這錯誤變成真理；千百萬人患有相同精神疾病的事實，並不能讓他們變成神智健全的人。

不過，在個人和社會的精神疾病之間存在著一個重要的區別，而這意謂著我們應該把兩個概念區分開來：一個是缺陷（defect），一個是精神官能症（neurosis）。如果一個人無法獲得自由，沒有自發性，無法真正表達自己的思想，而我們又認為自由和自發性是人人都應追求的客觀目標，那麼，他就可能被視為有嚴重缺陷。但如果一個社會的多數成員都沒有達到這個目標，那麼，我們談論的現象就是社會形塑的缺陷。在這樣的情形下，個體和大多數人共有某種缺陷，他不會意識到他有缺陷，沒有因為與人不同而感到不安，成為棄兒。他的生活可能會失去豐富性和真正的幸福感，但這卻可以因為他與其他人協調一致而來的安全感得到補償。事實上，他的這種缺陷也許會被他所處的文化奉為美德，因而增加他的成就感。

喀爾文（Jean Calvin）的教義在人們心中所掀起的罪惡感與焦慮感就是一個好例子。可以這樣說，如果一個人深感自己軟弱無力和毫無價值，不斷地懷疑自己是註定得救或受永罰，幾乎無法享受真正的歡樂，那麼，這個人就存在著嚴重的缺陷。但是，這種缺陷是文化塑成的，它被人們看成特別有價值，也因此，有這種缺陷的人就不會得到精神官能症——換成是身在同一種缺陷會讓人深感矮一截和孤立的文化，他就會得到精神官能症。

斯賓諾莎（Spinoza）非常清楚地勾勒過這種社會塑成的缺陷。他說：「很多人非常固執地被某種固定的情感控制。他所有的感官都受到這個目標強烈地感染，以致於當這個目標實際上不存在的時候，他仍然相信它的存在。要是這種情況發生在一個人清醒之時，這個人就會被認為發瘋了……但是，如果貪婪的人只想著錢財，有野心的人只想著名聲，我們卻不認為他們精神失常，只覺得他們令人厭惡，通常會加以鄙視。但事實上，貪婪和野心等等，都是精神失常的表現，儘管通常沒有將它們視為『疾病』。」[4]

這段文字是幾百年前寫下的，至今仍是真知灼見，只不過由於文化的作用，人們不再厭惡或鄙視文中提到的那些缺陷。如今我們遇到的是行動和情感反應像機器人的人，他從未體驗過真正屬於自己的感受，把自己當作他以為「應該成為的人」，以機械式的笑臉取代真誠的笑，用無聊的閒話取代坦誠的交流，用麻木的失望取代真正的痛苦。對於這種人，我們有兩件事可說。第一，他在自發性與個體性上存在著也許是無可救藥的缺陷。同時，我們也可以說他在本質上無異於其他千百萬人。**文化為大多數人提供了一種模式，讓他們能夠既帶著缺陷生活又不會患病**。這就像每個文化都能提供預防精神官能症的藥方，而這些症狀正是由文化引起的缺陷所造成。

假設我們西方文化中的電影、廣播、電視、體育賽事和報紙停擺四個星期。當這些用來逃避現實的主要途徑被切斷，人們只能依靠自身的資源時，會產生什麼樣的後果呢？我堅信，即使在這麼短的時間內，一樣會有數千起精神崩潰的事件發生，有更多人陷入強烈焦慮狀態，與被臨床診斷為「精神官能症」的情形沒有兩樣。[5]只要停用讓人渾然忘記社會性缺陷的鴉片，病症就原形畢露。

對少數人來說，文化提供的模式並不管用。這些人的個人缺陷比一般人嚴重，因此，文化提供的藥方不足以防止明顯病症的發作（一個例子是以謀取權力和名聲為生活目標的人。雖說這個目標本身就是病態的，但一個運用自己力量去追求目標的人，和一個病態更加嚴重的人不同：後者還沒有擺脫幼稚的自大，沒有為實現目標做任何事情，只是等待奇蹟發生，因而越來越感到自己無能，最終陷入痛苦的深淵）。然而，還有另外一些人，他們的性格結構以及由此產生的衝突與大多數人不同，因此對社會大多數人有效的解決方法對他們毫無幫助。在這些人當中，我們有時會遇到一些比大多數人較具人格完整性和情感敏銳的人，正因為這個原因，他們不能接受文化的鴉片，另一方面，他們也不夠強壯和健康，無法「逆潮流」還能安穩地生活下去。

以上有關精神官能症和社會性缺陷之間的區別的討論，可能會給人一種印象，就是無論社會造成的缺陷有多大，只要能提供防止精神官能症明顯症狀發作的措施，則一切都會好好的，社會也將繼續如常地運作。然而歷史告訴我們，事實並非如此。

與動物相比，人類確實表現出幾乎無限制的可塑性：人幾乎可以吃任何食物，可以生活在任何氣候條件下，透過調整自己去適應環境。同樣的，人也幾乎可以忍受任何精神條件，並在這種條件下繼續生活。他可以自由地生活，也可以在奴役下苟延殘喘。他可以過豪華奢侈的生活，也可以處在半飢餓的狀態中。他可以當一名戰士，也可以與人和平相處，可以當剝削者、強盜，也可以與人合作，相互關愛。世上幾乎沒有什麼精神狀態是人不能生存在其中的，沒有什麼是人所不能放棄的，沒有什麼是人不能夠習慣的。這一切思慮似乎可以證實這樣的假設：根本沒有普遍適用於所有人的人性這回事。這也就意謂著，除生理學和解剖學上的意義外，「人類」這個物種根本不存在。

然而，儘管有這些證據，人類歷史卻告訴我們，我們忽略了一項事實：專制暴君或統治集團可以成功地支配和剝削人民，卻無法阻止人民對這種不人道的對待做出反應。人民會變得恐懼、猜疑和孤立。即使沒有外部原因，這個國家的制度也會在某個時刻崩潰，因為恐懼、猜疑和孤立會使大多數人最終無法有效並明智地發揮自己的職能。整個國家或其中的社會群體有可能被長時間地壓制和剝削，但他們會做出反應。他們的反應方式要不是冷漠，就是鈍化自己的才智、主動性與技能，逐漸地無法發揮這些原本應該用來為統治者服務的職能。他們的反應方式也可能是把恨意與破壞性越積越多，最終讓自己與統治者和其制度同歸於盡。再不然，他們的反應可能是產生獨立的意念和對自由的渴望，而一個更好的社會便會在這種創造性衝動之上建立起來。會出現的是哪種反應取決於很多因素，包括經濟和政治因素，以及人們生活其中的社會整體精神趨勢。但不管是什麼反應，所謂「人幾乎可以生活在任何條件下」的說法只對了一半。我們必須以另一個命題為它補充：如果人生活在違背他本性的條件下，沒有達到人類發展與心理健全的基本需求，人就必定會有所反應。他要不是會衰敗和滅亡，就是會創造出更適合自身需求的條件。

人性與社會可能存在相互衝突的需求，因而整個社會可能呈現病態——這個假設曾由佛洛伊德明確提出，並在《文明及其不滿》（*Civilization and Its Discontents*）一書中有許多論述。

佛洛伊德以這樣的前提作為出發點：在人類所有文化與時代中，都存在一種普遍的人性，且在這種人性中，內含一些可以被辨識的基本需求與驅力。他認為，文化和文明的發展，與人的需求之間的對立日益加劇，由此得出「社會精神官能症」（social neurosis）的概念。他寫道：「倘若文明的演化與個體的發展如此類似，而且兩者都採用了相同的方式，那麼我們是不是可以說，許多文明體系或歷史時期，甚至整個人類，都在文明化的壓力下，罹患精神官能症？分析這些精神官能症和提出治療建議將是極有興味的事。我並不覺得用精神分析的方法來診斷文明社會是異想天開，或者是註定毫無結果。不過我們應當非常小心，不要忘記我們畢竟只是在類推。不論是針對人還是針對觀念，把它們從發生和成長的地方硬拔出來都是危險之舉。此外，對集體精神官能症（collective neuroses）的診斷還會遇到特殊的困難。診斷一個人是否患了精神官能症，我們可以將病人跟他周圍的環境（這環境被假定是『正常』的）對照，並以此作為我們診斷的出發點。對於患了同樣疾病的社會，我們卻沒有可以加以比較的背景，只能透過其他途徑來進行這項工作。不過，就把我們的知識應用於治療而言，即使對社會精神官能症做出了最徹底的分析又有何用？畢竟沒有人有能力迫使社會接受治療。儘管存在這些困難，我們仍可以預料，總有一天會有人勇於投入文明社會病理現象的研究。」[6]

本書正是勇於投入這一類研究，所依據的思想是：一個健全的社會是一個符合人的需求的社會。這裡所說的「需求」並不一定是指人感覺他所需要的事物，因為即使是最病態的目標也可能被人主觀地認為是最需要的事物。這裡所說的「需求」是指人類客觀的需要，我們可以透過研究人類得以確認。我們的第一項任務就是確定什麼是人性，什麼是由人性而來的需求。接著，我們必須檢視社會在人類演化中的角色，既研究社會對人類發展的促進功能，又研究人性與社會之間反覆發生的衝突，以及這些衝突為社會（尤其是現代社會）帶來的後果。

---

1 在這一章，我引用了我的文章“Individual and Social Origins of Neurosis” *Am. Soc. Rev.* IX, 4, 1944, pp. 380 ff.

2 譯註：說「規範性」是表示它有一些客觀的是非對錯標準，就像其他問題也有對錯之分一樣。

3 譯註：「二聯性精神病」的原文為Folie à deux，意指「二人共享的瘋狂」，形容患者將妄想傳給另一人的症狀。

4 參見Spinoza, *Ethics*, IV Prop. 44 Schol.

5 我曾經以大學各年級的學生為對象做過這樣的實驗：我讓他們想像，在三天之內完全與外界隔絕，獨自待在房間裡，沒有收音機也沒有能幫他逃避現實的小說，只有一些「優秀的」文學作品、正常的食物和其他生活設施，然後，我要他們設想他們對這種體驗會做出什麼反應。大約九成的學生表示，他們會感到極度痛苦，或者覺得特別惱火，只能靠做一些雜事或睡大覺來消磨時間，期待這三天趕快過去。只有極少數人表示，他們會感到十分自在，很享受這段獨處的時光。

6 S. Freud, *Civilization and Its Discontents*, translated from the German by J. Riviere, The Hogarth Press, Ltd., London, 1953, pp. 141-142.

第三章

人類的處境——人本主義精神分析之關鍵

第一節　人類的處境

就身體與生理功能而言，人類是動物界的一員。動物的行為受本能與特定的行為模式支配，而這些行為模式又是由遺傳的神經結構所決定。動物所處的發展等級越高，其行為模式就越有彈性，其出生時的神經結構就越不完整。在較高等的靈長類動物中，我們甚至發現牠們具有相當高的智力水準，能運用思考來達到目的，因此能遠遠超越由本能控制的行為模式。然而，儘管靈長類動物在動物界的演化程度較高，牠們身上仍然保留著某些與其他動物一樣的基本生命要素。

動物依照自然界的生物法則生活，是自然界的一部分，從未超乎自然之上。牠沒有道德性質的良知，沒有自我和自我存在的意識，牠沒有理性（所謂的理性，是指有能力穿透由感官所感知的事物表層，而理解其背後的本質），因此，儘管動物可能懂得什麼事物對牠有用，但牠卻沒有思索真理的能力。

動物的生命表現出牠與自然之間的和諧。當然，這並不是說自然環境不會經常威脅動物，迫使牠為生存而艱苦奮鬥，而是說自然會賦予動物處理其可能遇到之種種情況的能力。這就正如植物的種子天生具有利用土壤、氣候等自然條件的能力，能在演化的過程中變得適應環境。

在動物演化某個特定的點上，出現一個獨特的突破，這項突破的意義可與物質的首次出現、生命的首次誕生，和動物的首次出現相提並論。在演化的過程中，當行為不再主要是受本能所決定，當行為對自然的適應不再具有強制的性質，當行為不再受遺傳機制的支配，這起新事件便發生了。當動物超越自然，超越生物的純粹被動地位，成為從生物學的角度而言最無助的動物時，人便誕生了。此時，被稱為「人」的動物靠直立行走的姿勢將自己從自然中解放出來，他的大腦發育遠遠超過最高等的動物。人的誕生過程可能持續幾十萬年，然而重要的是一個超越自然的全新物種出現了：**生命開始意識到自己的存在**。

自我意識、理性與想像力打破了動物生命的特徵：和諧。它們的出現使人成為怪異的事物，宇宙的怪胎。人是自然的一部分，受制於自然的物理法則，並且無力改變這些法則，但是，在其他方面，他卻超越了自然。他既屬於自然又與自然分離，他既是無家的卻又與其他動物分享共同的家園。他在偶然的時間和地點被拋入這個世界，又以同樣偶然的方式被迫離開。由於具有自我意識，他意識到自身的無力和生命的局限。他能預見自己的終局：死亡。他始終沒辦法擺脫自身生命的兩難境地：就算他想要，他也無法擺脫自己的心靈；只要他活著，他就無法擺脫自己的肉體，而他的肉體也讓他想要活下去。

理性是人之福，也是人之禍。它迫使人永無止境地設法解決一個無解的兩難。在這方面，人的生命有別於其他的生物：他處於一種持續的、不可避免的不平衡狀態。人的生命不可能以重複他的同類的生活方式來度過，他必須主動去生活。人是唯一能感到無聊的動物，能感到自己被逐出了樂園。人是唯一發現自己的生命是一個問題的動物，他不得不去解決這個無法逃避的問題。他不能退回到與大自然和諧一致的前人類狀態，必須不斷發展他的理性，直到成為自然和自身的主宰為止。

但無論從個體發展還是物種演化的角度來看，人類的誕生本質上是一種處於劣勢的起點。他缺乏對自然的本能適應，身體缺乏力量，是所有動物之中出生時最無助的，而且需要受保護的時間也長得多。人喪失了與自然的一體性，卻沒有被賦予在自然之外謀求新生活的手段。他的理性是最初步的，對自然的運作一無所知，沒有工具可以取代失去的本能。他生活在小群體中，既不了解自己，也不了解他人。事實上，《聖經》中的樂園神話就把人的這種處境表達得無比清晰。人類剛開始在伊甸園中生活時，與自然完全和諧一致，但毫無自我意識。然後，透過他的第一個自由行動（違抗神的命令），人展開了自己的歷史。他開始意識到自己、意識到自己與自然的分離，以及意識到自己的無助。他被逐出樂園，兩名手持火焰劍的天使阻止他返回。

人的演化建立在以下事實：他失去了原有的家——即自然——無法返回，無法重新成為動物。他只有一條路可走：從自然家園中完全走出來，去尋找一個新家，一個他透過把世界變成一個人類世界，並把自己變成真正的人而創造的新家。

人（不管是人類整體還是個體的人）一旦出生，就被拋出原本如本能般明確的處境之外，進入一個不確定的、無常的和開放的處境。在那裡，唯一確定的只有過去，未來唯一確定的是死亡。而死亡，事實上是回到出生前，回到出生前的無機物狀態。

因此，人的生存難題在整個自然界中獨一無二。他彷彿已經脫離自然，卻又繼續處於自然之中；他既有神性，也有動物性；他既是有限的存在，也同時具有無限的面向。人必須不斷去尋求解決其生命矛盾的新方法，尋求人與自然、人與同類、人與自己的更高層次的整合狀態。**正是這種不斷追尋整合的必要性，構成人類所有精神力量的來源，它促使人類產生各種激情、情感和焦慮**。

動物只要滿足了生理需求（饑渴與性的需求），就會心滿意足。人既然也是動物，必然有這些需求，同樣必須得到滿足。**但既然人也是人類，這些本能需求的滿足並不足以完全讓他感覺幸福，甚至不足以完全讓他心理健全。人類心理動力的阿基米德支點，正是人類處境的獨特性；要理解人類的心理，必須以源自人類生存條件的各種需求為基礎**。

所以，人類整體和每個個人所必須解決的問題是「如何出生」。就個人而言，肉體的出生絕不是乍看之下那樣具有決定性和獨特性。從子宮內轉移到子宮外生活確實是一次重大變化，但在許多方面，生下來的嬰兒與未出生的嬰兒沒有什麼區別。他感覺不到外界事物，不能自己覓食，完全依賴母親，沒有母親的幫助就會死亡。實際上，出生的過程仍在繼續。孩子開始認識外界的事物，開始產生情感的反應，開始抓東西，協調自己的動作，學走路。但是，出生的過程仍然在繼續。孩子學說話，學習各種事物的用途和功能，學會與他人互動，學會躲避懲罰和爭取讚美。漸漸地，這個日益成長的人學會去愛，學會理性思考，並客觀地看待世界。他開始發展自己的能力，建立自我認同，為了過有意義的人生而克服感官的誘惑。所以，傳統意義上的「出生」，只是更廣義的「出生」的起點。人的一生別無其他，就是讓自己持續出生的過程。事實上，我們應該在死去時才算真正誕生，只不過可悲的是，大多數人在出生前便死了。

根據我們對人類演化的認知，我們可以像理解個人的出生那樣來理解人類整體的出生。當人跨過了最低限度的本能適應門檻之後，他便不再是動物了。但是，他像初生的嬰兒一樣無助，對真正的人類生活毫無準備，沒有生存能力。人類的誕生始於最早期的智人，而人類歷史其實就是這段誕生的過程。人用了幾十萬年的時間才踏出人類生活的第一步，其中經歷了巫術萬能的自戀階段，經歷了圖騰崇拜和自然崇拜階段，然後才開始形成良知、客觀性和博愛觀念。過去四千多年以來，人類發展出有關「完全誕生和完全覺醒之人」的理想。埃及、中國、印度、巴勒斯坦、希臘和墨西哥的古聖先賢，以大同小異的方式表達出這種理想。

我們說過，人的出生首先是一則否定性事件，因為他被拋出與自然的原有和諧，無法返回原居地，意謂著出生的過程絕不輕鬆。每當邁向新的人類存在階段，都會讓人膽戰心驚。因為那總是意謂著要放棄已經相對熟悉的安全狀態，進入一個陌生且尚未能掌握的新狀態。毫無疑問，要是嬰兒在割斷臍帶那一刻能夠思考的話，他將會體驗到如面臨死亡般的恐懼。仁慈的命運使我們免除了這第一次恐慌。但是，我們每走出新的一步，每到達一個新的出生階段，便會再次感到害怕。我們從來擺脫不了兩種相互衝突的傾向：一是脫離子宮，從動物的生存型態走向更加人類化的存在，從束縛走向自由；另一是返回子宮，返回自然，返回確定與安全。在個人和人類整體的歷史中，前進與成長的傾向已被證明為比較強大的力量，但是，精神疾病的現象，以及人類不時倒退回幾代之前早已放棄的狀態，顯示每一次人類的誕生都伴隨著強烈的掙扎。[1]

第二節 人的需求——源自其生存的條件

倒退還是前進。退回到動物性生命，還是抵達真正的人類生命，是人類生活中無可逃避的抉擇。任何倒退的嘗試都是痛苦的，終將引發苦難與精神疾病，進而導致生理上的死亡或精神上的崩潰（精神錯亂）。每當人前進一步時，也會感到恐懼和痛苦，要在達到某一點之後才不那麼害怕和懷疑。這種兩極傾向，決定了人在生理需求（饑、渴、性）之外的一切主要欲求。人得解決問題，永不能安於停留在被動順應自然的狀態。即使所有本能需求都得到滿足，也不能解決他身為人類的根本問題。決定人最激烈的激情和需求的不是肉體，而是生命的獨特性。

人本主義精神分析的關鍵也在於此。佛洛伊德一直尋找推動人類情感和欲望的基本動力，最後相信他已經在「力比多」中找著了它。但是，不管性驅力及其衍生的力量是多麼強而有力，它們絕不是人內在最強大的力量，而在這方面遭受的挫折絕不是精神疾病的誘因。人類行為最強大的推動力來自他的生命狀況，即「人類處境」。

人無法靜態地生活，因為內在矛盾會促使他去尋求一種平衡，即一種新的和諧，以代替他所失去的那種動物與自然之間的和諧。在滿足了動物性需求之後，他又受到他的「人的需求」的驅使。他的肉體告訴他該吃什麼，該躲什麼，而良知則告訴他該培養和滿足哪些需求，該讓哪些需求枯萎消亡。但是，飢餓與食欲是人與生俱來的身體機能，而良知則是潛在的，需要他人與各種原則的指引，這些原則只能隨著文化的發展逐漸形成。

人的所有激情和奮鬥都是在試圖尋求生命的答案，或者說，是為了避免陷入精神錯亂（順帶一提，精神生活真正的問題並不是為什麼有些人會發瘋，而是為什麼大多數人想要免於神經錯亂）。心理健康的人與精神官能症患者，都被尋求生命答案的需求所驅使，唯一不同的是，前者找到的答案更能滿足人的整體需求，因而更有利於發揮人的力量和帶來幸福。所有文化都為人提供了一套有組織的系統，其中某些解決方法占主導地位，因此也產生特定的努力方向與滿足方式。無論是原始宗教，還是有神論或無神論的宗教，都在嘗試解答人的生命難題。最優秀的與最野蠻的文化，都具有同樣的功能，差別只在於解答的好壞而已。偏離文化模式的人與順應文化模式的人一樣，都在尋求解答。他找到的解答比他的文化所提供的解答或許更好，或許更糟，但總是對人類生命的基本問題的另一種回應。如果宗教是解答人類生命難題的一種嘗試，那麼所有文化便都是宗教性的，而每一種精神官能症也是一種個人形式的宗教。確實，無論是導致精神疾病的力量，還是潛藏在藝術與宗教之中的巨大能量，絕不能僅被視為受挫或昇華的生理需求所產生的結果：它們本質上是人類解決生命問題的嘗試。如果說理想主義是指追求滿足那些專屬於人、並超越有機體生理需求的需求，那麼人人都是理想主義者，而且無法不成為理想主義者。差別只在於，有些理想主義提供好的與充分的解答，有些提供壞的與具破壞性的解答。至於要評斷孰好孰壞，則必須建立在我們對人性本質及其發展規律的認識之上。

源於人的生命的需求和激情有哪些？

一、連結與自戀

人與自然的原始連結已經斬斷，而這種原始連結是動物生存的特徵。由於他既有理性又有想像力，他意識到自己的孤單與分離，意識到自己的無力與無知，意識到自己的出生和死亡都是偶然的。如果他不能與他人建立新的連結，以取代那些由本能所規範的舊連結，就一刻也不能面對這樣的生存狀態。即使所有的生理需求都得到了滿足，他也會覺得自己像被關在監獄之中，必須掙脫這牢籠才得以保持神智的健全。實際上，精神錯亂的人就是那種完全無法與他人建立關係的人，即便他沒有受到有形鐵窗的監禁，也是個被困在無形牢獄的囚犯。與他人建立關係是人的迫切需要，是人的神智健全之所賴。這種需求表現為人與人的各種親密關係和情感，它們是最廣義的愛。

我們可以透過多種途徑來找到這種連結。人可以透過順從某個人、一個群體、一個組織或上帝，而與世界合為一體。以這種方法，他超越了個體生命的分離性，而成為大於他自身的某人或某群體的一部分，並透過他所順從的力量找到身分認同。另一種克服分離性的可能途徑正好相反：人可以透過控制世界，讓他人成為自己的一部分，而使自己與世界相結合，也就是藉由支配來超越自身的個體存在。不論是順從還是支配，從本質上來說都是一種共生關係。這兩種人都失去了自己的完整性與自由。他們相互依賴，以此滿足自身與他人建立連結的渴望，但他們卻因缺乏以自由獨立為基礎的內在力量與自信而飽受痛苦，甚至會持續受到由共生關係所滋生的、有意識或無意識的敵意威脅。[2]無論是順從（受虐）或支配（施虐）的激情，一旦實現後都不會帶來滿足。它們都具有自我推動的活力，而再多的順從或支配（還有財產與名聲），都不足以為人帶來身分認同感和一體感，因此人們追求順從或支配的欲望也益發強烈。這些激情的最終結局將是失敗，別無其他可能：雖然這些激情的目的是建立一體感、連結感，它們卻摧毀了整體性。受這兩種激情驅使的人，實際上變成依賴他人的人：他沒有發展出自身的個性，而是依附於他所順從或支配的對象。

只有一種激情能滿足人與世界結合的需求，同時還能使人獲得完整性和個性，那就是愛。愛是在保持自身完整性與分離性的前提下，與外在的某人或某物結合為一。愛是一種分享與交流的體驗，使人充分發揮自己內在的活動力。愛的體驗使人無需依賴幻想。在愛中，人無須抬高他人或美化自己的形象，因為主動去愛與分享，能讓人超越個體的存在，同時也能讓人感受到自己是那股主動去愛的力量的承擔者。**重要的是愛的獨特品質，不是愛的對象**。愛存在於我們與他人團結一致的經驗中，存在於男女的情愛之中，存在於母愛之中，存在於人類對自身的愛之中，也存在於物我一體的神祕體驗中。在愛的行動中，我與萬物結合成一體，但我又是我自己——一個獨特的、分離的、有限的、終有一死的人。事實上，正是在分離與結合的兩極中，愛得以誕生並不斷重生。

愛是我稱為「創造性取向」（productive orientation）的一個面向。在這種取向中，人會積極地、創造性地與他人、與一己、與自然產生連結。**在思想領域裡**，「**創造性取向**」**表現為用理性恰當地掌握世界**。**在行動領域裡**，「**創造性取向**」**表現為創造性工作**，最典型的便是藝術和工藝。**在情感領域裡**，「**創造性取向**」**表現為愛**，它是在保持自身的完整性與獨立性的前提下，與他人、全人類和自然相結合的體驗。在愛的體驗中存在一個矛盾，那就是兩個人合為一體，卻又還是兩個人。從這個意義上來說，愛從未被限制是對一個人。如果我只能愛一個人而不愛其他人，如果我對一個人的愛讓我與其他人疏離，那麼，我也許是從很多方面迷戀這個人，但這絕不是愛。如果我能說「我愛你」，那我的意思是：「我透過愛你而愛著全人類與所有生命，也藉此愛著我自己。」在這個意義上，自愛（self-love）是自私（selfishness）的反面。自私事實上是對一己的過度關注，它是源於對一己缺乏真正的愛，想要對此做出補償。矛盾的是，愛讓我更加獨立，因為它讓使我更強壯和更快樂。另一方面，它又讓我與所愛的人渾然一體，使我的個體性不復存在。在愛中，我體會到「我便是你」。你是被愛的人，你是陌生人，你是一切有生命的存在。在愛的體驗中，蘊含著成為人的唯一答案，也蘊含著理智的根源。

創造性的愛總隱含著綜合性的態度：關心、責任、尊重與了解。[3] 只要我愛誰，我就會關心他，也就是說，我會積極關心他的成長與幸福，不是當個旁觀者。我對他有責任，也就是說，我會回應他的需求，不只回應他說出來的，還會回應他無法表達或沒說出口的。我尊重他，也就是說，我會如其所是地看待他（「尊重」的古字*re-spicere*就是指「如其所是地看」），不讓我的觀感被自己的願望與畏懼扭曲。我了解他，我會穿透他的外表進入他的生命核心，然後用我自己的生命核心與他的生命核心連結起來。[4]

當創造性的愛是指向平輩，就可稱為手足之愛、友愛。在母愛（希伯來語：rachanaim，源自rechem，意為「子宮」）中，兩造的關係是不平等的：孩子是無助的，需要依賴母親。為了成長，孩子必須越來越獨立，直到不再需要母親為止。因此，母子關係是矛盾的，某個意義下也是可悲的。它要求母親付出最強烈的愛，但這種愛又必須幫助孩子成長而脫離母親，最終完全獨立。在分離過程開始前，對任何母親而言，愛自己的孩子都是容易的事。但大多數母親未能做到，在愛孩子的同時，也願意放手讓孩子離開。

性愛（希臘文：eros；希伯來文：ahawa，其字根為「發光」之意）涉及另一種驅力：跟另一個人融合與結合的渴望。手足之愛是針對所有人，母愛是針對子女與所有需要我們幫助的人，但性愛只針對一個人，這個人通常是異性，我們渴望與對方融為一體。性愛以分離開始，以合一告終。母愛以合一開始，引領孩子走向獨立而導致彼此分離。如果母愛滿足了融合的需求，那孩子就毀了，因為孩子需要的是成為一個獨立的人，不是一輩子依附著母親。如果性愛中缺乏友愛，只受到融合願望的推動，那這種性欲便是沒有愛的，或者有的只是反常的愛，例如見諸受虐癖或施虐癖的那種「愛」。

我們只有知道一個人無法與他人發生任何連結的後果，只有充分理解「自戀」一詞的含義，才能充分理解人與他人發生連結、建立關係的需求。嬰兒唯一能體驗到的現實是自己的身體和需求：生理需求和對溫暖與愛的需求。他還不能區別「我」與「你」。他仍然處於與世界一體的狀態，但這是一種他的個體性與現實感覺醒之前的一體狀態。對他來說，外在世界僅是可以滿足他需要的食物與溫暖的來源，而不是被真實且客觀地認知為某個事物或某個人。佛洛伊德稱這種傾向為「原發性自戀」（primary narcissism）。在正常發展過程中，隨著人對外在現實的意識逐漸增長，以及隨之逐漸區分「我」與「你」，原發性的自戀狀態會逐漸被克服。這種變化首先發生在感官知覺的層面上：當人開始把事物與人看作彼此不同、具體的個體時，這種認知為語言能力奠定了基礎；要為事物命名，必須先認識到它們是獨立且分離的個體。[5]從情感上克服自戀狀態要花更長時間，孩子直到七、八歲仍然認為其他人的存在主要是為了滿足他們的需求。這些人在他們眼裡無多大不同。只有到了八至九歲左右，孩子才會開始以愛的方式體驗別人的存在，也就是說——用沙利文（H. S. Sullivan）的說法來說——才會感到別人的需求與自己的一樣重要。[6][7]

原發性自戀是正常現象，與兒童生理和心理發展相符。不過，自戀也會存在接下來的成長階段中，佛洛伊德稱之為「繼發性自戀」（secondary narcissism）。假使成長中的兒童無法發展出愛的能力，或者再度失去這種能力，就會出現這種情形。自戀是所有嚴重心理疾病的本質。對自戀的人來說，世上只有一種現實，那就是他自己的思想、情感和需求。他不會客觀地去體驗或覺知外在世界，也就是說，他不認為外在世界是按照其自身的方式、條件和需求而存在。我們可以在各種形式的精神錯亂中找到最極端形式的自戀。精神錯亂的人已與現實世界失去聯繫，他退回到自己內心的世界，他無法直接體驗物質現實或人際現實，而只能感知由其內在心理活動所塑造與決定的現實。他對外在世界不做任何反應，即便有所反應，他也不是依據世界的現實來做出反應，而是根據自己的思想和感受過程來反應。自戀是客觀、理性和愛的對立面。

人如果完全不能與世界建立連結就會陷於精神錯亂，這一點也指出了另一個事實：某種形式的連結是任何健全生活的前提。不過，在各種形式的連結中，只有創造性的連結，也就是愛，可以讓人既保持自由與完整性，又能與別人建立連結。

二、超越：創造性與破壞性

人類處境的另一個面向，與人渴望和他人建立連結的特性密切相關，是人作為受造物（creature）的處境，以及他渴望超越這種被動狀態的需求。人在不知情和不由自主的狀態下被拋入這個世界，然後又不由自主地被從這個世界除去。在這一點上，人與動物、植物或無機物沒有什麼兩樣。可是，由於人擁有理性與想像力，他無法安於作為被動的受造物，也無法接受像被擲出的骰子般無法自主的命運。一種強烈的願望，驅使他超越受造物的角色、存在的偶然性與被動性，成為一個「造物者」。

人可以創造生命。這是人與其他生物都有的奇蹟般的特質，但只有人能夠意識到他既是被創造物又是造物者。人能創造生命，或者更恰當地說，女人能創造生命：她生孩子，照顧孩子，直到孩子長大，能夠自立為止。人，不論男女，能夠透過耕種、製造物品、創作藝術、建構思想、彼此相愛等方式來進行創造。在創造中，人超越了自己身為受造物的地位，擺脫了生命的被動性和偶然性，進入目標性與自由的領域。人對超越的需求，是愛的根源，也是藝術、宗教和物質生產的根源。

主動性和關心是創造的前提。人要創造，必須先對所創造的事物有愛。如果人不能創造，如果人不能愛，他如何做到自我超越呢？**對超越的需求還有另一條途徑可以滿足：即使我不能創造生命，我卻可毀了生命。透過毀滅生命我就實現了自身的超越。**確實，人能毀滅生命就像他能創造生命一樣神奇，因為生命是奇蹟，是無法解釋的。在毀滅的行為中，人將自己置於生命之上，他也因此超越了自己的受造物地位。由於人被迫超越自我，他的最終選擇要不是創造就是毀滅，要不是愛就是恨。從人類的歷史和這個時代曾心驚膽戰經歷的一切，我們都目睹了毀滅意志（will for destruction）所具有的龐大力量，而這種力量就像推動創造的動力一樣，是來源於人的本性。認為人有能力發展出他對愛與理性的基本潛能，並不意謂著人性本善。破壞性是人的次要潛力，根植於人的生命，有著任何激情所能有的強大威力。[8]但是，**破壞性只是創造性的替代品**（這是我的論證的精要所在）。創造性和破壞性，即愛和恨，並不是獨立存在的兩種本能，它們都是滿足人對超越之需求的途徑。當創造的意志無法得到滿足，破壞的意志就會抬頭。不過，滿足創造的需求會帶來幸福，而破壞則會帶來痛苦，尤其是對破壞者本人而言。

三、扎根性：友愛與亂倫

人誕生為人，便意謂著他開始脫離自然界的家園，開始斬斷他與自然的關係。然而，這種分離讓他感到害怕；如果人失去了自然的根，他將要往何處去，而他又是誰呢？他會陷入孤立無援，沒有家，沒有根。他無法忍受這種處境下的孤單與無助。他可能會發瘋。只有當他找到人類生存的新根基，他才能丟棄自然根基；也只有當他找到新根基之後，在這個世界上他才會再次感到自在。那麼，如果我們在人身上發現一種不願與自然斬斷連結的深切渴望，發現他會竭力反抗將他與自然、母親，血緣和土地拆散，我們應該感到驚訝嗎？

最基本的自然連結存在於母子之間。孩子的生命始於母親的子宮，而且待在子宮裡的時間比大多數動物長得多。即便是出生之後，孩子在身體上仍然無法獨立生存，必須完全依賴母親，這段無助與依賴的時期仍然遠長於任何動物。在小孩出生後的頭幾年，母子之間不曾有過完全分離的時刻。小孩所有的生理需求，還有他對溫暖與關愛的迫切需求，全都有賴母親滿足他；她不僅生下了孩子，還繼續給予他生命。母親的關愛是無條件的，也不取決於孩子是否履行任何義務。

她關心孩子純粹是因為這新生命是她的孩子。在生命中這個關鍵的初期階段，孩子體驗到母親是生命的源泉，是一股無所不包、保護和滋養的力量。母親就是食物，就是愛，就是溫暖，就是大地。被母親愛著，就表示可以活下去、有根和有家。

正如出生意謂著離開子宮無所不在的保護，成長意謂著脫離母親的保護範圍。然而，甚至在成年人身上，也從未停止對這種曾經存在的保護狀態的渴望，儘管成年人與孩子確實存在巨大的差異。成年人有能力自主，可以照顧自己，為自己甚至他人承擔責任，小孩則尚無法做到。但是，如果我們考慮到生活的日益複雜化、知識的支離破碎化、成年人的生活充滿不確定性，以及我們不可避免會犯錯的事實，就會發現成年人與小孩之間的處境，並不像一般人所以為的那樣大大不同。每個成年人都需要幫助、溫暖與保護，這些需求在很多方面都與小孩所需不同，但又在許多方面與孩子的需求並無多大差異。所以，如果我們發現一般的成年人都深深渴望母親曾給予他們的安全感和扎根感，又有什麼好驚訝的？他們在找到新的扎根方式之前，無法放棄這種強烈渴求，會讓人感到意外嗎？

在精神病理學中，拒絕脫離母親全方位保護的案例屢見不鮮。最極端的形式表現為渴望返回母親的子宮。一個人如果完全被這種渴望攫住，可能會罹患思覺失調症。他會像胎兒那樣感覺和行動，甚至連小孩子最基本的能力都不具備。我們在許多較嚴重的精神官能症患者身上也發現這種渴求，不過它會受到壓抑，只出現在夢境、症狀或神經質行為中。這是想繼續留在子宮裡的深層欲望，與嚮往過正常生活的成年人人格傾向之間發生衝突的後果。在夢中，這種渴求以象徵的形式出現，例如夢見自己置身黑暗的洞穴或潛入深水的單人潛艇裡等等。在這類人的行為中，我們找到一種對生命的恐懼，對死亡的深深著迷（死亡在幻想世界中是回到子宮、回到大地母親的象徵）。

在有些人身上，這種對母親的固著（fixation）不那麼嚴重，他們可以允許自己被生出來，卻害怕邁出誕生的下一步：斷奶。滯留在這個階段的人，渴求得到一個母親型人物的愛撫、哺育和保護。他們永遠依賴他人，在失去母親般的呵護後會感到害怕和不安全，但如果有一個慈愛的母親或母親的替身（無論是實際存在還是幻想的），他們就會變得樂觀而積極。

個體生命中的這些病理現象，在人類演化過程中也有相似之處，最清楚的表現是普遍存在的亂倫禁忌，即使在最原始的社會中也能發現這種禁忌。亂倫禁忌之所以是人類發展的必要條件，並非由於它的性層面，而是情感層面的意義。人要出生、要進步，就必須割斷臍帶，克服想與母親保持連結的強烈願望。亂倫欲望的力量不是來自母親的性吸引力，而是來自一種根深蒂固的渴求：希望留在或回到安全的子宮，或是滋養一切的乳房。亂倫禁忌正是那兩個手持火焰劍的天使，他們守在天堂的入口，阻止人回到以個體形式存在之前與自然合一的狀態。

然而，亂倫問題不僅限於對母親的固著。與母親的連結只是所有自然血緣連結最基本的形式，而這些自然血緣連結全都可以帶給人扎根感和歸屬感。無論血緣關係是按照什麼系統建立的，血緣連結都可以延伸到所有血親身上。家庭和宗族，還有後來的國家、民族和教會，對個人都承擔著類似母親對孩子的功能。個人依賴它們，感到自己扎根在它們之中，認為自己是它們的一員，不是一個獨立分離的個人。不屬於同一宗族的人被視為外人，是危險分子，因為他不具備自己宗族的人才有的特質。

佛洛伊德認為，對母親的固著是人類發展（無論是整體還是個人）中的關鍵問題。根據他的理論體系，他認為這種強烈的固著源自小男孩對母親產生的性欲望，而這正是人類天性中亂倫傾向的一種表現。他還認為，固著情感在人後來的生活中持續存在，是因為性欲持續作祟。他將這種假設與他所觀察到的父子對立情緒連在一起，得出一種最獨創的觀念，即「伊底帕斯情結」（Oedipus complex），或稱「戀母情結」。此觀念把兒子對父親的敵意，解釋為是兒子想要與父親爭奪性對象的結果。

佛洛伊德雖然看到了母親固著的重要性，他對此做出的特殊解釋卻削弱了這項發現的力量。他把成人的性情感投射到兒童身上，認為小男孩也有性欲，會對與他最親密的女人產生性的嚮往，只是由於三角關係中存在更為強大的對手，他才被迫放棄這種欲望，且自此無法完全從這種挫折中復原。佛洛伊德的理論是對可觀察的事實一種奇怪的理性化解釋。因為強調亂倫欲望的性面向，他將孩子的欲望解釋為理性的現象，迴避了真正的問題：兒子對母親深深的、熾烈的、非理性的情感連結；兒子想要回到母親懷抱、繼續成為她一部分的願望；以及兒子對完全脫離母親的恐懼。按照佛洛伊德的解釋，亂倫願望無法實現是由於競爭對手父親的存在，而實際上，亂倫願望與成年人生活的所有基本要求都背道而馳。

因此，戀母情結理論同時承認與否認的關鍵現象，就是人對母愛的渴望。賦予亂倫欲望至高的重要性，也就等於承認了與母親的連結的重要性；一旦將這層連結解釋為性關係，它的情感意涵（也是真正的含義）就被否定掉了。

每當對母親的固著也包含性的成分時（這種情況無疑是可能發生的），那是因為情感過於強大而導致影響性欲，並非因為性欲是固著的根源。正好相反，性欲本身對其對象來說是變化無常的而且一般而言，性欲正是促使少年脫離母親的動力，不是把他與母親緊緊繫在一起的力量。一旦發現這種與母親的緊密依附已經改變了性衝動的正常運作時，我們必須考慮兩種可能性。第一種可能是，對母親的性欲望是一種防禦機制，用來對抗回歸子宮的欲望；後者會導致精神錯亂或死亡，而性欲則至少與生命是相當的。透過近乎現實的幻想（即幻想讓適當的器官進入陰道），人得以從子宮威脅的恐懼中解脫。[9]另一種可能是，孩子與母親性交的幻想並不具有成年人性生活的性質（即自願和充滿快感的活動），而是被動的，會產生被母親征服和占有的感覺。除了這兩種具有較嚴重病理特徵的可能性之外，我們也找到因母親勾引而產生亂倫欲望的例子，這種欲望雖然也表現出對母親的固著，卻並不代表有嚴重的心理病態。

佛洛伊德會扭曲自己的重大發現，部分可能是因為他與自己母親的糾結關係，但必定也受到了他所處時代的嚴格父權制的極大影響（他完全接受這套制度）。在這種父權制中，母親從「愛的對象」這個至高無上的地位上被推了下來，父親取代了她的位置，被認為是孩子情感生活中最重要的人物。在父權制已經大大式微的今日，讀到佛洛伊德以下的說法會讓我們感到幾乎難以置信：「在孩子的童年生活中，我找不到有什麼比尋求**父親的保護**更強烈的需求了。」[10]類似的說法還有一九〇八年在提到父親之死時，他說喪父「是人生中最大的事件，最讓人辛酸的損失」。[11]如此一來，佛洛伊德把本來屬於母親的位置給了父親，而把母親貶低為發洩性欲的對象。女神變成了妓女，父親則提升到了宇宙核心人物的位置。[12]

巴霍芬（Johann Jacob Bachofen）這位比佛洛伊德早一代的天才，曾看出人與母親的連結在人類發展中的核心功能。[13]因為他沒有受到以理性化和情欲化來解釋固著母親情感的限制，能夠更深入和更客觀地看待事情。在他有關母系社會的理論中，他主張人類在進入父權制社會之前經歷了一個母權制社會階段。那時，對個人和社會來說，人與母親的連結，還有人與血緣和土地的連結，都是至高無上的連結形式。如上所述，在這種社會組織形式中，母親是家庭、社會生活和宗教的核心人物。儘管巴霍芬的很多歷史理論不一定站得住腳，但他毫無疑問揭示了一種一直被心理學家和人類學家所忽略的社會組織和心理結構，因為這些心理學家和人類學家往往從他們的父權傾向出發，認為社會曾經由女人而不是男人統治的說法荒唐可笑。不過，有大量證據顯示，希臘和印度在北方部族入侵之前曾經有過母權制結構的文化，這也反映在神話中為數眾多和地位崇高的女神。維倫朵夫（Willendorf）的維納斯、摩亨佐—達羅（Mohengo-Daro）的母親神、埃及女神伊希斯（Isis）、美索不達米亞女神伊絲塔（Istar）、希臘神話的女神瑞亞（Rhea）、美索不達米亞女神希布莉（Cybele）、古埃及的女神哈索爾（Hathor）、尼普爾（Nippur）的蛇神（the Serpent Goddess）、阿卡德（Akkadian）的水神艾伊（Ai）、希臘神話的女神狄蜜特（Demeter）與印度女神時母（Kali），只是這些文化中的少數例子。甚至在現存的原始部落中，我們也可以找到母權社會的殘餘，這表現在以母系為主的血緣關係和婚姻關係。更重要的是，我們甚至可以在社會型態已不再是母權制的社會中，找到很多人與母親、血緣和土地的母系式關聯的例子。

佛洛伊德僅僅看到亂倫固著的消極和病理成分，巴霍芬卻清楚地看到依戀母親型人物包含正面和負面兩個面向。正面面向是一種瀰漫於母系社會中對生命、自由和平等的肯定。因為人是自然之子、母親之子，人人皆平等，有著同樣的權利，唯一重要的價值就是生命本身。換一種方式說，母親愛孩子，不是因為這個孩子比那個孩子好，也不是這個孩子比另一個孩子更能滿足她的期望，而是因為他們都是她的孩子。就此而言，他們都是一樣的，都同樣有權獲得她的愛和照顧。至於母權制結構的負面面向，巴霍芬也看得很清楚：人與自然、血緣和土地的緊密結合讓他的個體性和理性的發展受阻。他始終是個小孩，無法進步。[14]

巴霍芬對父親的角色也有同樣廣泛而深入的論證，指出父親的功能亦具有正面和負面兩個面向。如果解釋並發揮一下巴霍芬的觀點，我們可以這麼說：男性由於不能生育孩子（在這裡，我當然指的是懷孕與生產的親身經驗，而不是純粹理性的知識，即男性精子對於孩子的誕生是必要的），而且也不負有哺育孩子的任務，他們比女性離自然較遠。正因為男性較少扎根於自然，他們被迫發展理性，建立一個由概念、原理和人造事物構成的人為世界，取代自然作為生存與安全的基礎。孩子與父親的關係不及他與母親的關係那麼密切，因為母親在孩子的生命早期發揮保護備至和呵護備至的功能，父親則從不曾如此。相反地，在所有的父權制社會中，兒子與父親的關係一方面是順從，另一方面是反抗，因而這種關係本身就內含一種持續存在的瓦解因素。對父親的順從不同於對母親的固著，後者是自然連結的延續，是對自然的固著。前者是以權力和法律為基礎的人為事物，因而不像與母親的關係那樣不可抗拒。母親代表著自然和無條件的愛，而父親則代表著抽象、良知、責任、法律與階級。父愛不同於無條件的母愛（她愛孩子是因為他們是她的孩子），父親最寵愛的是最符合他期望的孩子，是最適合繼承他的財產與事業的孩子。

由此可以看出父愛與母愛的重要區別：在與母親的關係中，孩子無法調節或控制母愛。母愛像是一種恩賜：如果母親愛你，便是一種至福，如果她不愛你，你也莫可奈何。這就是為什麼那些沒有克服對母親固著的人會透過讓自己變得無助、生病，或在情感上倒退回嬰兒階段，以精神官能症或幻想的方式獲取母愛。他們幻想：如果能讓自己變成一個無助的孩子，媽媽就一定會出現並照顧他們。另一方面，與父親的關係卻是可以控制的。父親希望兒子長大、負責任、能思考、能成大事，以及（或者）服從父親、伺候父親、像父親。不論父親對兒子的期望是著重在兒子的成長或服從，兒子都有機會藉由做父親期望的事來博取父親的歡心，獲得父愛。總而言之，父親情結的正面意義是理性、紀律、良知和個體性，負面意義是階級、壓制、不平等和服從。[15]

特別值得指出的是，父親型人物和母親型人物與道德原則有著密切的關係。佛洛伊德在他有關「超我」（superego）的概念中，只提到父親與良知發展的關係。他認為，由於受到競爭對手父親要閹割他的威脅，小男孩感到害怕，於是，他便把父親——更精確地說，是把父親的命令和禁令——內化為自己的良知。[16]不過，世上並不僅僅只有父親型良知，還有母親型良知：有一個聲音告訴我們要盡職盡責，有另一個聲音告訴我們要愛和寬恕（包括愛他人和自己）。兩種良知最初分別受到父親型人物和母親型人物的影響，但在人發展成熟的過程中，良知變得越來越脫離原來的父母角色形象，就像我們成了自己的父親和母親，也成了自己的孩子。我們內心的父親告訴我們：「你應該做這個，你不該做那個。」要是我們做錯了事，他會責怪我們；要是我們做了正確的事，他會讚揚我們。與此同時，我們內心的母親卻以完全不同的方式說話。她彷彿說：「你父親罵你是對的，但別把他看得太嚴重。不管你做了什麼，你都是我的孩子，我會愛你和原諒你。你所做的任何事都不能妨礙你享有生命和幸福的權利。」父親和母親似乎說著相反的話。不過，責任的原則與愛的原則之間的矛盾，以及父親型良知與母親型良知之間的矛盾，都是人類生命所固有的矛盾，我們都必須接受。只聽從責任的命令的良知，或只聽從愛的命令的良知，都是扭曲的良知。內在父親聲音和內在母親聲音所說的，不僅是人對自身的應有態度，也是人對他人的應有態度。我們可能會用父親型良知來評斷他人，但同時也必須傾聽內在母親的聲音，她告訴我們要愛所有的同類、所有的生物，並原諒所有得罪我的行為。[17]

在繼續討論人的基本需求之前，我想簡略描述一下扎根性的各個階段，儘管這種描述會有點打斷本章的主要思路。

就像嬰兒扎根於母親，處於歷史嬰兒期（infancy）[18]的人（歷史嬰兒期是人類歷史上最長的時期）仍然扎根於自然。雖然他已經與自然分離，自然界仍舊是他的家，是他的根的所在。他試圖回歸與認同自然（動植物的世界），以此找到安全感。這種緊抓住自然不放的努力清楚見於很多原始神話和宗教儀式。當人把樹木、動物當成偶像加以崇拜時，他是在崇拜代表自然的個體。這些個體是強有力的保護力量，崇拜它們等同於崇拜自然本身。當人把自己與它們聯繫起來，他便成了自然的一部分，因而有了認同感與歸屬感。人與其生活的土地之間的關係也是如此。一個宗族常常不僅是由血緣凝聚在一起，而且也是透過共同擁有土地而結合起來。血緣和土地的這種結合為宗族賦予力量，給予個人真正的家和定向架構（frame of orientation）[19]。

在人類演化的這個階段，人仍然感到自己是動植物所組成的自然界的一部分。只有當他邁出脫離自然界的決定性那一步時，他才會試圖為自己與自然界劃清界線。在溫尼貝戈印第安人（Winnebago Indians）的信仰中，我們找到這種觀念最恰當的說明。這些印第安人相信，在太初之時，一切生物都還不具有固定的型態，都是中性的存在，可以變成人，也可以變成動物。到了某個時候，他們才決定完全變成動物或人。從那以後，動物一直是動物，人一直是人。[20]阿茲特克人也有同樣的信仰。他們認為，在進入有人類活動的時代之前，世界上只居住著動物，直到羽蛇神（Quetzalcoatl）的時代才出現了人。有些墨西哥印第安人現在仍然相信，某一種動物相當於某一類人。毛利人也相信，某一棵樹（人出生時栽下的樹）相當於一個人。在很多宗教儀式中，人把自己打扮成某種動物（或是為自己選擇一個動物圖騰），從而將自己等同於動物。

人與自然的這種被動關係跟人的經濟活動一致。他起初只是一個食物採集者或獵人，要不是學會了使用原始的工具和火，可以說與動物實在沒有什麼太大的差別。在歷史的進程中，他增長了技能，與自然的關係也從被動轉變為主動。他開始飼養家畜，學習耕種土地，在藝術和工藝方面不斷進步，又與外地人交換產品，變成旅行家和商人。

人信奉的神也會隨之改變。只要他感到自己與自然同屬一體，他的神也是自然的一部分。當他的技藝增長後，他便用石頭、木頭或黃金製作偶像。人越向前演化，便越感到自己力量強大，他的神也變成了人的形狀。起初（這時期似乎相當於農業階段），人把上帝看成保護一切、養育一切的「偉大母親」。最終，他開始崇拜代表著理性、原則和法律的父親型神明。這個最後且最具決定性意義的轉變，使人類逐漸遠離對自然、對慈母的仰賴，而這一變革似乎始於理性與父權宗教的興起。在埃及，這個階段開始於阿肯那頓（Ikhnaton）在西元前十四世紀推行的宗教革命；在巴勒斯坦是由大概同一時期形成的摩西宗教所發端；在印度和希臘是發生在北方部族入侵的不久之後。很多膜拜儀式都表現出這種新的觀念。透過用動物獻祭，人身上的動物性便被獻給了上帝。《聖經》的食物禁忌禁止人喝動物的血（因為「血是牠的生命」），這樣便在人與動物之間形成嚴格的界線。在上帝的概念中（上帝代表著所有生命的統一原則，不可見且威力無邊），與自然的、有限的、形形色色的萬物世界相對的另一極被建立起來。上帝依照自己的形象創造了人，人便具有上帝的特質。人從自然中脫離，為追求完全出生和完全覺醒而奮鬥不懈。[21]在中國，這個轉變於西元前五百年左右進一步發展，出現孔子和老子；印度出現佛陀；希臘出現古希臘啟蒙運動的哲學家；巴勒斯坦出現《舊約》的眾先知。接著，羅馬帝國產生了基督教和斯多噶學派，在墨西哥產生了羽蛇神，以及過了半世紀之後，非洲出現穆罕默德。

我們的西方文化建立在兩塊基石上：猶太文化和希臘文化。猶太傳統以《舊約》為基礎，是一種相對純粹的父權制文化形態，建立在家中父親的權力、社會中祭司和國王的權力，還有天上如父的神的權力之上。儘管這是一種父權制的極端形式，我們仍可在那些與大地和自然結合的宗教中隱約看到較古老的母權制成分（這些宗教在西元前兩千年至西元前一千年被理性、父權制的宗教擊敗）。

在創世的故事中，我們看到人仍然與土地保持著原始的結合，用不著勞動，沒有自我認知。男女二人之中，女的更聰明、更積極、更大膽。只有到了人類「墮落」之後，代表父權的上帝才宣布男人應該統治女人的原則。整部《舊約》就是以各種方法更精密地闡述父權原則，建立神權政體的階級模式和嚴格父權制的家庭組織。在《舊約》描述的家庭結構中，我們總是發現有得寵的兒子：亞伯比該隱受寵，雅各比以掃受寵，約瑟比各兄長受寵。從廣義上來說，以色列人也是上帝的寵兒。與母親眼中對所有孩子一視同仁不同，我們在這裡看到的是得寵的兒子，這兒子最像父親，最討父親的歡心，也因此將會成為父親的繼承人。為了爭寵和獲得繼承權，兄弟反目仇敵，階級取代了平等。

《舊約》不僅制定了嚴格的亂倫禁忌，還禁止人固著於土地。人類歷史的開端被描繪成人被逐出伊甸園，被逐出他所扎根和有一體感的土地。猶太歷史則始於亞伯拉罕受命離開生養他的國土，前往一個「你素不認識的國」之時。這個部族從巴勒斯坦流浪到埃及，又從埃及回到了巴勒斯坦。[22]但是，這個新的定居地也不是最後的家。[23]眾先知的教誨是直接反對新出現的、對土地和自然的亂倫式依戀（這種依戀表現在迦南人的偶像崇拜）。他們宣示一條原則：凡是從理性和正義原則倒退回土地固著的人，都一定會從定居處被驅逐，在世界上到處流浪，無家可歸；要直到他完全發展出理性的原則，克服了與土地和自然的固著時，方可望回到自己的家園。要到那時候，土地才會成為祝福，成為擺脫亂倫詛咒的人類家園。「彌賽亞時代」[24]的觀念包含著這樣的內容：理性原則完全戰勝亂倫連結，還有道德良知和智識良知的完全確立，最終不僅見於猶太人之中，還會見於全人類之中。

當然，《舊約》中父權制發展的核心是上帝的概念。上帝代表著萬千現象背後的統一性原則。上帝依照自己的形象創造了人，因而人人皆平等：他們有共同的精神特質、共同的理性，具備友愛他人的能力。

早期基督教進一步發展了這種精神，但強調的重點不是愛（這是《舊約》很多部分都有表達的），而是宗教的超國家特質。《舊約》眾先知挑戰了他們自己國家的有效性，因為這個國家沒有達到良知的要求，相似的情況還有，早期的基督教徒也質疑羅馬帝國的道德合法性，因為這個帝國違反了愛與正義的原則。

猶太教—基督教的傳統強調道德，而古希臘的思想則在父權制的思想方面具有最富於創造性的表達方式。就像在巴勒斯坦一樣，我們在古希臘看到一個父權制的世界，在社會和宗教兩個方面都勝利地擺脫早期的母權結構。正如夏娃不是女人所生而是用男人肋骨造出來的一樣，雅典娜也不是女人的孩子，而是從宙斯的頭顱裡蹦出來。正如巴霍芬顯示的，仍然可以在從屬於奧林匹亞父權制世界的眾多女神身上，看見較早期母權制世界的痕跡。古希臘人為西方世界的理性發展打下了基礎。他們奠定科學思想的「第一批原則」，第一次創立了科學的「理論」基礎，發展了先前的文化從未有過的系統哲學。他們根據希臘城邦的經驗，創造了國家和社會的理論，這些理論在羅馬龐大的統一帝國之社會基礎上繼續發展。

由於羅馬帝國不能繼續推進社會和政治進步，大約在西元四世紀陷入停滯不前，而當時一個力量強大的新社會組織已經建立起來，那就是天主教會。早期的基督教是窮人和被剝奪繼承權的人的精神革命運動，他們質疑現存國家的道德合法性，願意為作為上帝的見證人而承受迫害和死亡。但這麼一種少數人的信仰卻在短得難以置信的時間內成為羅馬帝國的國教。隨著羅馬帝國的社會結構慢慢凝結為在歐洲持續了一千年之久的封建秩序，天主教的社會結構也開始發生變化。眾先知曾鼓勵人去質疑和批判違反愛和正義原則的世俗力量，但這種態度逐漸失去重要性。新的態度要求人們無條件支持教會組織的權力。教會給予大眾一種精神上的滿足，鼓勵他們以認命的態度接受依賴和窮困，不去努力改善自己在社會上的處境。[25]

從這項討論的立足點看，基督教教義最重要的變化，是從強調父權的成分轉變為強調父權成分和母權成分的融合。《舊約》中的猶太上帝原是個十足父權性格的神，但在天主教發展的過程中，重新引入充滿愛與寬恕的母親概念。天主教會自身（被形容為擁抱一切的母親）和聖母瑪利亞代表著寬恕與愛的母性精神，而上帝（父親）則代表著階級原則中的最高權威，人必須服從這權威，不容抱怨與反抗。毫無疑問，對父親成分與母親成分的這種融合，是天主教對民眾產生巨大吸引力和影響力的主要原因之一。受到父權權威壓迫的群眾，可以求助於「慈母」，得到她的撫慰與代為向上帝祈求的庇佑。

天主教會的歷史功能絕不僅僅是幫助建立封建秩序。在阿拉伯人和猶太人的大力幫助之下，天主教會最重要的成就，是把猶太思想和希臘思想的基本元素引入歐洲的原始文化之中。為了等待北歐也進入地中海世界在中世紀之初已達到的發展階段，西方的歷史彷彿停止了一千年。當雅典和耶路撒冷的精神遺產傳播到北歐，滲入北歐人的身上，凍結的社會結構開始融化，爆炸性的社會和精神發展重新開始。

十三和十四世紀的天主教神學思想、義大利文藝復興的思想、「發現個體與自然」的觀念、人文主義和自然法（natural law）的各種觀念，還有宗教改革運動都是新發展的基礎。這之中，影響歐洲和世界發展最大和最深遠的，又當推宗教改革運動。新教和喀爾文教派回到了《舊約》的純父權精神，從宗教觀念中除去母親成分。人不再得到教會和聖母的母愛，得獨自一人面對嚴厲的上帝，只有透過完全的屈服才能得到祂的慈悲。君主和國家變成擁有無上權力，並且得到上帝的認可。從封建束縛中解放出來導致人們的孤獨感與無力感與日俱增，但與此同時，父權原則的正面影響也在理性思維和個人主義的復興中得以確立。[26]

自十六世紀以來，尤其是在新教國家，父權精神的復興同時表現出父權主義的正面和負面面向。其負面面向表現在人重新屈從於國家和世俗權力，重新屈從於日趨重要的人定法律和世俗階級制度。其正面面向表現在不斷增加的理性和客觀精神，表現在個人和社會良知的增長。當今科學的纍纍碩果最充分地顯示出人類理性思維的成就。但是，母權情結的正面面向和負面面向絕對沒有從現代西方的舞臺上消失。它的正面面向，包括人人平等、生命神聖和人人皆有權分享自然的果實的思想，在自然法的觀念、人文主義、啟蒙哲學和民主社會主義的目標中都可以找到表述。這些思想的共同觀念是人人都是大地母親的孩子，都有權得到她的滋養，無論社會地位如何都有權取得幸福。所有人都是手足的觀念暗示著他們乃同一位母親所生，都具有被愛和獲得幸福的不可剝奪權利。在這個觀念中，與母親的亂倫連結不復存在。人透過駕馭自然（如工業生產所顯示的那樣），把自己從血緣和土地連結的束縛中解放出來，把自然人類化，把人類自然化。

但是，我們從歐洲的發展過程也看到，隨著母權情結正面面向的發展，它的負面面向仍持續存在著，甚至出現更進一步的倒退，也就是倒退回對血緣和土地的固著。人掙脫了中世紀社會的傳統枷鎖，卻害怕新獲得的自由，因為這自由讓他變成孤立的原子。於是，他逃離自由，對血緣和土地做出新的偶像崇拜：國族主義和種族主義便是這種新偶像崇拜最明顯的表達方式。隨著父權精神和母權精神二者的正面面向迅速融合，兩種精神的負面面向也在發展：崇拜國家與崇拜種族或民族的思想混合在一起。法西斯主義、納粹主義和史達林主義，便是這種混合崇拜最極端的表現，在一個稱為「元首」的人身上體現著兩種崇拜。

然而，新極權主義絕非我們這個時代亂倫固著的唯一表現形式。假如思想的發展能按照自文藝復興以來人文主義思想領袖的意願進行，那中世紀的天主教超國家體系的崩潰，將引導出更高形式的「天主教主義」（Catholicism）[27]，也就是超越宗族崇拜的人類普世主義（human universal-ism）。但是，雖然科學和技術為這種發展創造了條件，西方世界卻倒退回新的國族崇拜之中，而這種崇拜正是《舊約》眾先知和早期的基督教所力圖剷除的思想傾向。國族主義原本是一種進步的思想，它取代封建主義和專制主義的束縛。今天的一般人是透過歸屬於國族，而不是身為「人類的一員」來獲得自我認同。這種固著扭曲了他的客觀性，即他的理性，使他產生偏見。他用一種標準對待自己的宗族成員，用另一種標準來對待「外人」。他對外人的情感同樣是被扭曲的。他用懷疑的目光看待那些以血緣和土地的標準衡量屬於「不熟悉」的人（包括缺乏共同的語言、習俗、食物、歌曲等），稍微受到一點冒犯就會激起他偏執的被害妄想。這種亂倫固著不僅毒害了個體與外人的關係，也危害了他與自己宗族的成員的關係，甚至危害了他與自己的關係。凡是沒有擺脫血緣和土地連結的人，就不是完全出生的人：他的愛的能力和理性能力會被大大削弱，他無法真正認識他人，也無法真實地體驗自己作為一個人的存在。

國族主義是我們的亂倫形式，是我們的偶像崇拜，是我們的精神錯亂。「愛國」是國族主義的一種形式。幾乎毋須贅言，這裡所說的「愛國主義」是把自己的國族放在全人類之上，放在真理和正義的原則之上。它不是對自己國族的關愛，因為後者除了關心自己國族的物質幸福，還會關心其精神幸福，絕不會孜孜追求自己國族的權力凌駕於其他國族之上。正如只愛一個人而不愛其他人的態度不能稱作愛，如果對自己國家的愛不是對全人類的愛的一部分，也不是愛，只能稱為偶像崇拜。[28]

國族情感的偶像崇拜特徵可以從對宗族象徵物被褻瀆的反應中看出，這種反應與看見宗教或道德象徵物被褻瀆時的反應大不相同。讓我們想像，有個人把國旗拿到西方世界某個城市的街道上，在眾目睽睽之下踐踏它。如果他沒有死於私刑的話，可說是十分走運。幾乎每個目睹的人都會怒不可遏，無法客觀思考。那個褻瀆國旗的人做了一件令人髮指的事。他所犯下的罪行不同於其他的罪行，而是不可饒恕和無法原諒的。如果一個人說「我不愛我的國家」，或是在戰爭期間說「我毫不在乎我的國家能不能打勝仗」，他碰到的反應雖然沒有那麼激烈，但性質上也是不相上下。他的話是一種真正的褻瀆，會讓他的國人同胞感覺他是洪水猛獸，是社會敗類。

為了這種情緒反應的特殊性質，我們可以把這種反應與對下面一事的反應進行比較。如果一個人站出來說：「我贊成殺死所有的黑人或所有的猶太人。我贊成發動一場新的戰爭來占領新的土地。」其他人聽到這番話會如何反應呢？的確，大部分人都會感到這是一種不道德和沒有人性的想法。但關鍵在於，人們不會因此而迸發出無法控制和深惡痛絕的憤怒。因為這樣的言論只是一種「惡劣」的想法，但不是褻瀆行為，不是對「神聖物事」的攻擊。一個人即便詆毀上帝，也不大可能會像褻瀆國家象徵物那樣激起人們的滔天怒氣。我們很容易可以合理化人們對褻瀆國家象徵物的反應，說那是不尊重國家、缺乏人類團結與社會感情的表現。但這樣的說法難道不也適用於那些主張戰爭、屠殺無辜，或為了一己私利而剝削他人的人嗎？毫無疑問，不關心國家確實就像上述其他行為那樣，是缺乏社會責任感和人類團結精神的表現，但是，從其他各個方面來說，對褻瀆國旗的反應與對拒絕承擔社會責任的反應，有著本質的區別。前者的對象是「神聖的」，是宗族崇拜的象徵物，而後者不是。

十七和十八世紀的歷次偉大歐洲革命，沒能把「免於壓迫的自由」轉化為「實現自我的自由」，在此之後，國族主義和國家崇拜成了倒退回亂倫固著的症狀。只有當人能夠進一步地發展他的理性和愛的能力，只有當他能夠在人類團結性和正義的基礎上建立起一個新世界，只有當他能將自身扎根於四海之內皆兄弟的經驗中，他才能找到一種新的、具人性本質的扎根性與歸屬感，他才能將他所處的世界改造成一個真正的人類家園。

四、身分認同：個體性與從眾

我們可以為「人」下這樣的定義：人是可以自稱是「我」的動物，能夠意識到自己是獨立的存在。動物存在於自然之中，並不超越自然，沒有自我意識，也不需要身分認同感（sense of identity）。人因為從自然中分離出來，被賦予了理性與想像力，所以需要形成一個自我的概念，需要說出並感覺到「我是我」。因為他不是被動地活著而是主動地生活，因為他喪失了與大自然原有的一體性，必須自己做出決定，意識到自己與他人是不同的個體。他也必須能感覺到自己就是自身行動的主體。就像對連結性、扎根性和超越性的需求一樣，這種對身分認同的需求對他非常重要，十分緊迫。如果他無法找到某些滿足這種需求的方法，就不可能保持心理健全。人的身分認同是在脫離與母親和自然界的「原始連結」的過程中發展出來的。嬰兒仍然感到與母親一體，還不能說「我」，所以也沒有這種需求。只有當他意識到外在世界是獨立於他自己之外、與他不同的時候，他才逐漸體認到自己是一個獨特的個體。而他在學習語言的過程中，最後學會的詞就是用來指稱自己的「我」。

在人類這個物種的發展過程中，人在何種程度上意識到自己是一個獨立的自我取決於他脫離宗族的程度，也取決於個體化過程的發展程度。原始宗族的成員會用「我是我們」來表達他的身分認同，他們還不能完全把自己看成是獨立於群體的「個人」。在中世紀，個人的身分是由他在封建階級結構中的社會角色所決定的。農民並不是湊巧當了農民，封建領主也不是湊巧成了領主。他們生來就是一個農民或領主，這種不可改變的地位感，是他們身分認同的基本構成部分。隨著封建制度的瓦解，這種身分認同發生了動搖，於是出現一個尖銳的疑問，那就是：「我是誰？」或者更確切些：「我怎麼知道我就是我？」這是笛卡兒（Descartes）以哲學方式提出的問題。對於身分認同的疑問，他自己的回答是：「我疑故我思，我思故我在。」這個答案把重點放在作為任何思想活動主體的「我」上，而忽略了「我」也存在於情感和創造性活動的過程中。

西方文化發展的方向是打造基礎，好讓個人充分體驗個體性。透過讓個人在政治和經濟上取得自由，透過教導他獨立思考的方式，透過把他從獨裁的壓迫下解放出來，西方文化希望個人能感覺到「我」是自己力量的中心和行動的主體，並以這種方式來體驗到自己。但是，只有少數人獲得了這種對「我」的新體驗。對大多數人來說，個體性只是一層外表，掩蓋了他們未能獲得真正自我認同的事實。

人們尋求真正個人身分認同的替代品，也找到了。民族、宗教、階級和職業提供了某種身分認同。我是美國人、我是新教徒、我是商人……這些說法在原有的宗族身分消失後，真正的個人身分認同尚未確立起來之前，幫助人體驗到身分認同。在當代社會，這些不同的身分常常同時使用。它們是廣義上的地位象徵，與舊有的封建傳統結合時會更有效，就像在歐洲各國的情況。在美國，由於封建遺風很少，加之社會流動性又非常大，這些地位象徵自然就不那麼有效，而身分認同也日益轉變為從眾的經驗。

只要我與別人沒有什麼不同，只要我與別人相像，並被他們承認是「一個平常的人」，我就能感覺自己是「我」。我是「如你所期望的那樣」（As You Desire Me，這是劇作家皮蘭德婁〔Pirandello〕一部戲劇作品的名稱）。過去，人們的身分認同來自宗族，但現在，一種新的群體認同正在發展，人們的身分認同不再基於宗族關係，而是來自對群體無可置疑的歸屬感。雖然人常常不承認自己的這種一致性與從眾性，被獨立個體性的錯覺所掩蓋，但這並未能改變事實。

身分認同的問題並不像人們通常所理解的那樣，只是一個哲學問題，或只是一個與我們的心智和思想有關的問題。身分認同的需求源於人類存在的基本條件，也是最強烈的內在驅力。由於我不能在沒有「自我」意識的情況下保持心理健全，因此我會不惜一切代價地去求得這種意識。這種需求驅使人們熱烈追求地位和從眾性，有時甚至比肉體生存的需求更強烈。再明顯不過的是，人為了成為群體的一員，為了獲得身分認同（哪怕只是虛幻的），會不惜冒生命危險、放棄所愛、捨棄自由和犧牲自己的主張。

五、對「定向架構」與獻身的需求：理性與非理性

人具有理性和想像力，不僅導致人必須獲得自我認同感，還必須在知性上為自己在世界中確立方向。我們可以把人這種「確立方向」的需求，與人在生命最初幾年的身體感知與環境適應能力相提並論，等到孩子能自己走路、觸摸和操作物品，以及知道這些物品是什麼之後，這個過程就完成了。不過，當人學會走路和說話時，還只是通往「確立方向」的第一步。他會進一步發現自己周圍有許多令人困惑的現象，由於他具備理性，他必須去理解這些現象，把它們放在他所理解與讓他去思考的脈絡中。他的理性越發展，他的「定向架構」就越完備，也越接近現實。但是，即使人的「定向架構」完全是虛妄的，他一樣會因為心中的世界有一致性而獲得滿足。無論他是信仰圖騰動物的力量、雨神的力量，還是自己所屬種族的優越性和天命[29]，他對「定向架構」的需求都得到了滿足。很明顯的，世界在他心目中的樣子取決於他的理性和知識的發展程度。儘管從生物學角度來說，人類的腦容量數千代以來保持不變，但要達到客觀性，即獲得看清世界、自然、他人和自己的本來面目，而不被欲望和恐懼所扭曲的能力，需要經歷一個漫長的進化過程。一個人越能發展這種客觀性，他就越能接觸現實、越成熟，也就越能夠創造出一個讓人能安身立命的世界。理性是人以思想掌握世界的能力，它與智力相反，智力是人借助思想操縱世界的能力。理性是人獲得真理的工具，而智力是人得以更成功地操縱世界的工具；前者屬於人的本質，

後者屬於人的動物性。

理性是一種要常常運用、實踐才會發展的能力，而且它是不可分割的。我的意思是，客觀性能力所追求的，除了是對自然的認識，還是對人、對社會和對自身的認識。如果一個人對生活的某個領域抱持幻想，他的理性能力便會受到局限或損害，難以在其他生活領域完全發揮功能。在這一點上，理性很像愛。正如愛是一種面對所有對象的傾向，無法被侷限於單一對象，理性也是一種人類的能力，涵蓋人所面對的整個世界。

人對「定向架構」的需求存在於兩個層次。第一個、也是最基本的層次，是需要某種「定向架構」，不管其為真實或虛妄。除非人擁有一個在主觀上令人滿意的「定向架構」，否則他就無法心理健全地生活。第二個層次是需要以理性接觸現實，客觀地理解世界。但是，發展理性的需求不及發展「定向架構」的需求來得那麼急迫，因為對人來說，發展「定向架構」攸關他的幸福與內心的平靜，而不是他的精神是否健全。這一點在人的合理化行為上顯示得非常清楚。一個人的行為無論多麼不合理或多麼不道德，都會不遺餘力去合理化自己的行為，也就是努力向別人和自己證明，他的行為符合理性或常識，或至少符合傳統的道德觀念。他很容易不依照理性行事，但要他不為他的行為找一個合理的動機，幾乎是不可能的。

如果人只是純心智的存在，那他可以靠一個包羅萬象的思想體系來達成自己的目標。但他既然同時具有心智與肉體，他就不得不對自己生命的二元性做出反應，也就是除了在思想上有所反應，也要在整體生活中，在情感與行動中有所反應。因此，任何令人滿意的「定向架構」，除了包含了理性要素，還包含感受與知覺，而這些要素會透過人與某個奉獻、投入心力的對象之間的關係來展現。

可回應人對「定向架構」和奉獻對象之需求的方法有很多種，它們在內容和形式上常常大異其趣。例如，泛靈信仰與圖騰崇拜等原始體系，是以自然事物或祖先來滿足人對意義的追求。也有些非神論體系如佛教，雖然通常被稱為宗教，但在其原始形式中並無「神」的概念。此外還有純粹的哲學體系，例如斯多噶學派，和以上帝概念來解答人生意義的一神論系統。

然而，不管它們的內容為何，不僅為了回應人對某種思想體系的需求，也是為了回應人對奉獻對象的需求：有了這個對象，他的生命和他在世界上的地位才具有意義。只有對不同的宗教形式進行分析，我們才能看出，在回應人對意義與奉獻對象的追求時，它們哪些提供的答案較好，哪些提供的答案較差。而所謂「較好」與「較差」，是它們是否符合人類本性和有益於人類發展。[30]

---

1 正是從這兩極，我看出了佛洛伊德的生存本能和死亡本能假說的精要所在。與佛洛伊德的理論不同的是，我認為前進與後退兩種本能衝動並沒有相同的生物性決定力量。通常，前進的生存本能的力量較大，並且越成長相對力量越強。

2 對共生關係更詳細的分析，見《逃避自由》。

3 對這些概念更詳細的分析，見《自我的追尋》。

4 「愛」與「知」的相通性，體現在希伯來語的「yada」與德語的「meinen」和「minnen」之中。希伯來語「yada」既可表示「知道」，在《聖經》中亦指「親密關係」；而德語「meinen」（思考、認為）與「minnen」（愛、追求）在語源上相關，展現了「認識」與「愛」之間的聯繫。

5 Jean Piaget討論了這一點，見*The Child's Conception of the World*, Harcourt, Brace & Company, Inc., New York, p. 151.

6 參見H. S. Sullivan, *The Interpersonal Theory of Psychiatry*, Norton Co., New York, 1953, p. 49 ff.

7 孩子的這種愛首先是對同齡孩子而發，不是對父母而發。那種認為孩子在愛其他人之前先愛父母的想法是種一廂情願的幻想。對這個年齡的孩子來說，父母親更多是依賴和恐懼的對象，不是愛的對象。就其性質而言，愛的基礎是平等與獨立。如果我們把對父母的愛與深情，然而卻是被動的依戀——即亂倫固著（incestuous fixation）——區分開來的話，這種愛會在較晚期而不是在童年發展出來，儘管在幸運的情況下，這種愛也可能在較早的年齡萌芽（沙利文在其《精神病學的人際關係理論》[*Interpersonal Theory of Psychiatry*]提出了同樣的觀點，但更為尖銳）。可是，很多父母不願意接受這樣的現實，所以以公然仇視或取笑的方式（後者更有效）對待孩子的初戀。他們這種有意或無意間表現出來的嫉妒是孩子發展愛的能力的最大障礙。

8 我在這裡的說法與《自我的追尋》中所說的並不矛盾。我在該書中寫道：「破壞性是沒有好好活過的生命（unlived life）的結果。」在本書中談到超越的概念時，我只是想特別說明，是「沒有好好活過的生命」的哪個面向導致了破壞性。

9 例如，有人會先夢見自己身在一個洞穴，因為透不過氣而驚恐萬狀，後來又因為夢見自己和母親交媾而獲得解脫。

10 S. Freud, *Civilization and Its Discontent*, translated by J. Riviere, The Hogarth Press Ltd., London, 1953, p. 21.

11 轉引自E. Jones, *The Life and Work of Sigmund Freud*, Basic Books, Inc., New York, 1953, Vol. I, p. 324.

12 因為取消母親角色，佛洛伊德等於在心理學做了馬丁．路德在基督教所做的事。不妨說佛洛伊德是新教色彩的心理學家。

13 參見J. J. Bachofen, *Mutterrecht and Urreligion*, ed. R. Marx, A. Kroener Verl. Stuttgart, 1954.

14 有趣的是，在過去一百年中，母權制結構的這兩個方面被兩大對立的哲學學派所利用。馬克思主義學派熱烈歡迎巴霍芬的理論，因為他指出了母權制結構中存在著自由、平等的成分（參見Friedrich Engels, *The Origin of the Family, Private Property and the State*）。在巴霍芬的理論埋沒多年之後，納粹的哲學家出於相反理由也對他表現出極大的熱情。他們感興趣的是巴霍芬母權制理論的另一個面向：人與血緣和土地的非理性連結。

15 這些負面面向在埃斯庫羅斯（Aeschylus）的悲劇《安蒂岡妮》（*Antigone*）中的克瑞翁（Creon）一角身上表現得最明白不過。

16 在《自我的追尋》一書中，我已經討論過佛洛伊德的「超我」概念的相對主義特徵，並將其跟獨裁主義的良知和人道主義的良知相區別。人道主義的良知是一種呼喚我們回到自身的聲音。

17 研究父親型原則和母親型原則在猶太教和基督教上帝概念中各自的分量是有趣的事。上帝因為除了諾亞之外所有其他人類都是邪惡的而發大洪水，這代表著父親型良知。當上帝帶著憐憫心對約拿說：「這大城裡不能分辨左手右手的有十二萬多人，並有許多牲畜。」這個上帝是用寬恕一切的母親的聲音說話。我們可以從猶太教和基督教的進一步發展中，尤其是在神祕主義的發展中，清楚看見上帝所具有的父親和母親功能的兩極性。

18 譯註：指人類歷史早期，人類歷史的襁褓時期。

19 譯註：類似「世界觀」。

20 這個例子取自Paul Radin, *Gott und Mensch in der Primitiven Welt*, Rhein Verlag, Zürich, 1953, p. 30.

21 當我修改本書手稿時，我看到阿爾佛雷德・韋伯（Alfred Weber）在《第三人或第四人》（*Der Dritte oder der Vierte Mensch*）中提出的一個歷史發展框架與我在這裡所提出的有某些類似之處。他認為，在西元前四千年到西元前一二〇〇年之間存在一個「地母時期」（chthonic period），其特徵是人固著於土地，從事農業。

22 譯註：指摩西帶領以色列人出埃及，回到迦南。

23 譯註：指猶太人後來的分離四散，漂泊世界各地。

24 譯註：由彌賽亞統治世界的時代。彌賽亞意為救世主，受上帝指派，來拯救世人。

25 基督教在社會角色和功能上的變化，與其自身精神上的深刻變化息息相關：教會變成一個等級嚴密的組織。教義的重點也逐漸發生變化：從期待基督再臨和建立一個愛與正義的新秩序，改為強調基督的最初誕生，和使徒有關的人可以從固有的罪中得拯救的訊息。與此相關的還有另一個變化。最初，基督的概念被包含在義子說（adoptionist）中，根據此說，上帝把作為人的耶穌收為養子，也就是說，耶穌是由一個受苦受難的窮人變成一個神。此教義以宗教形式表達了窮人和受壓迫的人對革命的嚮往和渴求。在基督教被宣布為羅馬帝國國教的一年後，官方接受了新的教義。根據新教義，上帝等於耶穌，二者本質相同，上帝只是透過人的血肉之軀來顯現。在這種新教義中，人升格為上帝的革命觀點被另一個觀點取代：上帝出於愛而道成肉身，拯救世人（參見E. Fromm, *Die Entwicklung des Christusdogmas*, Psychoanalytischer Verlag, Vienna, 1931）。

26 對這些問題透徹和精采的分析，參見M. N. Roy, *Reason, Romanticism and Revolution*, Renaissance Publishing Co., Calcutta, 1952.

27 譯註：「天主教」的原意是「普世教會」。這裡的「天主教主義」可理解為「普世主義」。

28 對國族主義全面和深刻的研究，參見R. Rocker, "Nationalism and Culture," *Rocker Publ. Comm.*, Los Angeles, 1937.

29 譯註：這些都是「定向架構」的例子。

30 我在*Psychoanalysis and Religion*（Yale University Press, 1950）對這個問題有更廣泛的討論。而本書第八章第四節還會繼續討論人對奉獻對象和儀式的需要。

第四章

心理健康與社會

心理健康的概念取決於我們對人性本質的理解。我在前一章力圖表明，人的需求與情感源於生命的特殊之處。人與動物共有的需求——飢餓、口渴、睡眠、性滿足——非常重要，因為這些需求源於身體內部的化學反應，如果得不到滿足就會越來越強烈（當然，食物和睡眠的需求對比性需求來說更是如此，因為至少從生理角度講，未滿足的性需求具有的力量不至於那麼強大）。不過，即使這些需求全部滿足，也不足以使人心理健全和健康。心理健全和健康取決於人特有的需求和激情是否得到滿足，包括：與他人建立連結的需求、超越的需求、扎根的需求、對身分認同的需求，以及對「定向架構」和獻身的需求。人類的各種強烈激情：對權力的渴求、虛榮心、對真理的追求、對愛與兄弟情誼的熱情、破壞性和創造性，以及每一種促使他行動的強烈欲望，都是源於人類特有的需求，而不是源於佛洛伊德假定的「力比多」的各個發展階段。

從心理學的角度來看，人類解決生理需求的方式其實極為簡單；這方面的困難純粹來自社會與經濟層面。而滿足人類各方面的需求[1]則是極其複雜的問題，取決於很多因素，最後還得視社會的組織方式，以及這種組織如何影響其中的人際關係。

源於人類生命特殊之處的基本心理需求必須以某種方式加以滿足，否則他就會陷入精神失常，一如人會因為生理需求得不到滿足而死去一樣。不過，滿足心理需求的途徑卻相當多元，而不同的途徑會帶來不同程度的心理健康。從人類存在的本質來看，如果心理需求雖然得到滿足，但方式不恰當，就會引起精神官能症——可能表現為明顯的心理疾病，或以某種社會模式缺陷（Social Patterned Defect）的形式顯現。例如，人必須與他人建立連結，但如果這種連結是以共生或異化的方式[2]形成的，他便會喪失獨立性和完整性。他會軟弱，感到痛苦，變得敵視他人或情感淡漠。只有當他以愛的方式把自己與他人連結起來時，才能感到既與他人結合在一起又能保持自身的完整性。只有在創造性的工作中，他才與自然發生連結，既與自然結為一體又不被自然所淹沒。只要人繼續亂倫式地扎根於自然、母親和宗族，他就無法發展自己的個體性和理性。他會繼續是自然的無助囚徒，但卻永遠無法感到與自然合一。只有當他發展出理性和愛的能力，只有當他能按照人的方式去體驗自然和社會之時，他才會感到自在、安全，才能成為自己生命的主人。毋須贅言的是，在兩種可能的超越形式中，破壞性會導致痛苦，創造性能帶來幸福。我們也很容易便能看到，只有那種建立在體驗自己力量的基礎上的身分認同才有力量，反觀一切以群體為基礎的身分經驗都會使人無法自立，因而軟弱。歸根究底，只有當人掌握了現實，他才能使這個世界成為他的。如果他生活在虛妄中，就永遠不能改變產生這些虛妄的條件。

總之，可以說心理健康的概念源於人類生存的條件，而這種說法對所有時代和所有文化盡皆適用。**心理健康的特點是：有愛與創造的能力；有脫離與宗族和土地的依附關係的能力；擁有自我認同感，這種認同感來自能夠掌握並運用自身能力的經驗；有把握自身內在與外在的現實的能力，即發展出客觀性與理性的能力**。

這個心理健康的概念，基本上與人類偉大的精神導師所提出的規範不謀而合。在某些現代心理學家看來，這種巧合證明了，我們[3]提出的心理學概念的出發點不是「科學的」，而是哲學或宗教的「理想」。他們顯然認為，很難認定各偉大精神導師的教導，是建立在對人性的理性洞察上，或是基於促進人類充分發展的條件上。然而，這種解釋似乎更符合這一事實：不同地域和不同時代，彼此之間幾乎毫無影響的「覺者」（awakened ones）[4]，卻提出了相同的人類生活規範。阿肯那頓、摩西、孔子、老子、佛陀、以賽亞、蘇格拉底和耶穌制定的規範都大同小異。

許多精神病學家和心理學家必須克服一項特殊的困難，才能接受人本主義精神分析的觀念。他們仍然以十九世紀唯物主義的哲學前提進行思考，此前提認為，所有心理現象都必須以相應的生理、身體機制為基礎，並且是這些機制產生的結果。佛洛伊德的基本哲學傾向也是在這種唯物主義的影響下形成的，因而他認為他在「力比多」中發現了人類激情的生理基礎。但在本書所提出的理論中，與人建立連結的需求，或超越受造物地位的需求等等，卻不具有相應的生理基礎。它們的基礎不在物質，而在人的整體個性與世界、與自然、與人的相互作用之中，是源於人類在其生存條件下的生活實踐。我們的哲學前提不是十九世紀的唯物主義，而是把人的行為，以及他與他人和自然的相互作用，作為研究人的基本實證資料。

如果考慮到人類演化，我們的心理健康概念會引起一項理論難題。我們有理由認為，數十萬年前，人類的歷史始於一種真正「原始」的文化，當時人的理性還沒有超越最基本的發展階段，他的「定向架構」與現實和真理幾乎沒有關係。那麼我們是否該說這樣的原始人缺乏心理健康，只因為他缺乏一些只有更進一步的演化才能賦予他的特質？事實上，有一個答案可以輕易解決這個問題，這個答案是基於全人類演化與個人演化之間的明顯相似性。如果一個成年人表現出一個月大嬰兒的態度和傾向，我們必然會認定他患有嚴重的疾病（很可能是思覺失調症）。然而，對於一個月大的嬰兒來說，有著同樣的態度和傾向卻是正常的、健康的，因為那符合他的心理發展階段。因此，我們可以像佛洛伊德一樣，把成年人的精神疾病理解為一種固著於、或倒退回前一個演化階段的傾向——就人本來應該達到的演化狀態而言，這種傾向已不再適用。同樣的，我們可以說，像嬰兒一樣，人類以一種原始的傾向展開自己演化的歷史，但一切與演化階段相一致的傾向都是健康的。反觀固著於、或倒退回人類已經經歷過的早期演化狀態則是「病態的」。這樣的解釋雖然看起來很合理，但它忽略了一個事實。一個月大的嬰兒尚未具備形成成熟態度的生理基礎。他絕不可能像成年人那樣思考、感覺或行動。與此相反，幾萬年來，人類一直具備了心理成熟的一切生理條件：他的大腦、身體協調性和體力沒有發生什麼變化。他的演化完全依賴於他能夠把知識代代相傳，因此可以累積知識。

人類演化是文化發展的結果，不是生理變化的結果。如果我們把最原始的文化中的嬰兒放到一個高度發達的文化之中，他也會像這個文化中的其他孩子一樣發展、成長，因為決定他發展的唯一因素是文化因素。換句話說，雖然一個月大的嬰兒無論身處任何文化環境，都不可能具有成年人的心理成熟性，但從原始時代起的任何人只要具備了可讓人臻於成熟的文化環境，便都可發展為完全成熟的人。因此，說一個處於正常演化階段的人是原始、亂倫和非理性的，與對一個嬰兒做出同樣陳述的意義是不同的。不過，另一方面，文化的發展是人類發展的一個必要條件。因此，我們似乎無法為我們的問題找到一個讓人完全滿意的解答：從一個立場出發，我們可以說原始人缺乏心理健康；從另一個立場出發，我們也可以說他們只是處於早期的發展階段。不過，這個問題之所以顯得棘手，主要是因為我們以最概括的方式來討論它；一旦我們回到當代更具體的問題上，就會發現它其實沒那麼複雜。我們現在已經達到個體化的狀態，在這種情況下，只有充分發展成熟的個人才能最有成效地利用自由。如果一個人還沒有發展自己的理性和愛的能力，便會無力承擔自由和個體性的重擔，因而想方設法逃到可以帶給他歸屬感和扎根感的人為連結裡。今天，在國家和種族中出現的，任何從自由到人為連結的倒退都是精神疾病的表現，因為這種倒退與人已經達到的演化狀態不相符，會導致明顯的病態。

無論我們談的是人類的「心理健康」還是「成熟發展」，心理健康和成熟都是客觀的概念，是透過考察「人類處境」和由之導致的需求而得出。因而正如我在第二章所指出的，心理健康不能定義為個人對社會的「適應」。恰好相反，它必須定義為社會對人的需求所做的適應，要看社會是促進還是阻礙了心理健康的發展。個人是否心理健康從根本上而言並非個人的事，而是取決於他身處社會的結構。健全的社會能提高人愛他人的能力、創造性地工作、發展理性與客觀性，具有一種以自己的創造性力量為基礎的自我感。不健全的社會則會造成人們相互憎恨與互不信任，將人變成供他人利用與剝削的工具，剝奪人的自我感，使人除了屈服從於他人或變成機器人以外別無選擇。社會可以具有兩種功能：它可以促進人的健康發展，也可以阻礙這種發展。實際上，大多數社會兼具這兩種功能，問題只在於它們的積極和消極影響各自發揮到什麼程度，以及朝哪些方向發展。

這種認為心理健康可以客觀斷定，以及社會對人同時具有促進力量和扭曲力量的觀點，不僅與上述討論過的相對主義觀點相牴觸，還與另外兩個我現在要討論的觀點針鋒相對。第一種觀點（必定也是當今最流行的觀點）想要讓我們相信，當代西方社會——尤其是「美國生活方式」——與人性最深層的需求相符合，而適應這種生活方式就意謂著心理健康與成熟。於是，社會心理學不再是批判社會的工具，倒成了現狀的辯護者。在這種觀點中，「成熟」和「心理健康」的概念與工廠工人或公司員工被期許的態度是一致的。為了替這個適應概念舉例，我用斯特雷克博士（Dr. Strecker）對情緒成熟的定義來說明。他說：「我把成熟定義為有能力堅持完成一項工作；有能力在任何情況中付出超過被要求的部分；可靠；不管有多少困難都能堅持實現計畫；能夠在一個組織內或在權威領導下與他人共事；有能力做出決定；有生活的意志；具有靈活性、獨立性和寬容。」[5]很明顯的是，斯特雷克在這裡所描述的成熟，是當代社會大型組織中好工人、好員工或好士兵的美德，是招募廣告中慣常提到的員工必備特質。對斯特雷克和其他許多有類似想法的人來說，成熟與適應社會的能力是同一回事。他們從不問這種適應是健康還是病態的生活方式。

與此相反的是從霍布斯（Hobbes）到佛洛伊德一脈相承的另一種觀點，即認為人性與社會之間存在著根本和不可改變的矛盾，而這種矛盾源於人的反社會本性。佛洛伊德認為，人受到兩種生物衝動的驅使：渴望性快感和渴望破壞。人的性欲追求的是完全的性自由，即能得到所有他渴望的所有女人。「人透過經驗發現，性愛（生殖器的愛）為他提供了最大的滿足，因而成為一切快樂的原型。」於是，人必定要「繼續沿著性關係的道路去追尋他的快樂，把性欲奉為生活的核心」。[6]

自然性欲的另一個目標是與母親亂倫，這種欲望的本質導致父子之間的衝突和敵意。為了說明性欲在這方面的重要性，佛洛伊德指出，禁止亂倫「大概是有史以來對人的性生活造成最嚴重的創傷」。[7]

佛洛伊德與盧梭（Rousseau）的觀點十分一致，主張原始人對基本欲望的滿足沒有限制或者極少限制。原始人可以自由地發洩攻擊性，可以無限地滿足性需求。「實際上，原始人根本不知道有約束本能這回事……文明人用一些快樂的機會換來一份『安全感』。」[8]

佛洛伊德一方面繼承了盧梭之「快樂的野蠻人」（happy savage）的觀點，另一方面也接受了霍布斯所假設的，人與人之間有著基本敵意。霍布斯這樣問道：「在自己的生活和歷史的證據面前，誰又有勇氣反駁這種說法：『對人來說，人就是狼（*Homo homini lupus*）？』」[9]在佛洛伊德看來，人的攻擊性有兩個根源：一是固有的破壞欲望（死亡本能），另一是文明對本能欲望所強加的箝制。雖然人或許可以透過「超我」疏導一部分攻擊性，也有少數人可以將性欲昇華為友愛，但攻擊性仍然無法徹底消除。人類將總是互相競爭，互相攻擊——如果不是為了物質利益，就是為了「在性關係中獲得特權，這就在本該相互平等的男女關係中造成最深的積怨和最強烈的敵意。讓我們假設，透過在性方面實現完全的自由，這種特權也被消除了，那麼作為文化發展基礎單位的家庭也將不復存在。我們確實無法預見接下去的文化發展會採取什麼樣的新途徑，但是有一點是可以肯定的，那就是人類本性中不可消除的特質將會永遠保持下去」。[10]由於在佛洛伊德看來愛的本質是性欲，他也就不得不假定愛與社會凝聚力相矛盾。他認為，從本性上來說，愛在性質上是自我中心和反社會，而團結和博愛都不是人性固有的原始感情，而是目標受到抑制的性欲（aim-inhibited sexual desires）。

基於佛洛伊德對人的看法，即認為人生來便渴望無限的性滿足、渴望破壞，他必然會主張文明跟心理健康與快樂必然會互相衝突。原始人是健康的、快樂的，因為他的基本本能沒有受到箝制，但他缺乏文化的滋養。文明人比較安全，享有藝術與科學，但他必定會罹患精神官能症，因為文明生活使人的本能不斷受到挫折。

在佛洛伊德看來，社會生活、文明與人性的需求，在根本上是對立的。人面臨著可悲的選擇：不是得到一種建立在本能毫無節制的滿足上的快樂，就是得到一種建立在本能受挫上的安全和文化成就，而後面這種選擇的結果是精神官能症和各種精神疾病。對佛洛伊德來說，文明是本能受挫的產物，因而也是精神疾病的成因。

佛洛伊德認為人性基本上是競爭性（和反社會性）的，這種觀點與許多研究者如出一轍。這些研究者相信，展現於現代資本主義社會中的人的特徵，便是其自然特徵。佛洛伊德的戀母情結，假定父親和兒子因競爭母親之愛而有「自然的」敵對關係。這種競爭被說成是不可避免的，因為兒子生來便具有亂倫欲望。沿著同一條思路，佛洛伊德又假設每個男人的本能促使他渴望在性關係中取得特權，彼此間因此形成激烈的敵意。我們不難看到，佛洛伊德有關性的整個理論形成於如下的人類學前提：競爭與相互仇視乃是與生俱來的。

達爾文以「生存競爭」的理論在生物學領域說明這條原則。經濟學家——例如李嘉圖（Ricardo）和曼徹斯特學派——將這條原則移植到經濟學領域。後來，在同一個人類學前提的影響下，佛洛伊德主張這條原則也適用於性欲領域。就像經濟學家的基本概念是「經濟人」（homo economicus），佛洛伊德的基本概念是「性欲人」（homo sexualis）。無論「經濟人」也好，「性欲人」也好，都是一種方便的虛構，他被賦予的本性——封閉、反社會、貪婪和好競爭——讓資本主義看起來是一種完全符合人性的制度，從而讓它不受批評。

無論是「適應說」，或是霍布斯—佛洛伊德認為人性與社會必然發生衝突的觀點，兩者其實都在為當代社會辯護，而且都是片面的、扭曲的。此外，兩者都忽略了一個事實，即社會不僅與人性的反社會面向衝突（有些部分是社會本身造成），還常常與人最有價值的特質相衝突（社會會壓抑而不是促進這些特質）。

要對社會與人性的關係進行客觀的考察，必須考慮社會對人性的促進功能與壓抑作用，考慮人的本性和由此產生的需求。由於大多數研究者都強調過現代社會對人的正面影響，因此我在本書就不對此多說，而是把重點放在現代社會較被忽略的面向：社會對人性具有致病性的作用。

1 譯註：指非動物性的需要。
2 譯註：例如施虐癖或受虐癖的方式。

3 譯註：指佛洛姆一派的心理學家。

4 譯註：這個字本來指「佛」，這裡借指各文化中的大智者。

5 E. A. Strecker, *Their Mothers' Sons*, J. B. Lippincott Company, Philadelphia and New York, 1951, p. 211.

6 *Civilization and Its Discontents, loc. cit.*, p. 69.

7 同上引書，p. 74。

8 同上引書，pp. 91, 92。

9 同上引書，p. 85。

10 同上引書，p. 89。

第五章

資本主義社會中的人

第一節　社會性格

從人的抽象特質來討論心理健康的問題是沒有意義的。如果我們準備討論當代西方人的心理健康，如果我們要考慮他的生活方式中有哪些因素會導致精神錯亂、有哪些因素有助於保持心智健全，就必須研究我們的生產方式，以及社會組織與政治制度中的一些具體條件對人性造成的影響；我們必須了解在這些條件下生活和工作的普通人的性格。只有當我們描繪出「社會性格」（social character）的樣貌之後（儘管這種描繪也許只是初步和不完全的），才有根據去判斷現代人的心理健康狀態。

何謂社會性格？我是指在同一文化中大多數人所共同具有的性格結構的核心。社會性格與個人性格（individual character）的概念形成對比，後者是指同一文化中的人彼此不同的性格特徵。社會性格並不是統計意義上的概念，也不是指把某文化中多數人擁有的性格特質全部加總起來。社會性格只能透過它的功能來理解，這正是本書接下來要討論的。[1]

每個社會都是在很多客觀條件的規定下以某種方式構成和運作。這些條件包括：生產和分配的方法，而這些方法又取決於原料、工業技術、氣候、人口數、政治與地理因素、文化傳統，以及社會所受到的外來影響。並不存在一個抽象意義上的「社會」，只有以不同、且可被辨識的方式運作的具體社會結構。雖然這些社會結構會隨著歷史發展而改變，但它們在任何特定的歷史時期內，都是相對穩定的，而社會必須在其特定結構的框架中運作方能存在。社會中的成員，無論是整體民眾或是各群體，必須按照社會體系所要求的方式行事。社會性格的功能，正是以某種方式形塑社會成員的行為動機，使他們的行為不是來自有意識地思考是否要遵循社會規範，而是「想要去做那些他們必須做的事」，並由此得到滿足感。換句話說，**社會性格的功能，是在某個社會中形塑和引導人的行為動機，好讓該社會能繼續運作**。

例如，現代工業社會如果不以前所未有的方式把自由人的精力導向勞動，就不能實現其目標。人必須被塑造成那種樂於把大部分精力投入勞動的人，而且被塑造成守紀律，又特別是講究秩序和守時，其程度是人類大多數其他文化時期所不及的。僅僅要求每個人每天有意識地下定決心去工作、要守時，那是遠遠不夠的，因為任何這類有意識的決定都會導致很多例外，而這是想要順暢運作的社會所無法承受的。威脅和強迫也無法成為足夠的動機，因為長遠來說，現代化工業社會中高度分工的任務，只能由自由人來完成，而非強迫勞動者所能勝任。勞動、準時和講秩序的必要性，必須被轉化成對這些目標的內在驅力。這意謂著社會必須塑造出一種社會性格，使人們自然而然地擁有這些行為傾向。

要理解社會性格的起源不能著眼於單一因素，而必須著眼於社會學因素和意識形態因素的交互作用。經濟因素由於不易改變，在這種交互作用中占據一定的主導地位。這不是指渴望獲得物質利益是人類唯一，或甚至是最大的動力來源，但個人與社會首先關心的，確實是生存的任務，只有當生存得到保障時，才能進而滿足人類其他的迫切需求。生存的任務意謂著人必須從事生產，也就是必須獲得生存所需的最低限度的食物和居住條件，以及從事最基本生產過程所需要的工具。生產方式會進一步決定一個社會中人與人之間的互動模式，還決定了生活型態與運作方式。不過，宗教、政治與哲學這些觀念，並不只是附屬於社會結構、被動反映社會的次要思想體系。它們一方面扎根於社會性格，也決定了社會性格，使其系統化和穩固化。

讓我重申，當我們說社會的社經結構形塑人的性格時，我們談的只是社會組織與人之間的相互關係。還需要考慮的是，人性也會反過來形塑社會條件。我們只有在認識到人的真實存在，包括他的心理和生理特質，並且分析人的本性與外部環境之間的相互作用時，才能真正理解社會運作的過程。

雖說人確實可以適應幾乎任何環境，但他並不是一張任憑文化塗鴉的白紙。追求快樂、和諧、愛與自由等需求是人類的天性，而這些需求也是歷史進程的動力之一。如果它們受到壓抑，往往會引發心理上的反應，最終促成能夠滿足這些需求的社會條件。只要社會與文化的客觀條件保持穩定，社會性格通常能發揮穩定社會的作用。然而，當外在環境發生變化，與傳統的社會性格不再契合時，社會性格便會出現適應不良的現象，其功能也會從維持穩定轉變為加劇社會分裂。換句話說，社會性格不再是凝聚社會的力量，反而可能成為引發動盪的因素。

如果這種對社會性格的起源與功能的理解正確，我們便面臨一個令人困惑的問題。「性格結構是由個人在文化中所扮演的角色所塑造的」這個假設，不就與「人的性格是在童年時期形塑的」這個假設產生矛盾嗎？有鑑於兒童在人生早期階段與社會的接觸相對較少，上述兩種觀點是否都能成立？這個問題其實並不像乍看之下那麼難回答。我們必須區分兩者：一是導致社會性格的具體內容的因素，一是產生社會性格的方法。我們可以認為，社會結構以及個人在其中所扮演的角色，可以視為決定社會性格內容的因素。另一方面，家庭可以被視為社會性格的代理人，具有把社會的要求傳遞給成長中的孩子的功能。家庭從兩個面向發揮這種功能。第一種、也是最重要的方式，是透過父母的性格影響孩子的性格。由於大多數父母的性格是社會性格的一種表現，如此一來，他們便將社會期望的性格結構的基本特徵傳給孩子，包括父母的愛與快樂，還有他們的焦慮與敵意。

此外，文化中慣用的兒童教育方法，也形塑著孩子，讓他的性格朝社會期望的方向發展。訓練孩子的方法和技術各式各樣，可以達到相同的目的，但另一方面，有些方法看上去一樣，但由於執行者的性格不同，實際效果可能有所差異。單是聚焦在訓練孩子的方法，我們可能永遠解釋不了社會性格。教育方式之所以重要，因為它們是傳遞社會性格的機制。只有先了解在特定文化中什麼樣的人格是值得追求且必要的，我們才能正確理解訓練孩子的方法。[2]

現代工業化社會的社經環境造就了現代西方人的性格，也是導致其心理健康受損的原因。要了解這個社經環境，我們得先了解資本主義生產方式的特質，以及工業時代「貪欲社會」（acquisitive society）的特質。身為經濟學的門外漢，我的描述必然粗略，但我還是希望這種描述足以為之後對當代西方人社會性格的分析奠定基礎。

第二節　資本主義的結構與人的性格

一、十七世紀與十八世紀的資本主義

自十七和十八世紀以來，在西方占主導地位的經濟制度是資本主義。儘管制度的內部曾經歷巨大變化，但還是存在一些貫穿其發展歷程的特徵。根據這些共有的特徵，我們完全有理由以資本主義的概念概括整個十七和十八世紀的經濟制度。

簡言之，這些共同特徵包括：一、有政治上與法律上的自由人；二、自由人（工人及雇員）在勞力市場上以契約方式向資本所有者出賣自己的勞動力；三、有決定價格與調節社會產品交換機制的商品市場；四、每個人都以追求自身利益為目標而行動，但由於很多人參與競爭，最大的受益者被認為是所有參與者而非個人。

雖然幾個世紀以來資本主義具備這些共同特徵，但此歷史進程中所發生的變化亦同樣重要。當我們把關注點集中在分析當代社經結構對人所產生的影響時，至少應該簡要地討論一下十七、十八世紀資本主義的特徵，以及十九世紀資本主義中，那些與二十世紀社會和人類發展不盡相同的特徵。

說到十七、十八世紀，必須提及兩項早期資本主義的獨有特徵。首先，與十九世紀和二十世紀的發展相比，當時的技術和工業處於初步階段；其次，中世紀文化的習俗和思想對這段時期的經濟活動具有相當大的影響。因此，商人若是以較低價格或是任何其他促銷手段招徠顧客的話，會被認為不符合基督徒身分和不道德。《英國商業大全》（*The Complete English Tradesman*）的第五版在一七四五年指出，自從作家笛福（Defoe）在一七三一年去世以來，「這種廉價出售貨物的經濟手段發展到了忝不知恥的地步，乃至有些人公開宣稱，他們的售價比其他任何人都低。」[3]對此，該著作舉出一個具體案例：一名「暴發戶型」的商人比他的競爭者更有錢，因此不必使用信貸，直接從生產者手中買來貨物，不經過中間人而自己運送貨物直接賣給零售商，便能以每碼低於市價一便士的價格出售布料。《英國商業大全》的評論是，這種方法的結果，只是使得這個「貪婪的人」更加富有，並讓另一個人得以用稍微便宜一點的價格買到他的布，但這種「極其微小的利益」，與對其他商人造成的損害根本無從相比。[4]在整個十八世紀，德國和法國都有禁止廉價出售商品的禁令。

眾所周知，當時人們對新機器抱有疑慮，因為機器會奪去人的工作。柯爾貝（Colbert）[5]稱機器為「勞工之敵」，孟德斯鳩在《論法的精神》第十五章十五節中說機器減少了工人數目，因而是「有害的」。這些態度都是出於數百年來那些決定人類生活的原則。最重要的一條原則是，社會與經濟是為人而存在，不是人為社會和經濟而存在。凡傷害社會中任何群體的經濟進步，都不是健康的發展。更不用說，這種觀念與傳統主義的思想密切相關，後者力陳應當保持傳統的社會平衡，確信任何騷動都是有害的。

二、十九世紀的資本主義

到了十九世紀，十八世紀的傳統主義態度發生變化，變化的速度起初緩慢，隨後迅速加快。在資本主義制度中，活生生的人，連同他的欲望與痛苦，在制度中越來越喪失核心地位，被商業和生產取而代之。在經濟領域，人不再是「萬物的準則」。十九世紀資本主義最大的特點，首先是對工人的無情剝削：人們普遍相信，成千上萬的工人在捱餓邊緣掙扎符合自然或社會的法則。資本所有者在追求利潤的過程中竭盡所能地剝削工人，在道德上是正確的。資本所有者和他的工人之間幾乎談不上有感情。弱肉強食的經濟法則是至高無上的。過去幾個世紀中那些具有約束性的觀念都被拋在腦後。商人尋求顧客，想方設法用低價打敗競爭者，同行之間的競爭也殘酷無情，與剝削工人沒有兩樣。隨著蒸汽機的使用，勞動進一步分工，企業的規模也擴大了。每個人都會因為追求自身利益而對所有人的幸福做出貢獻——這條資本主義原則成了指導人類行為的準則。

在十九世紀，市場擺脫了一切傳統的限制性因素，完全獨立自主。雖然每個人都認為自己是為了追求自身利益行事，但實際上是受到市場和經濟機器的無形法則決定。資本家擴大他們的企業，主要不是因為他們想這麼做，而是因為不得不然，因為正如卡內基[6]在自傳中所說的：不擴大經營就意謂著倒退。事實上，當企業開始成長，就必須把它越做越大，不管你想或不想。經濟規律神不知鬼不覺地運作，強制人去行事而不給他自由決定的權利。在這種運作方式中，我們看到某種財產集團（constellation）的萌芽，這種集團要到二十世紀才開花結果。

在當代，不僅市場規律有自己的生命並支配著人，科學和技術的發展亦復如此。由於許多方面的原因，當今的科學課題和科學組織支配著科學家，讓他們無法自行選擇要研究的課題，反倒是課題把自己強加於科學家。當他們解決了一個課題，他們並不會更有把握，而是在已解決的問題上又生出十個其他新問題。於是科學家不得不再去想辦法解決這些新問題，必須以越來越快的步伐前進。工業技術的情況也是如此。科學力量的步伐驅趕著技術的步伐。理論物理把原子能推到我們面前，原子彈的成功製造又迫使我們去生產氫彈。我們無法選擇課題，無法選擇自己的產品。我們被硬推著前進。被什麼力量硬推？被一種沒有目標可以超越它的制度硬推，這種制度使人成為其附屬品。

等到分析當代資本主義的時候，我們將會對人軟弱無力的這一面有多更著墨。不過，在此之前，我們應該先花點時間討論現代市場的重要性，因為市場不僅是資本主義社會中產品分配的核心機制，也構成人際關係的基礎。

假使社會的財富與社會全體成員的實際需求相當，那就不存在財富分配的問題：每個人都可根據自己的喜好或需求獲取社會產品，因此用不著制定分配的規則（除了像是分送與運作方式這類純屬操作層面的安排之外）。但是，除去原始社會之外，這種情況至今沒有在人類歷史上出現過。人類的需求總是比社會產品的總量大，因而不得不定出如何分配的規則：有多少人和哪些人的需求應該得到最大的滿足，而哪些階層的需求不應予以完全滿足？歷史上高度發達的社會主要是靠強制手段做出這種決定。某些階級有權為自己謀得最好的社會產品，而將較粗重、較髒的工作分派給其他階級去做，並分派給他們較少的社會產品。強制手段常常借助於社會傳統與宗教傳統，這些傳統在人們心中形成一種很強的心理力量，其強度之大往往讓實施強制手段的階級無須再訴諸實際的威嚇。

現代市場是一種自我調節的分配機構，不必按事先制定好或傳統的計畫分配社會產品，因而也就不需要在社會中使用強制力。當然，強制力只是表面上看不見，實際上仍然存在。一個不得不接受勞力市場提供的薪水比率的工人會被迫接受市場的條件，否則他將無法活下去。所以，所謂的個人「自由」大半是錯覺。他知道沒有什麼外在力量迫使他簽訂一份契約，卻不太清楚市場規律在他背後發揮功能。因而，他認為自己是自由的，雖然實際上並非如此。儘管如此，這種透過市場機制進行分配的資本主義方式，是階級社會中迄今為止所設計出的最佳方式，因為它為個人在政治上的相對自由提供基礎。這種自由正是資本主義民主的特點。

市場的經濟功能建立在很多個人競爭的基礎上，他們有些想在商品市場上出售他們的商品，有些想在勞力市場和人格市場（personality market）出售勞力或服務。從人格的角度看，這種經濟競爭的需求導致競爭態度的增長，在十九世紀後期尤其如此。人被超越競爭對手的欲望所驅使，完全改變封建時代特有的態度，即人應該滿足於他在社會秩序中的傳統位置。與這種中世紀的社會穩定性相反，一種前所未聞的社會流動性發展出來，每個人都在這種流動性中為爭取最佳的社會地位而奮鬥，儘管僅有極少數人能如願以償。在這種對成功的爭奪中，維持人與人團結的社會規範與道德規範崩潰了，生存的重要性在競爭中成了頭等大事。

構成資本主義生產方式的另一項因素是，在此制度中，所有經濟活動的目的都是利潤。然而，關於資本主義的「利潤動機」，人們有意或無意地製造了許多混淆與誤解。我們一直被告知（也理應被告知），任何經濟活動只有在獲利的情況下才有意義，也就是說在生產中我們的所得必須大於花費。即使是前資本主義社會的工匠，為了生計，也必須讓原料上的花費和付給學徒的薪水比產品的售價低。在任何支持工業的社會（不管是簡單還是複雜的社會），產品的售價都必須大於成本，這樣才能為機器設備的更新和取得其他提高產量的工具提供必需的資本。不過生產的盈利問題並不是我們要討論的題目。我們所關心的問題是：我們的生產動機不是生產對社會有用的產品，不是為了在工作過程中得到滿足感，而是為了透過投資而獲得利潤。產品對顧客的用處不一定是資本家感興趣的事。從心理學的角度說，這並不是指資本家對金錢總是貪得無厭。有些資本家是如此，有些資本家並非如此，這對資本主義的生產方式來說不是至關緊要的。事實上，貪婪在資本主義的早期發展階段，比起現在更常是資本家的動機。現在的情況是，所有權和經營權大多數是分離的，獲取更多利潤的目的退居在希望企業不斷擴大和暢順運轉的願望之後。

在現行制度下，收入與個人出力或貢獻的程度相當脫節。資本所有者可以不勞而獲。用勞動換取收入原是人的基本功能，但現在，人卻可以靠著操縱金錢以獲取更多的金錢。這種情況在企業的缺席所有者（股東）身上尤其明顯，無論他是擁有整間企業的老闆，或只是企業的一個投資人皆然。在這兩種情況下，他都會從他的資本或他人的勞力中不費吹灰之力獲得利潤。對於這種情況，有很多堂而皇之的辯解。有人說，利潤是給資本家在投資中所承擔風險的一種補償；有人說，利潤是獎勵資本家省吃儉用，積蓄下一筆資本去投資。但是，幾乎無須證明的是，這些微不足道的因素，並沒有改變資本主義允許人不必親自參加勞動和從事生產而獲得利潤的基本事實。一反觀那些從事勞動和做出一定貢獻的人，他們的收入與付出的努力之間絕不存在合理的關係。一個中學教師的收入只相當於一個醫生的幾分之一，儘管他的社會功能同樣重要，付出的努力也不比醫生少。礦工的收入只有礦井經理的幾分之一，儘管從礦工工作的危險性和難度考慮，他的付出要比經理大得多。

在資本主義社會中，收入分配的特點是，個人在工作上的努力與社會給予他們的認可（經濟報酬）之間比例失調。在一個較貧窮的社會裡，這種失調將導致貧富差距進一步擴大到超過我們的道德標準所能容忍的限度。不過，我此處並不強調這種失調在物質層面的後果，而是其道德和心理上的後果。後果之一是對工作、努力和技能的低估。其二是造成這樣的情況：只要我的收入受到限制，我的欲望也會受到限制。另一方面，如果我的收入與我所付出的努力沒有對應關係，我的欲望就不會受到限制，因為欲望的滿足取決於市場狀況提供的機會，而不是取決於我自身的能力。[7]

十九世紀的資本主義確實是私人資本主義（private capitalism）。在這種資本主義中，個人看見並抓住新的機會，按經濟規律行事，領悟出新方法，謀得財富（既是供生產也是供消費的財富），並樂在擁有財產之中。除了競爭與追求利潤之外，這種從擁有財產中享受樂趣的情況是十九世紀中上層階級的基本特徵之一。此特徵十分重要，因為就享受財產和樂於積蓄這兩點而言，今天的人與祖輩已經非常不同。事實上，這種儲蓄狂和占有狂已經變成大多數落後階級（即中下層階級）的典型特徵，而且在歐洲要比在美國常見得多。這個例子證明了在經濟發展的過程中，有些曾為最富有階級所有的社會性格特徵會變得過時，但卻被發展得最差的階級保留下來。

從性格學的觀點看，佛洛伊德將占有和擁有財產的快感描述為「肛門性格」（anal character）的一個重要特質。我則從不同的理論前提出發，採用「囤積取向」（hoarding orientation）的說法來描述同一種臨床狀況。如同其他性格取向，「囤積取向」的特質也包括正面和負面。究竟是哪一個占主導地位，取決於個人性格或社會性格中的創造性取向的相對力量。正如我在《自我的追尋》一書中所說，「囤積取向」的正面特質包括：實際、節儉經濟、仔細、保留、謹慎、頑強、沉著、守紀律、有條理、做事按部就班和忠實。對應的負面特質包括：缺乏想像力、吝嗇、多疑、冷漠、焦慮、頑固、懶惰、刻板、執著和占有欲。不難看出，在十八和十九世紀，當「囤積取向」適應經濟進步的必然性時，其正面特質占據主導地位；而到了二十世紀，因為這種取向已經成為一個過時階級的過時特徵，流露的幾乎全是負面特質。

隨著維持人與人團結的傳統原則瓦解，新的剝削形式出現了。在封建社會，領主被認為有神聖權利向領地內人民要求勞務和物品，但與此同時，習俗也要求他克盡對人民負責的義務：保護他們，向他們提供至少最低限度的生活保障。封建剝削是在一個人們互盡義務的制度下進行的，因而受到一定規則的限制。十九世紀發展起來的剝削形式則完全不同。工人（或者說他的勞力）是一種商品，供資本所有者購買，與市場上的其他商品沒有什麼根本的差別，而買主對他買進的東西自然會盡情使用。由於勞力是在勞力市場上以適當的價格購進的，勞資雙方沒有什麼互惠關係，資本家除了付薪水之外，對工人沒有任何義務。假使成千上萬的工人失業，瀕於飢餓的邊緣，那是因為他們時運不佳，才能太差，再不然就是社會法則和自然法則的結果，任誰都無法改變。剝削不再涉及某個具體的剝削者，是市場規律迫使一個人為微薄的薪水而工作，不是某個人的意圖或貪婪導致。沒有人該對這一切負責，沒有人有罪，也沒有人能改變這種情況。人們所面對的，是看似無法撼動的社會鐵律。

到二十世紀，在十九世紀常見的資本主義剝削方式，大致上已經消失了。然而這不能掩蓋一項事實：二十世紀的資本主義與十九世紀的資本主義，同樣是建立在任何階級社會都能找到的原則之上，那就是人利用人。

由於現代資本家「雇用」勞力，這種剝削的社會形式與政治形式已經改變。不變的是資本所有者仍然為了自身的利潤而利用他人。「利用」的基本含義與待人是否殘忍無關，而是與以下事實有關：一個人為另一個人服務是為了雇主的目的，不是為了自己的需求。人利用人的概念，甚至與一個人是利用他人還是利用自己毫無關係。因為這種區別改變不了一件事：一個人，一個活生生的人，不再為自己而活，而是成為滿足他人、自身經濟利益的手段，或者是成為龐大的無人格經濟體系之利益的工具。

對於上述的說法有兩種明顯的反對意見。第一種意見認為，現代人可以自由地接受或拒絕合約，因而他與雇主的社會關係是一個自願參與者，不是一件「物品」。但這種意見忽略了兩點：首先，人沒有選擇的餘地，只能接受既有的條件；其次，即使他沒有被迫接受這些條件，他將依然是「受雇者」，也就是說，他不是被利用來為自己的目的服務，而是被資本家利用來獲取利潤。

第二種反對意見認為，所有的社會生活，即使是最原始的形式，都要求某種程度的社會合作，甚至紀律；在更複雜的工業生產形式中，個人自然必須承擔某些必要和特殊的功能。這種說法當然正確，不過卻忽略了一項基本差異：在沒有「人支配人」現象的社會中，人人都在合作與互利的基礎上發揮自己的功能。人與人之間的關係只要是建立在相互合作、愛、友誼或自然連結的基礎上，就沒有誰能對他人發號施令。實際上，我們在當今社會中常常發現，夫妻關係不再像父權制時代那樣由丈夫支配妻子，而變成夫妻互助合作。朋友關係亦復如此。在這些關係中，沒有人想去支配另一個人，他可望得到幫助的唯一理由是愛、友誼，或是單純的人類互助精神。

我，身為一個人，只有透過自己主動努力，才能喚起他人的愛、友誼和同情，才能確保獲得他人的幫助。雇主和員工的關係卻不是這樣。雇主購買了工人的勞動，而不管他對待他們有多麼人道，他仍然在發號施令。兩者的關係不是建立在互利上，而是建立在雇主購買了員工一天許多小時的工作時間上。

人對人的利用，正體現了資本主義背後的價值觀。資本代表著過去的財富積累，而勞動則是當下的生命力與動能，但卻是資本在支配勞動。在資本主義的價值體系中，資本的地位高於勞動，積累的財物比生命力的各種展現與成果更具地位。是資本雇用勞力，不是勞力雇用資本。擁有資本的人支配那些「只」擁有自己的生命、技能、活力和創造性生產力的人。「物」的地位高於人。**資本與勞力之間的衝突遠不止於兩個階級之間的衝突，也遠不止於他們為占有更多社會產品所進行的鬥爭。這是兩種價值原則之間的衝突，是物的世界和物的積聚，與生命的世界及其生產力之間的衝突**。[8]

與剝削和利用的問題密切相關，但更加複雜的，是十九世紀的人所面臨的權威問題。在任何社會制度中，如果全體成員有一部分人受到另一部分人的支配（尤其當支配者是少數時），這種現象必定建立在一種強烈的權威意識之上。在父權社會（認為男性比女性優越，應該統治女性）中，這種權威意識更為強烈。由於權威問題對了解任何社會中的人際關係來說相當關鍵，且人們對權威的態度從十九世紀到二十世紀發生了根本的改變，所以我想從對權威的區分展開這項問題的討論。此區分是我在《逃避自由》一書中首先提出，在我看來至今值得引用：**權威不像財產或**

身體特質，是人所可以「擁有」的。權威是指一種人際關係，在這種關係中，一個人把另一個人看成比自己優越。但權威也有兩種，一種可稱之為理性的權威，另一種或可描述為抑制性或非理性的權威。

茲舉一個例子加以說明。師生關係，以及奴隸主與奴隸的關係，都建立在其中一方具有優越性的基礎上。老師與學生有一致的利益。老師如果成功地啟發學生，他將會感到滿足；如果他失敗了，他和學生將同時是輸家。另一方面，奴隸主卻會想盡辦法去剝削奴隸，從奴隸身上得到越多就越有滿足感。與此同時，奴隸也會盡力去護衛自己最起碼的幸福。奴隸主和奴隸的利益是完全對立的，一方之所得就是另一方之所失。優越地位在這兩種情況中發揮不同的作用：在前者（師生關係）它是用於幫助被管理者，在後者（奴隸主與奴隸）則是為了剝削。

這兩類權威的動力也不一樣：學生學得越多，則學生與老師之間的差距也越小。他會變得越來越像老師。也就是說，在理性的權威中，關係往往會自行消解。但是，當權威地位成為剝削的基礎時，雙方的差距會因為時間越久而變得更大。

這兩種權威關係所包含的心理狀況各不相同。在第一種理性權威中，人際關係充滿著愛、敬仰或感激的成分，權威同時也是一個人想要部分或全部效法的榜樣。在第二種抑制性或非理性權威的人際關係中，人將會怨恨或仇視剝削者，因為屈從剝削者與自身的利益相違背。不過，就奴隸的情況而言，他的怨恨只會導致他與奴隸主發生衝突，而因為在衝突中獲勝的機會微乎其微，他只會因此吃更多苦頭。因此，他的通常傾向是壓抑仇恨的情感，有時甚至用盲目的崇拜感來代替仇恨。此舉有兩項功能：一、去掉那些既痛苦又危險的仇恨情感；二、減緩屈辱的感覺。如果統治我的人是那樣的優秀或完美，我就不會因為屈從於他而感到慚愧。我不能與他平起平坐，是因為他比我強得多、聰明好幾倍、更好等等。這樣一來，在抑制性的權威中，仇恨或者對權威的非理性崇拜往往會增加。在理性類型的權威中，情感連結的力量會隨著服從權威者本身的能力越來越強（因此也越來越像權威本身）而降低。

理性權威與抑制性權威之間的差異只是相對的。即使是在奴隸與主人的關係中，奴隸也能獲得某種利益。主人為了讓奴隸可以幹活，奴隸至少可得到最低限度的食物和保護。另一方面，只有在理想的師生關係中，才可能完全沒有利益上的衝突。在這兩種極端的權威形式之間，有著許多不同層次的人際關係，例如工廠工人與老闆的關係、農場主兒子與父親的關係，或家庭主婦與丈夫的關係。不過，儘管在現實生活中這兩種類型的權威經常是混合的，但它們在本質上不同，所以對具體的權威關係的分析必須顧及兩種類型權威的比重。

十九世紀的社會性格是理性權威和非理性權威混合的好例子。這個時期的社會儘管與建立在宗教和傳統上的封建階級特徵不同，但根本上仍是階級分明的，只是階級的判準變成資本的有無。資本所有者可以購買勞力，因而可以支配那些沒有資本的人的勞力，後者必須服從，否則就會受到挨餓的懲罰。這時，新、舊階級模式之間有某種程度的混合。國家，尤其是君主制國家，仍舊鼓勵服從的傳統美德，但將這些美德用來支持新的制度與價值觀。在十九世紀的中產階級身上，服從仍被視為基本的美德，而不服從則是根本的惡行。

此時，理性權威與非理性權威齊頭發展。自從宗教改革和文藝復興以來，人便開始依靠理性作為行動和價值判斷的指南。他為自己擁有理性而自豪，並敬仰科學家、哲學家和歷史學家等理性權威，因為這些專家幫助他形成自己的判斷和確立信念。在真理與謬誤、正確與錯誤之間做出判斷是極其重要的，而且事實上，道德良知和智識良知（intellectual conscience）[9]在十九世紀人的性格結構中占有至高的位置。他或許沒有將自己良知的標準運用到不同種族或階級的人身上，不過某種程度上，他的行為是被自己的是非觀念所影響。即使他無法避免犯錯，他至少會假裝自己沒有意識到正在做錯事。

與這種智識良知和道德良知密切相關的，是十九世紀的另一種典型特徵：自豪感與掌控感。如果我們今天觀賞描繪十九世紀的生活圖像，畫中男子蓄鬍，總是頭戴高禮帽和手握拐杖，我們很容易被十九世紀男性自豪感的荒謬與負面特徵所震撼：充滿虛榮心，幼稚地相信自己是大自然和歷史的最高成就。不過，我們也能看出這種自豪感的正面特徵（當我們考慮到這種特徵在我們的時代已不復存在時尤其如此）。人類有一種感覺，彷彿自己已經坐上馬鞍，擺脫了自然力量的支配，並在歷史上第一次成為自然力量的主人。他掙脫了中世紀迷信的枷鎖，在西元一八一四年至一九一四年的一百年間創造了人類歷史上最和平的時期之一。他感到自己是獨立的個人，只服從理性的法則，只遵從自己的決定。

總而言之，我們可以說，十九世紀社會性格的特徵是好競爭、囤積性、剝削性、權威性、攻擊性和個人主義。雖然還沒有進入下面的討論，但我們在此可能已觸及二十世紀與十九世紀資本主義的重大區別。

在二十世紀，我們發現接受取向（receptive orientation）與市場取向（marketing orientation）取代了剝削取向與囤積取向[10]；日益增長的團隊合作傾向取代了競爭，希望收入穩定而安全的願望取代追求不斷增加的利潤；分享和散播財富的傾向，以及操縱他人和自身的傾向取代了剝削；來自輿論與市場的匿名權威，取代了理性和非理性的公然權威[11]；適應的需求和被認可的需求取代了個人的良知；日益增長的無力感（儘管主要是無意識的）取代了自豪感與駕馭感。[12]

如果我們回頭看十九世紀人的病態現象，會發現它們當然與人類社會性格的特徵有密切關係。剝削和囤積的態度製造出很多苦難，對人的尊嚴缺乏尊重。它導致歐洲人無情地剝削非洲、亞洲和歐洲本地的工人階級，且無視人類的價值。十九世紀的另一個病態現象，是要求人服從非理性權威，這導致了壓抑被社會視為禁忌的思想和情感。最明顯的例子是對性的壓抑，還有對身體動作、衣著、建築風格等自然表現的壓抑。正如佛洛伊德所認為的，這種壓抑導致了各種不同的精神官能症。

十九世紀和二十世紀初的改革運動，力圖治療社會的病態現象，就是從上述這些主要症狀著手。所有形式的社會主義，從無政府主義到馬克思主義，都強調消滅剝削的必要性，強調將勞動者改造成獨立、自由且受尊重之人的必要性。這些思想認為，如果廢除經濟上的痛苦，把工人從資本家的宰制下解放出來，那麼十九世紀一切正面的成就將能完全實現，而那些惡習則會隨之消失。類似這樣的觀點，佛洛伊德也相信，如果大幅度減少性壓抑的程度，精神官能症和各種精神疾病也會隨之減少（不過這種樂觀看法在他的人生後期越來越少）。自由派認為，只要完全擺脫非理性權威的束縛，就會迎來新的千年盛世。自由派、社會主義者和精神分析學家對人類病痛所開的處方雖各不相同，但都是針對十九世紀的病態和症狀而發。所以，我們又有什麼理由不去預期：在消除了剝削和經濟上的痛苦之後，在消除了性壓抑和非理性權威之後，人類便會進入一個比十九世紀更自由、更幸福和更進步的新時代呢？

半個世紀過去，十九世紀改革家的主要訴求都已經實現。以經濟上最進步的國家美國來說，對大眾的經濟剝削已消失泰半，其程度是馬克思的時代所不能想像的。勞工階級並沒有落後於整個社會的經濟發展，而是分享到越來越多的國家財富，而且我們絕對有理由猜想，在今後五、六十年，假使沒有發生什麼重大的災難，美國將不會再有明顯的貧窮存在。與日益消失的經濟痛苦密切相關的是，勞工的就業與政治處境也發生了劇烈變化。主要是透過工會，勞工成了管理階層的「合夥人」。再也沒有人能像三十多年前那樣驅使、開除或侮辱他了。他當然不會再仰望「老闆」，認為老闆高人一等。他既不崇拜也不仇恨老闆，雖然他可能會嫉妒老闆比自己獲得更高的成就。隨著順從於非理性權威的態度消失，父母與子女的關係也發生翻天覆地的變化。子女已不再害怕父母。他們成為朋友，如果有哪一方會對此感到有點不安，那將是害怕跟不上時代的父母。在軍隊和工業界都出現一種五十年前無法想像的「團隊」精神與平等精神。此外，性壓抑也大大減少了。第一次世界大戰之後發生了一場性觀念的革命，讓陳舊的禁忌和原則被棄如敝屣。不宜滿足性欲的看法被視為過時或不健康的思想。儘管對於這種態度存在著一些反對意見，但從整體的情況看，十九世紀的性禁忌和性壓抑體系幾乎完全消失了。

按照十九世紀的標準，我們幾乎具備了健全社會應該具備的一切條件，同時，很多仍然按照十九世紀標準考慮問題的人也深信，我們將會繼續進步。他們進而認為，對繼續進步的唯一威脅來自威權社會，例如蘇聯（它為了更快積累資本而無情剝削勞工的做法，很多方面類似資本主義的早期階段）。可是，在那些不以十九世紀眼光看待當代社會的人看來，實現十九世紀的期望顯然絕對沒有帶來預期的後果。事實上，儘管物質繁榮又有著政治自由和性自由，二十世紀中葉的世界在精神上看來比十九世紀病得更重。沒有人比史蒂文森（Adlai Stevenson）說得更扼要：「我們不再有成為奴隸的危險，卻有成為機器人的危險。」[13]現在沒有公然的權威威嚇我們，但我們卻害怕那要求人從眾的匿名權威（輿論、市場），並受這種恐懼支配。我們不屈從任何人，我們不與權威發生衝突，但我們也沒有自己的信念，幾乎喪失個體性，幾乎沒有明確的自我認同。顯而易見的是，我們不能按照十九世紀的老方法來診斷我們的病。我們必須認清屬於我們時代的特殊病灶，才有望得到洞見，可以把西方世界從與日俱增的病態中拯救出來，使其不致陷入日益嚴重的瘋狂之中。在下一節，我將嘗試進行這種診斷，處理的是二十世紀西方人社會性格的問題。

三、二十世紀的社會

（一）社會和經濟的變化

在十九世紀和二十世紀中葉之間，資本主義社會在工業技術、經濟結構和社會結構方面發生了劇烈變化。人的性格所發生的變化，也同樣劇烈而根本。前面已經提到資本主義在十九世紀和二十世紀之間所發生的一些變化（剝削的形式、權威的形式、占有欲的功能都發生了變化），以下我們將討論當代資本主義社會的經濟特徵和性格特徵。它們都是我們這個時代最根本性的特徵，儘管其中一些在十九世紀或更早時期便已萌芽。

首先從反面的角度來看，當代西方社會的封建特徵日益消失，資本主義社會的純粹形式也因此越來越明顯。不過，與西歐相比，美國的封建遺緒比較少。美國的資本主義不僅比歐洲更強大、更先進，也是歐洲發展資本主義的榜樣。這不僅是因為歐洲各國都努力仿效，還因為美國的資本主義是資本主義最進步的形式，完全屏除封建遺緒的影響和封建勢力的束縛。不過，封建社會遺留下的傳統，除了有著明顯的消極特徵外，還具有許多純粹資本主義態度所沒有的人性特徵，所以極具吸引力。歐洲人對美國的批評，主要基於封建時代的一些人文價值，因為這些價值觀在歐洲仍然存在。這是一種奉過去的名義所做的批評，而這種「過去」在歐洲也正快速地消失。在這方面，歐洲和美國之間的差別，只是舊資本主義與新資本主義之間的差別，是夾雜著封建遺緒的資本主義與純粹的資本主義之間的差別。

從十九世紀到二十世紀最顯著的變化就是技術革命。蒸汽機、內燃機和電力的使用與日俱增，並開始利用原子能。這種發展的特點是，機器漸漸取代人力勞動，甚至進一步取代人類智慧。在一八五〇年，人在生產中提供一五%的動能，動物提供七九%，機器提供六%，可是到一九六〇年，這個比例分別演變為三%、一%和九六%。[14]在二十世紀中期，我們看到使用越來越多自動化機器的趨勢，這些機器有自己的「頭腦」，讓整個生產過程發生根本變化。

生產方式的技術革新是資本日益集中所造成，而技術革新也轉而加速資本的集中。小型公司在數量和重要性上的降低，與經濟巨頭的紛紛崛起成正比。雖然整體趨勢已眾所周知，舉幾個例子有助於我們看見其具體樣貌。一九三〇年，五三七家獨立公司占了紐約證交所絕大部分股票的交易，一三〇家公司控制了所有公司資產總和的八〇%以上。兩百家最大的非金融公司控制了「將近一半的非金融公司總資產，而剩下的一半則由三十多萬家小公司擁有」。[15]必須記住，這些大公司中任何一家的影響力，都遠超出其直接控制的資產範圍。「與大公司做買賣時，小公司所受的影響遠大於與其他小公司做買賣。在很多情況下，小公司的持續繁榮要依賴大公司的支持，這讓後者的利益無可避免也成了前者的利益。大公司憑其規模對價格常常大有影響，儘管還沒有到壟斷的地步。大公司的政治影響也可能十分重大。既然所有企業大約一半的資產由兩百家大公司控制，而另一半為小公司所有，那麼我們就有理由認為，一大半的工業生產是由大公司支配。當我們回想這一點時，會發現這種資本集中現象其實更加嚴重：在一億兩千五百萬人口中，只有約兩千人有能力控制和主導一半的產業。」[16]自一九三三年以來，這種權力集中的情況一直在增長，迄今沒有停止的跡象。

自營業者的數目也大幅減少。在十九世紀初，大約有五分之四的從業人口為自營業者，到一八七〇年下降為三分之一，而到了一九四〇年，舊有的中產階級只占了從業人口的五分之一，也就是說只剩一百年前的四分之一。在今天，兩萬七千家大型企業，雖然只占全美國總企業數的百分之一，卻雇用了全部從事商業活動之員工的一半。另一方面，一百五十萬家非農業性質的一人公司，只雇用了百分之六的員工。[17]

這些統計數字顯示，隨著企業資本集中，大企業的員工人數也顯著增加。在舊的中產階級中，農場主、自營業者和專業人士占了八五%，現在，這些人只占中產階級的四四%。在同一時期，新的中產階級從一五%增至五六%。在新的中產階級中，經理由二%增至六%，受薪專業人士由四%增至十四%，推銷員由七%增至一四%，辦公室職員從二%增至二二%。在一八七〇年到一九四〇年之間，新中產階級在勞動力總數中所占的比例由六%上升至二五%，而薪水工人則由六一%下降為五五%。米爾斯（C. W. Mills）扼要地指出：「操縱實物的人越來越少，處理人和數字、資料的人越來越多。」[18]

隨著大型企業越來越重要，出現另一項極為重要的發展：經營權與所有權日益分離。這一點可以用伯樂（A. A. Berle, Jr.）和米恩斯（G. C. Means）合著的經典作品《現代公司與私有財產》（*The Modern Corporation and Private Property*）所提供的數據加以說明。在一九三〇年兩百家最大型公司的一四四家之中（只有這一四四家的資料可取得），股東在五千人以下的只有二十家，股東在兩萬人至五十萬人之間的有七十一家。[19]只有在較小型的公司中，經營者似乎才握有重要的股權，而在大型公司（即最重要的公司），股份所有權和經營權幾乎完全分離。一九二九年，在某些最大型的鐵路和公共事業公司中，每個股東所占的股份比例不超過二．七四%，而據伯樂和米恩斯稱，這種情況也存在於工業領域。「如果我們依照產業界經營者的平均持股排序……會發現高階主管和董事所持的股份幾乎完全與公司的規模成反比。除了兩個重要例外，公司規模越大，經營者的持股比例越小。在鐵道業中，每家公司的平均持股數為五千二百萬美元，經營者占的股份為一．四%……在各式各樣的採礦業中，經營者所占的股份為一．八%。只有在小公司，經營者才握有重要股權。除非公司平均資本為一百萬美元以下，否則經營者的持股都不到兩成。但有三個產業別的公司（每家的平均資本少於二十萬美元），其高階主管和董事持股超過一半。」[20]這裡出現了兩種趨勢：大企業的相對增加，大企業經營者的持股相對減少。把這兩種傾向聯繫在一起，我們可以清楚地看到，總體趨勢是資本所有者與經營者的加速分離。經營者如何能夠在不擁有相當股份的情況下控制企業，是一個社會學和心理學的問題，我們會留待後面再談。

資本主義從十九世紀發展到二十世紀的另一項根本變化是，國內市場的重要性增加了。我們的整個經濟體系依賴大量生產和大量消費的原則。在十九世紀，普遍趨勢是儲蓄，不是縱情於無力馬上支付的消費。現在的習慣卻完全相反。每個人都被哄騙去購買盡可能多的商品，而且是在沒存夠錢時就買。廣告和其他施加心理壓力的方法，大大刺激了對消費更多的需求。勞動階級的經濟和社會地位也隨著這種發展而上升。尤其是在美國，歐洲各地也一樣，勞動階級參與了整個經濟體系的增產行動。工人的薪水，還有他得到的社會福利，讓他能夠達到一百年前無法想像的消費水準。工人的社會和經濟力量也有了同樣程度的增加：這不是單就他的薪水和社會福利而言，也包括他在工廠中作為一個人所具備的角色與社會角色。

讓我們再來看看二十世紀資本主義最重要的幾個特徵：封建特徵消失、工業生產的突破性增長、資本日益集中、企業與政府規模擴大、控管數字和人力的人越來越多、所有權與經營權分離、勞動階級的經濟和政治地位提高，工廠和辦公室出現新的工作方法。且讓我們再從一個稍微不同的角度來描繪這些變化。封建因素的消失意謂著非理性權威不復存在。再也沒有人由於出身、宗教或自然法則而被認為比別人高一等。人人都自由與平等。沒有人天生就該受別人剝削和支配。如果說一個人受到別人的支配，那是因為支配者在勞動市場購買了被支配者的勞力或服務。支配者可以支配，是因為他與被支配者是自由與平等的，彼此可以進入契約關係。但是，隨著非理性權威消失，理性權威也不存在了。如果市場和契約可以規定勞資雙方的關係，那麼就毋須知道是非善惡了。唯一必須知道的是交易是否公平——而只要交易公平，它就是有效的。

在二十世紀，人所體驗到的另一個決定性事實，就是生產的奇蹟。現在，他支配的力量是自然界從前賦予他的千萬倍：蒸汽、石油和電力成為他的奴僕和馱畜。他橫渡大洋、穿越大洲，起初需用幾星期，接著演變為幾天，現在只需要幾小時。他看似已經克服了重力定律，能在天空翱翔。他把沙漠變成良田，用人造雨取代向神祈雨。生產的奇蹟帶來消費的奇蹟。再沒有傳統上的障礙阻止任何人購買他所喜愛的任何東西了。他只需要有錢即可。但現在越來越多人有錢了。也許不是買得起真正珍珠的錢，卻是買得起人造珍珠的錢。他們買得起看來像凱迪拉克的福特汽車，買得起看來與昂貴衣服沒兩樣的廉價衣服，買得起百萬富翁和普通工人都抽的香菸。一切都唾手可及，都可以買到，都可以消費。從前哪個社會有過這種奇蹟？

人們在一起工作。成千上萬的人湧入工廠和辦公室（有的人開車，有的人則搭地鐵、公車或火車），按照專家制定的節奏和方法，不快也不慢，協調一致地一起工作。每個人都是整體的一部分。到了晚上，這些人又流回原處：他們讀一樣的報紙、聽一樣的廣播、看一樣的電影。不論是處於社會上層還是下層，是聰明人還是傻瓜，是受過教育還是未受過教育，全都一樣。他們按部就班一起生產、一起消費和一起享受，從來不產生疑問。這就是他們的生活節奏。

那麼，我們社會需要什麼樣的人？哪一種「社會性格」最適合二十世紀的資本主義？它需要那些能夠在群體中與別人順暢合作，想要不斷消費，而且品味標準化，行為很容易受到影響和被預測的人。

這個社會需要的是感到自己是自由和獨立的人，他不屈從於任何權威、原則或良知，卻又自願接受支配，做別人希望他做的事，並與社會機器配合無間。人怎麼可能在沒有強制的情況下被引導，在沒有領袖的情況下被帶領，在沒有目標的情況下被驅使呢？因為這個社會給人的唯一目標就是：不停行動，發揮作用，持續前進。

（二）性格的變化

1 量化與抽象化

在分析與描述當代人的社會性格時，就像在描述一個人的性格結構一樣，我們有很多方法可以選擇。這些方法的差異，可能在於分析時深入的程度不同，或者，它們可能都具有相同深度，只是聚焦於不同的面向，依照研究者自身的關注點所選擇。

在接下來的分析中，我選擇「異化」（alienation）的概念作為中心點，以此展開當代社會性格的分析。我這樣做的理由之一，是異化這個概念在我看來，觸及到現代人性格的最深層。其次，如果我們關心當代社會的社經結構與一般人的性格結構之間的相互作用，那麼，異化就是最適當的切入點。[21]

要討論異化問題，我們必須先談資本主義的一項基本經濟特徵：量化與抽象化的過程。

中世紀工匠為人數相對較少且認識的顧客生產商品。他的定價取決於所得利潤是不是可以維持與他社會地位相稱的生活方式。他憑經驗便知道生產成本，而即使他雇用了幾個工匠與學徒，他也不需要會計作業或資產負債表之類的複雜方法來經營事業。農民的生產方式亦是如此，而且比工匠更加不依賴數字化的抽象計算方法。與此相反，現代企業全靠資產負債表運作。它們無法像過去的工匠那樣，靠具體和直接的觀察算出利潤。原料、機器設備、勞力價格和產品都可用同樣的貨幣價值來表達，因此可以加以比較和寫在資產負債表上。所有的經濟活動都必須嚴格地加以量化，也只有資產負債表（也就是那些將經濟過程精確轉化為數字的比較）才能告訴經營者他是否做了一筆有利可圖的買賣，即是否進行了一次有意義的商業活動。

這樣一種從具體到抽象的轉變，已經遠超過資產負債表和對生產領域中經濟活動的量化範圍。現代的商人不僅要處理數以百萬計的金錢，還得處理幾百萬名顧客、幾千名股東和幾萬名工人與職員：所有人都成了一部龐大機器中的許多零組件，企業家必須去控制和計算其效能。每個人最終可以被簡化為一個數字，而在這基礎上，能計算經濟活動，能預測趨勢，並做出決策。

今天，我們社會的總就業人口中，只有兩成自雇者，其餘都是為別人幹活，生活依賴「某人」付給他的薪水。不過，我們更應當說「某物」而不是「某人」，因為工人是由企業這類機構來雇用和解雇的，而管理者只是企業體系中沒有個人色彩的部分，而非與員工有直接接觸的人。我們還不能忘記另一個事實。在前資本主義社會裡，交換在很大程度上是貨物與勞務的交換；而今日，一切工作換得的報酬都是金錢，緊密交織的經濟關係是由金錢所規範，金錢是工作的抽象表達。也就是說，我們以不同品質的工作換取不同數量的金錢，然後我們又付錢來換取我們需要的事物——再一次只是把不同的數量換成不同的品質。事實上，除了農業人口，人無法在不獲得金錢與不付出金錢的情況下活上幾天，因為金錢代表著每個人實際勞動所具有的抽象價值。

資本主義生產導致勞動日益抽象化的另一個面向，是勞動分工的不斷加強。整體來說，勞動分工存在於大多數已知的經濟制度中，即便是最原始的社會也存在著兩性間的分工。資本主義生產固有的特徵，是勞動分工的發展程度。中世紀經濟雖然有農業和手工業的分工，但在生產領域各自的範圍內卻很少再有勞動分工。木匠要做椅子或桌子，都是從頭到尾將整把椅子或整張桌子做出來。即使徒弟為他做了準備工作，但他仍然控制著生產，全程監督。反觀在現代的工業企業中，工人無論在任何階段，都無法接觸到整體產品。他專門從事某項特定的工作，即使之後調職，也依然與整體產品無關。現代工業的勞工雖然發揮著特定功能，但整體趨勢是，他只像機器一樣地工作，從事尚未被機器取代的工作，或是用機器來做會比較貴的工作。唯一能接觸整體產品的是管理者，但對他來說，產品只是代表交換價值的抽象物；對工人來說，產品雖然是具體的，但他從未在整體的層次上參與其中。

毫無疑問，如果沒有量化與抽象化，現代的大規模生產將無法實現。但是，在一個經濟活動已成為人類主要關注事項的社會中，這種量化與抽象化的過程，業已超出了單純的經濟生產範疇，進而影響到人對事物、對他人，甚至對自己的態度。

為了理解現代人所經歷的抽象化過程，我們首先必須考慮抽象概念本身具有模糊不清的作用。很顯然，抽象並不是現代才出現的現象。事實上，不斷增長的抽象思考能力是人類文化發展的一大特徵。當我說「一張桌子」，我就是在使用抽象概念，我說的並不是一張具體的、特定的桌子，而是「桌子」這個種類，它涵蓋所有可能的桌子。當我說「一個人」，我並不是指這個人或那個人，不是在說一個具體的、獨特的人，而是指「人」這個種類，它包含了所有的人。換句話說，我是把具體的人或物給抽象化了。哲學和科學思想的發展就是基於這種不斷增長的抽象能力。放棄了抽象能力，就等於重新回到最原始的思考方法。

然而，人與某一事物建立連結有兩種方式。一種是將自己與該事物的具體性連結起來，這樣，該事物的所有獨特性就會顯現出來，而且沒有其他事物與它完全相同。另一種方法是，我們也可以用抽象的方式與其產生連結，即只強調那些它與同一種類的所有其他事物所共有的特性，它的某些特質會因而凸顯出來，而忽略其他特質。要充分且有建設性地與某一事物建立連結，應同時包含這兩種傾向：既看到其特殊性，又看到其一般性；既看到其具體性，又看到其抽象性。

在當代西方文化中，這種對立性已讓位給幾乎只關注事物與人之抽象特質的傾向，而忽視了與其具體性與獨特性建立關係。原本應該只在必要且有助益的情況下才形成抽象概念，如今萬事萬物——包括我們自己——卻被抽象化了。我們原本能透過人與事物的具體存在，來與自身的真實建立聯繫，如今卻被抽象概念所取代；這些抽象概念如同幽靈，只呈現出數量上的差異，卻缺乏性質上的區別。

我們很習慣說「三百萬美元的橋」、「二十美分的雪茄」或「五美元的錶」。這不僅是一種發自製造商或顧客立場的說法，還被認為是道出了事物的精髓。當一個人說到「三百萬美元的橋」的時候，主要關心的不是橋的實用性或美醜，不是關心橋的具體性質，而是把橋當成了商品，認為其主要性質在交換價值，因此可用數量（金錢）來表達。這當然不是說我們不關心橋的實用性或美醜，但確實顯示了在我們對橋的經驗中，它的具體價值（使用價值）要低於抽象價值（交換價值）。葛楚・史坦（Gertrude Stein）[22]的名言「玫瑰就是玫瑰就是玫瑰」（a rose is a rose is a rose），其實是在抗議這種抽象的經驗方式。對大多數人來說，一朵玫瑰並不是一朵玫瑰，而是一朵有一定價格，並為某種社交場合而買的花。反觀即使是最美麗的花，只要它是野生的，不花任何錢就可得到，那麼，它與玫瑰相比也不會那麼美。因為它沒有交換價值。

換言之，我們不僅在買賣的時候，而且在經濟交易完成之後，我們一樣會把物品看成商品，視為交換價值的體現。一件物品即使是在被我們購買之後也絕不會喪失商品的性質。它是可轉手的，總是保持著交換價值。一個重要的科學組織的執行祕書所寫，關於他如何在辦公室裡度過一天的報告，很精準地呈現了這種態度。該組織剛買下一棟大樓並搬入。執行祕書在報告中說，他們搬進大樓沒幾天，他便接到房地產經紀人打來電話，說有人有興趣買下大樓，想先看看。雖然他知道他的組織不可能在搬進來幾天之後就賣掉大樓，但還是忍不住想知道大樓是否在他們買了之後又升值了，於是花了寶貴的一、兩小時帶房地產經紀人參觀大樓。他寫道：「非常有意思的是，我們得到了一個高於我們購入價的開價。財務長在房地產經紀人出價時湊巧也在辦公室內，於是大家一致同意，最好讓董事會了解我們可以從賣出大樓大賺一筆。且看結果會是如何。」無論他們如何以搬進新大樓而自豪和喜悅，大樓仍然保持著可轉手商品的性質，讓人沒有完全的擁有感和使用感。房子仍然保持著作為商品的特質，仍然可以轉手。房子並不完全具有可占有性或使用性。同一種態度也明顯見於人與其購買的汽車之間：汽車與人從來不會發生密切關係，而是保有其作為商品、等待在一次成功交易中被交換的特質。這就是為什麼汽車常常在使用一、兩年後便被賣掉，當時它們的使用價值還好端端的，並未大幅減少。

這種抽象化甚至出現在那些不涉及商品交換的現象身上。例如，當報紙報導一場水災時，可能會冠以「百萬元損失的災難」的標題。強調抽象的數量，而不是人所遭受的具體苦難。

然而，這種抽象化與量化的態度，早已不僅限於物品。人也被當作某種可計算的交換價值來對待。說一個人「具有一百萬美元」的價值，就是不把他看成一個具體的人，而是一個可以用數字表達的抽象概念。當報紙以「製鞋商去世」為題刊登一則訃聞，也是這種態度的表現。事實上，死去的是一個人，這個人有希望也有挫折，有妻子也有兒女。他確實是生產鞋子的（更精確的說法是，他擁有和管理一間工廠，工廠裡的工人操作機器生產鞋子），但如果我們把他的過世說成「製鞋商去世」，就是以經濟功能的抽象公式來濃縮其豐富和具體的人生。

在「福特先生生產大量汽車」，或某位將軍「攻克一座要塞」之類的說法中，我們也看到同一種抽象化的表達方式（當你找人為你蓋了一棟房子，卻說「我蓋了一棟房子」時也是如此）。嚴格來說，福特先生並沒有親手製造汽車，他只是指揮著由成千上萬工人執行的汽車生產。將軍並沒有親自攻克要塞：他是坐在司令部裡發號施令，士兵聽令攻克要塞。你沒有蓋房子，你是付錢給建築師設計房子，再由工人施工。我說這些並不是想貶低管理或指揮的重要性，而是要藉此說明以這種方式經驗事情，會讓具體發生的事從我們眼前消失，取而代之的是一種抽象的觀點：

按照這種觀點，制定計畫、下達命令或支付費用等單一功能被等同於生產、戰鬥或蓋房子的整個具體過程。

抽象化也發生在其他各個領域。《紐約時報》最近有這樣一則標題：理學院學士+博士=四萬美元。這篇標題有點讓人困惑的報導是要指出：統計數字顯示，獲得博士學位的工程系畢業生，在一生中可賺到比只有理學院學士學位的人多四萬美元。就這個事實而言，它是一項值得報導的社會經濟學資料。但我在這裡之所以提到此事，是因為以一個等式把學位等同於一定數量美元的表達事實方式，正是一種抽象化和量化思維的表現，所謂的知識，表現為人格市場上的某種交換價值。據一份新聞雜誌報導，艾森豪政府認為它有夠多的「信心資本」[23]，可以冒險採取一些不得人心的措施，因為政府「負擔得起」喪失部分信心資本。這又是一種抽象化思考方式的表現。在報導裡，「信心」這類人類性質被以抽象的方式表達，就像它是用於市場投機的一筆金錢投資。商業範疇是如何激烈地入侵宗教思想，顯示在希恩主教（Bishop Sheen）一篇談基督誕生的文章。他寫道：「我們的理智告訴我們，如果有人聲稱是上帝之子，那麼，上帝為了支持他的代表的主張，至少該預先宣布此人的降世。這就像汽車製造商也會預告一種新的汽車型號大概什麼時候問世。」[24]更有甚者，傳教士葛理翰（Billy Graham）這樣說：「我在銷售世界上最偉大的產品，所以我為什麼不能像推銷肥皂那樣推銷它呢？」[25]

不過，抽象化過程有著比我們迄今所述還要深刻的根源與表現形式，它的根源可以回溯到現代時期（modern era）的開端，也就是人類生命歷程中所有具體參照架構（frame of reference）的解體之時。

在原始社會中，部落等於「世界」。部落彷彿宇宙的中心；部落之外的一切都是模糊的，並不被視為獨立的存在。在中世紀世界，宇宙的範圍變得寬廣，包括地球、天空與星辰。不過，地球被視為宇宙的中心，人被視為上帝創造宇宙的目的。一切事物都有固定的位置，一如封建社會中每個人都有著固定不變的社會階級。到了十五與十六世紀，人們開啟了新的視野。地球失去了宇宙中心的地位，成為環繞太陽運行的行星之一；人類發現新的大陸與新的航道；靜態的社會體系日漸鬆動；每樣事物、每個人都在變動。不過，直到十九世紀末，自然與社會都還未喪失其具體性與確定性。人所處的自然和社會仍然是可以掌握的，仍然有著明確的輪廓。但是，隨著科學思想的進步、新技術的發現，與一切傳統束縛的瓦解，我們正在逐漸失去這種具體性與明確性。無論是我們的新宇宙觀、理論物理學、無調性音樂（atonal music）或抽象藝術，原有的參考架構的具體性與確定性都正在逐漸消失。人不再是宇宙的中心，不再是上帝創造宇宙的目的，不再是一個可掌握與可辨識的世界的主人——我們只是宇宙中的一粒微塵，無足輕重，與任何事物都沒有具體的連結。我們談論數以百萬計的人被殺，談論如果第三次世界大戰爆發，會有三分之一或更多的人從世界上消失；我們談論高達數十億美元的國家債務，談論行星間的距離以千萬光年計，談論星際旅行，談論人造衛星。成千上萬的人在同一家企業工作，幾百個城市裡各自居住著幾百萬人。

我們所接觸的世界是數字與抽象概念，它們遠超出人的任何具體經驗的範圍。我們已無任何一個既可掌握、可觀察、又符合人類準則（經驗範圍）的參照架構。我們的眼睛與耳朵只能從人所能掌握的程度來獲得印象，可是我們對世界的認識卻正是失去了這種性質，而不再符合人類的準則。

如果把這種情況與現代的毀滅性手段的發展連起來看，就格外重要。在現代戰爭中，一個人能造成數以萬計的男女老幼死亡。他只需要按下一個按鈕就能辦到，而他大概不會因所做的事感到情緒變化，因為他既看不見、也不認識那些被他殺害的人，彷彿他按按鈕的行為與千萬人之死沒有真正的關聯。這個按下按鈕的人，可能不忍心打一個無助的人的耳光，更不用說去殺人了。在打耳光的具體情境中，他的良知會像正常人一樣做出反應，但在按按鈕的行為中則沒有這種反應，因為該行為與其目標都與執行者疏離。他的行為彷彿不再屬於他自己，而是自成一體，自帶生命與責任。

科學、商業和政治，都已失去在人類準則下能理解的所有基礎與比例。我們生活在數字和抽象之中，既然沒有任何事物是具體的，也就沒有什麼事物是真實的。從事實上到道德上，一切都有可能。科幻小說與科學事實之間已沒有明確的分界，甚至夢境與惡夢也和即將發生的現實事件難以區分。人被從任何確定的位置中拋出來，而只有在那些位置中，他才能監督與管理他的人生和社會生活。某些原本由他創造出來的力量驅趕著他，讓他越動越快。在這瘋狂的漩渦中，他思考、計算，並忙著與抽象的事物打交道，卻離具體的生活越來越遠。

2 異化

以上對抽象化過程的討論，引出了資本主義影響人格的核心議題：異化現象（phenomenon of alienation）。

所謂異化是指一種體驗方式，人在這種方式中會把自己體驗為一個異己（alien）。可以說，他與自己疏遠了。他不覺得自己是他那小天地的中心，是他本身行為的創造者，反而是他的行為及其後果成為他的主人。他服從這些主人，甚至還會崇拜它們。異化的人就像無法與他人建立關係一樣，也無法與自己建立連結。他和其他人一樣，被當作物品那樣來體驗；他有感覺也有常識，卻無法以有創造力的方式與自己及外界建立連結。

「異化」的舊用法是指精神不健全的人：法語中的aliéné和西班牙語中的alienado都是精神病患者的古字（英語中的alienist仍然用來指治療精神失常的醫生）。

在十九世紀，黑格爾和馬克思使用「異化」一詞，不過，不是指精神錯亂的狀態，而是指較不激烈的自我疏遠形式，它讓人在具體事務上可以合理地行動，但本身卻具有一種最嚴重的社會塑成的缺陷（socially patterned defect）[26]。在馬克思的體系中，異化是指人的一種狀態，他「自己的行為對於他來說，成了一種異己的力量，與他相對，並且反對他。他因此不能控制自己的行為」。[27]

不過，雖說「異化」的廣義用法是最近才有，這個概念卻由來已久，等於《舊約》眾先知所說的偶像崇拜。如果先思考一下「偶像崇拜」的含義，將有助我們更深刻地理解「異化」的概念。

一神教的先知會譴責異教是偶像崇拜，主要不是因異教崇拜多神而非單一神祇。一神教和多神教之間的根本區別並不在神的數目，而在多神教會自我異化的事實。人把精力和藝術才能花費在建造一個偶像，然後他膜拜這個偶像，但這個偶像不是別的，就是人自己努力的結果。他把自己的生命力注入一件「物體」，但這物體成了偶像之後卻不再被體驗為人自己的傑作，而是變得與人分離，高高在上並與人對立，要求人去膜拜和服從。正如先知何西阿（Hosea）指出的：「我們不向亞述求救，不騎埃及的馬，也不再對我們手所造的說：『你是我們的神』。因為孤兒在祢耶和華那裡得蒙憐恤。」（《何西阿書》十四章三節）拜偶像的人對出自自己之手的成果頂禮膜拜。偶像代表著以異化形式出現的人自身的生命力。

與此形成對照的是一神教的原則：人是無限的，人的身上沒有任何一部分的特質，可以具體化為他的整體本質。在一神教的概念中，上帝是不可知、不可定義的；上帝不是一件「物」。如果上帝是依照自己的樣子創造了人，那麼，人身上就體現著無限的特質。在偶像崇拜中，人膜拜並順從於出自自己一部分特質的投射物。他並不認為自己是放射著愛和理性光輝的中心。他變成了一件物品，他的鄰居也變成了一件物品，一如他的神也是物品一樣。「外邦的偶像是金的銀的，是人手所造的。有口卻不能言，有眼卻不能看，有耳卻不能聽，口中也沒有氣息。造他的要和他一樣，凡靠他的也要如此。」（《詩篇》一三五篇）

在很大程度上，一神教自身也已經倒退回偶像崇拜的狀態。人把自己的愛和理性的力量投射到上帝身上。他不再感到這些力量屬於自己，改為祈求上帝賜還他某些已經投射到上帝的特質。

早期的新教和喀爾文教派所要求的宗教態度是，人應該感到空虛和貧困，應該信賴上帝的恩典，也就是希望上帝將他投射到上帝的那些特質退還一部分給他。

從這個意義上來說，臣服性膜拜中的一切行為，都是異化與偶像崇拜的行為。人們常說的「愛」，往往是這種帶有偶像崇拜特質的異化現象。只不過，崇拜的對象不是上帝或偶像，而是另一個人。處於這種屈從關係中的「付出愛的一方」，將他全部的愛、力量和思想投射到對方身上，把所愛的人看成優越的存在，並在向對方的完全順從和膜拜之中得到滿足。這不僅意謂著「付出愛的一方」無法看到對方的真實樣貌，也代表他無法認識真正的自己，不能把自己體驗為具備創造性能力的人。正如宗教上的偶像崇拜，他將自己所有的內在豐富性投射到對方身上，不再覺得這些豐富性屬於自己，只有透過順從與陶醉於對方才能觸及。同樣的現象也見於對政治領袖或國家的崇拜式順從。實際上，領袖和國家是在被統治的人同意之下才產生的。然而，當個人將自己全部的力量投射到領袖或國家，希望透過順從和膜拜來重新找回一些力量時，領袖和國家便會成為偶像。

在盧梭的國家理論中，如同當代極權主義，個人應當放棄自己的權利，並將這些權利投射到國家身上，使國家成為唯一的裁決者。在法西斯主義與史達林主義中，完全異化的個人在偶像的祭壇前膜拜，至於這偶像的名字是國家、階級還是組織，或其他名稱，則無關宏旨。

我們可以說，偶像崇拜或異化不僅存在於人與他人的關係中，也存在於人與自身的關係中，尤其當一個人受到非理性激情支配時。受權力欲驅使的人，不再能體驗到自身的豐富性和無限性，他變成自己的偏頗欲求的奴隸，並把這種欲求投射到外在目標上，最終讓自己被這些目標「附體」。一心追求金錢的人則是被金錢欲附體，金錢成為他膜拜的偶像，是他內心孤立力量的投射，也就是他對金錢的貪婪。在這個意義下，精神官能症患者是異化的人。他的行為並非真正出自自身，雖然他有一種正在做想做之事的錯覺，其實是被一些與自我分離的力量所驅使。他對自己來說是陌生人，一如其他人對他來說是陌生人。他對自己與他人的認識，都不是真實的樣貌，而是受到在他們身上運作的無意識力量所扭曲。神經錯亂的人是絕對異化之人：他已經完全意識不到自己是自身經驗的核心，完全喪失了自我意識。

偶像崇拜、對上帝的偶像式崇拜、對一個人偶像式崇拜的愛、對政治領袖或國家的膜拜，以及對非理性激情所形成的外部對象的偶像式崇拜……上述所有現象的共通處，是它們全都包含異化的過程。在異化過程中，人無法體驗自己是擁有力量與內在豐富的人，反而把自己看成一個貧乏的「物」，需要依賴自身之外的力量，但這些力量卻是由他自己投射而成。

正如談偶像崇拜時所表明的，異化絕不是一種現代現象。要勾勒出異化的歷史，遠不是這本書所能辦到的。在此只說一點：異化似乎因文化而異，不僅異化的領域有所不同，異化過程的完全性與徹底性亦有不同。

我們發現，異化現象在現代社會中幾乎無處不在：它存在於人與他的工作、他所消費的事物、他與國家、他與他人的關係中，也存在於他與自己的關係中。人創造出一個前所未有的人工世界，他構築了一部複雜的社會機器來管理他所打造的技術機器。但是，他所創造的一切卻高踞於他。他感受不到自己是創造者與核心，反倒覺得自己是他雙手創造的機器的奴僕。人釋放出的力量越強大，越感到作為一個人的無能。他面對的是自身的力量，但這些力量已經體現在他所創造的事物之中，並與他分離，成為異化的存在。他被自己的創造物擁有，失去了對自己的擁有權。他鑄造出一尊金牛犢，並說：「這就是領你出埃及地的神。」[28]

工人的情形又是如何？一名對工業制度有深刻觀察的學者這樣說：「在工業中，人變成了一個聽命於原子式管理的經濟原子。你的位置就在這裡，你就將會以這種方式坐著，你的手臂將在以Y為半徑的範圍內每次移動X吋，你的運動每次將以毫秒計。當規劃者、細微動作研究人員與科學管理人員進一步剝奪工人思考與自由行動的權利之後，工作變得越來越重複且無需思考。由此，生命受到否定，人的自主需求、創造力、好奇心與獨立思考都遭到了壓制。其必然結果是，工人出現逃避或反抗、冷漠或破壞行為，甚至出現心理上的退化。」[29]

經營者的角色也是一個異化的表現。他管理的固然是整體而非局部的生產過程，然而他也一樣與他的產品的具體性和實用性脫節。他的目標是用別人投入的資本獲取利潤，儘管與傳統的兼具所有權的經營者相比，現代的經營者較不關心分紅給股東，而更在意有效運轉和擴大企業。在經營階層中，負責勞資關係與銷售的人（即負責操縱人的人），相較之下，比負責生產技術的人重要。

經營者，就像工人，也像所有人，需要應付一些非人格性的「巨人」（impersonal gaints）。例如，相互競爭的大型企業、廣大的國內與國際市場、需要加以哄騙和擺布的眾多消費者、大型的工會組織和大國的政府。這些巨人彷彿都有自己的生命。他們決定經營者的行動，也支配工人和職員的行動。

經營者的問題揭示異化文化中最重要的現象：官僚主義化。大企業和政府都是由官僚系統管理。官僚是管理「物」和管理「人」的專家。由於所管理的組織過於龐大，進而產生抽象化的現象，官僚與人民之間的關係變得完全異化。那些被管理的人，是官僚既不愛也不恨、完全不帶個人感情的對象。就經營者—官僚的專業而言，他們不應帶有什麼感情，必須把人當成數字或物品來加以操縱。由於組織極龐大而分工極細，讓任何個人都無法看到整體，又由於企業內的不同個人或群體之間缺乏自動自發的合作，負責管理的官僚便成為完全必要的存在。沒有他們，企業會在短時間內垮掉，這是因為沒有其他人知道讓企業運轉的奧祕所在。官僚就如同他們領導下所消耗的大量紙張一樣不可或缺。正因為所有人都感受到官僚扮演著至關重要的角色，同時又對此感到無力，官僚便被奉若神明。人們認為，如果沒有官僚，一切都會分崩離析，我們也將挨餓。但是，在中世紀，領袖被視為神授秩序的代表，而在現代資本主義社會，官僚的功能幾乎同樣神聖，因為整個社會的存續仰賴他們。

馬克思為官僚下了深刻的定義：「官僚只是把世界作為自己行動的對象而與世界發生關聯。」有趣的是，官僚精神不僅進入了商業和政府，也侵入了工會，侵入了英國、德國和法國的大型民主社會主義政黨。在俄國，官僚主義經營者和他們的異化精神征服了國家。如果具備一定條件，俄國也許能夠在沒有恐怖統治的情形下繼續存在，但要是它沒有一整套官僚系統的話（即沒有異化），就無法存在。[30]

那麼，企業所有者（即資本家）的態度又是如何？小企業家的地位看來與一百年前並無兩樣。他擁有並管理他的小企業，他與整個商業或工業活動保持聯繫，他與工人或員工有直接互動。但是，生活在經濟和社會各方面都已異化的世界裡，尤其是處於大競爭者不斷施壓的環境下，他絕對沒有他祖父當年經營相同事業時那樣自由。

但是，在現代經濟中，越發舉足輕重的是大企業、大公司。彼得・杜拉克（Peter Drucker）扼要地指出：「總而言之，大型公司，也就是大企業在自由企業經濟（free-enterprise economy）中所採取的特定組織形式，已然成為具代表性且具決定性的社會經濟制度。它建立起的模式甚至可以決定一個從未擁有一張股票的街角菸舖老闆的行為，決定一個從未踏足工廠的跑雜工的行為。因此，大企業的結構、大量生產的工廠技術，以及我們的社會信念與承諾在大型企業內部及透過其運作被實現的程度，決定和形塑了我們社會的性格。」[31]

大公司的「所有者」對「他的」產業是什麼態度呢？是一種幾乎完全異化的態度。他的所有權繫於一張紙，代表著有一定波動的一筆錢。他不對企業負責，與企業沒有任何具體關係。對此，伯樂和米恩斯就企業股東態度的描述有最清楚不過的說明：

一、所有權的地位從積極變成消極。過去，公司所有者擁有物質財產，可以指揮這些財產，也為財產負責；但現在，他只擁有一紙代表著某些權利和可望從企業得到多少利益的文件。對於企業和對於物質財產（生產工具），他有一份利益，卻沒有什麼控制權。與此同時，他對企業及其物質財產也沒有什麼責任。常言道，馬的主人對馬有責任。如果馬活著，他得餵牠；如果馬死了，他得埋牠。但一個股東卻沒有這樣的責任。他實際上無力對自己所謂的財產施加影響力。

二、過去隨著所有權而存在的精神價值，如今已經與它分離。從前，所有者除了可以從物質財產得到收入，還可以從支配這些財產獲得滿足。財產代表著自身人格的延伸。隨著企業革命，財產所有者失去了財產的這項性質，就像工人在工業革命後遇到的情形一樣。

三、一個人的財富價值，取決於完全不受他本人與努力所掌控的外部力量。一方面取決於控制企業的人所做的決策（他們不受傳統的所有者控制），另一方面取決於其他人在敏感且反覆無常的市場上所採取的行動。因此，可以說個人財富的價值受制於市場的變幻莫測和操縱特質的影響。它還進一步受制於社會對其近期前景所做出的預估，這反映在有組織市場的整體價值水準中。

四、個人財富的價值不僅不停地波動（大多數財富的價值可能也是如此），而且不斷受制於預估。個人能夠隨時看到其財產預估價值的變化，這一點可能會影響他的開銷和他享受收入的方式。

五、個人財富在有組織的市場上變得極具流動性。只要市場機器運轉自如，個人業主者只需要極少時間便可以把財產轉變為其他形式，不用擔心因為被迫出售而蒙受嚴重損失。

六、財富所具備的形式越來越不能為所有者直接利用。例如，當財產是土地時，即便它在市場上沒有什麼價值，仍舊可為所有者利用。這類財產所具有的物理屬性賦予財產與市場價值無甚關係的主觀價值。新形式的財富卻很難直接使用。所有者只有透過市場出售財富，才能直接利用這項財富。於是，所有者與市場的緊密連結是前所未有的。

七、最後，在企業制度中，工業財富的「擁有者」只剩下象徵性的擁有名分，而過去作為所有權核心的權力、責任與實質內容，則被轉移到了另一個群體手中，控制權也落在他們手中。[32]

股東異化地位的另一個重要面向，是他對企業的控制權。從法律上來說，控制企業的是股東：他們負責選出經營者，一如人民在民主政體中投票選出代表。但實際上股東能發揮的影響力非常小，這是因為每個股東都持股極少，因而對於出席會議和積極參與興趣缺缺。伯樂和米恩斯將控制權區分為五種主要類型，「包括：一、透過幾乎完全擁有股份來控制；二、透過多數股權控制；三、即使不擁有多數股份也能藉由法律手段達成控制；四、少數股權控制；五、管理階層的控制。」[33]在一九三〇年代兩百家最大型的公司中，頭兩種控制方式（私有和多數人控制）只占五％，餘下的占九四％，不是由經營者控制或非多數所有者透過某種法律安排來控制，就是由少數股東控制。[34]這項奇蹟是如何在不使用武力、欺騙或違反法律的情況下達成，是伯樂和米恩斯的經典著作最有趣的部分。

就像生產的過程一樣，消費的過程也被異化了。首先，我們用金錢獲得事物。我們對此事習以為常，視為理所當然。但實際上，這是獲取事物最古怪的的方式。金錢以抽象的方式代表著勞動與努力，但不一定代表我的勞動或我的努力，因為我們可以透過繼承、欺詐、運氣，或其他種種方式來得到金錢。但是，即使我是透過自己的努力獲得金錢（暫且忘記如果我不是雇用了人，則我的任何努力都不會給我帶來金錢），我也是以特殊方法獲得，是靠我的技藝和能力，反觀花錢時，金錢卻轉化成抽象的勞動形式，可以交換任何事物。只要我有錢，我不需要努力或興趣便可得到。即使我沒有一點藝術鑑賞力，只要我有錢，一樣能夠買一幅精美的繪畫；即使我不懂音樂，一樣能夠買最好的留聲機；即使只是為了炫耀，我可以買下一座圖書館。我可以花錢買學位，即使它對我沒有實際用途，唯一的用途只是增添我的社會資本，提高社會地位。我甚至可以毀了我買來的畫或書，因為除了金錢損失之外，我一無所失。只要有錢我就有權買東西，隨心所欲得到我所喜歡的任何東西。反觀符合人性的獲取物品方式卻是透過性質相稱的努力來獲取物品。獲取麵包與衣服的行為應當是以維持生存作為唯一前提，獲取書籍與繪畫的行為應當是以我們理解它們的努力和使用它們的能力為前提。如何在實際中運用這項原則不是本書要討論的問題。與我們的主題相關的是，我們獲取物品的方式與我們使用它們的方式已經脫節。

馬克思精闢地描述了金錢在獲取和消費的過程中所發揮的異化功能：「金錢……將真實的人類和自然的力量轉變成純粹抽象的概念，因而使人和自然的力量成了不完全的東西。而在另一方面，金錢又把真實的不完美和想像，那種只存在於個人想像中的力量，變成了真實的力量……金錢把忠誠變成邪惡，把邪惡變成美德，把主人變成奴隸，把無知變成理智……能買到武勇的人就是勇士，雖然就他的本性而言，他可能是怯弱的……假設人就是人，假設人與世界的關係是一種充滿人性的關係，那麼你只能用愛去換愛，用信任去換信任。如果你想欣賞藝術，你必須是一個有藝術修養的人；如果你想對他人施加影響，你必須是一個能促進和鼓舞他人的人。你與人及自然之間的每一種關係，都必須是你真實個體生活的一種特定表現，並與你的意志所指的對象相符合。如果你在愛別人，但卻沒有喚起他人的愛，也就是你的愛作為一種愛情不能使對方產生愛情，如果作為一個正在愛的人，你不能把自己變成一個被人愛的人，那麼你的愛情是軟弱無力的，是一種不幸。」[35]

但是，除了獲取物品的方法之外，當我們獲得物品後，又該如何使用它們？很多物品我們甚至不必假裝有在使用，我們獲取它們只是為了占有，對這種沒有用途的擁有感到滿足。因為害怕打破貴重的餐具組或水晶花瓶而從來不用；有許多空置房間的府邸；不必要的汽車與僕人。這些東西都像中下階級家庭裡的醜陋擺設一樣無用。不過，這種占有欲在十九世紀更為突出。今天，大多數滿足來自於占有可用的物品而非可保存的物品。但是這種情況並沒有改變以下事實：即使在占有可用的物品的樂趣中，能讓人以此覺得高人一等仍然是最主要的心理因素。汽車、冰箱、和電視機確實有用，但它們同時具有炫耀的功能。它們凸顯了所有者的地位。

我們是如何使用我們獲取的物品的？讓我們從飲食談起。我們吃沒什麼滋味又沒什麼營養的麵包，只因為它滿足我們對財富與身分的幻想：它是那麼的潔白而「新鮮」。事實上，我們吃的是幻想，並且已經失去了與真正食物的連結。我們的味覺與我們的身體被排除在這種消費行為之外。我們喝的是商標。一瓶可口可樂在手，我們喝的是廣告裡俊男美女的暢飲景象，喝的是「來一口使你精神百倍」的廣告詞，喝的是偉大的美國習慣。我們的味覺絕非喝可樂的重點。至於我們對物品的消費，情況更糟：現在的消費品主要是廣告製造出來的虛假之物，諸如「健康」的肥皂和牙膏等。

我還可以沒完沒了地舉例下去。不過不必為此費筆墨了，因為每個人都可以想出跟我一樣多的例子。我只想強調這裡涉及的原則：消費的行為應當是一種具體的人類行為，涵蓋我們的感覺、身體需求與審美品味，也就是說，在消費中我們應該是一個具體、有感覺、有情感和有判斷力的人。消費行為應當是一種有意義、有人情味與創造性的經驗。在我們的文化中，這樣的情形少之又少。消費主要是一種人為激發幻想的滿足，一種與我們真實的、具體的自我互相疏遠的幻想行為。

消費行為還有另一個異化層面需要談及。我們被一大堆性質和來源不明的商品包圍。電話、收音機、留聲機和許多複雜的機器，對我們來說就像原始人一樣神祕。我們知道如何使用它們，也就是說，我們知道該按哪個按鈕，但除了那些我們在學校學過、現在只剩模糊印象的事物之外，我們不知道它們是根據什麼原則運作的。就連那些沒包含多少深奧科學原理的事物我們幾乎也是一樣的生疏。我們不知道麵包是如何做的、布是如何織的、桌子是如何生產的，玻璃是如何製造的。我們在消費時，就像在生產時一樣，與我們所接觸的物品之間毫無具體的關聯。我們活在一個由物組成的世界中，而我們與這些物的唯一關係，只是知道如何操作或消費它們。

我們的消費方式必然導致我們永不滿足，因為我們不是以作為真實具體的人來消費真實具體的物。於是，我們產生越來越多的需求。只要有一群人的生活水準還處在一種有尊嚴的生存水準之下，自然會有更大的消費需求。此外，隨著人類文化的發展，對較好的食物、藝術品和書籍的需求增加，人需要更多的消費也是合情合理。可是，我們現在對消費的渴求，已經與人類的真實需求完全脫節。本來，消費更多和更好商品的意義，在於給人一種更快樂和滿足的生活。消費是達到快樂的手段。但現在消費卻成了它自身的目的。不斷增長的需求迫使我們付出更多的勞力與精神，讓我們依賴這些需求，並依賴能幫助我們滿足需求的人與機構。「每個人都思索著如何在他人身上製造出新的需求，以迫使對方陷入新的依賴，感到新的樂趣，進而導致他在經濟上的過度支出……隨著商品的多樣化發展，那些奴役人的異化物品也不斷擴張。」[36]

今日人們已經被可以購買更多和更好商品（又特別是新商品）的能力迷住，成為消費狂。購買和消費的行為已成了一種強制性和非理性的目的，因為這種行為本身成為目的，便與所購買、所消費的物品的使用性與帶來的樂趣無甚關連。購買最新發明的科技小玩意和市場上任何產品的最新型號，是每個人的夢想，相比之下使用它們所帶來的樂趣倒是次要的了。如果現代人敢道出他心目中的天堂，那麼必定會描繪出這樣的畫面：天堂就像世上最大的百貨公司，裡邊擺滿新產品和新的小玩意，他則有花不完的錢可以買這些東西。只要裡面有夠多和夠新的東西可買，而他口袋裡的錢又比旁人多，他就會張著嘴，目瞪口呆地在商品的天堂裡東逛西逛。

值得一提的是，中產階級社會的舊有特徵之一——眷戀財產——已經發生了深刻的變化。舊的態度表現在人對財產的深情擁有。這種態度會成長。他為擁有財產而自豪。他很妥善地照料財產，最終當他不得不與財產分手之時，他會感到痛苦，因為他不能再使用這些財產了。今天，人們這種眷戀財產的感受消失了十之八九。人們喜歡買新東西，但當更新的東西出現時，他們又隨時準備好把舊的棄如敝屣。

從性格學的角度來表達這種變化的話，我可以把上述情況連結到十九世紀占主導性的囤積取向。到二十世紀中期，這種「囤積取向」已經被「接受取向」取代，後者的目標是不斷接受、吸收、獲取新的商品，彷彿總是張開嘴巴等待餵養。這種「接受取向」和「市場取向」融合在一起，一如「囤積取向」在十九世紀曾與「剝削取向」融合在一起。

消費中的異化態度不僅表現在我們對商品的獲取和消費，還遠遠超出於此，決定了我們對閒暇時光的安排。我們還能期待什麼？如果一個人與他所從事的工作沒有真正的關聯，如果他以抽象和異化的方式消費商品，他如何能主動而充滿意義地度過他的空閒時光呢？他總是那個被動的、異化的消費者。他「消費」球賽、電影、報紙、雜誌、書籍、講座、自然景色和社交聚會，用的是與他消費所購買的商品一樣的異化和抽象的方式。他沒有主動地參與，他想一次買盡所有可買的東西，盡可能得到最多的歡樂與文化等等的事物。實際上，他並不能自由地享受「他的」閒暇，因為他消磨閒暇的方式就如同他所購的商品一樣，受到產業的支配。他的品味受到操縱，他想看的和想聽的都是受到制約的決定。娛樂就像其他事物一樣是一種產業，消費者按照潛移默化的指令購買樂趣，一如他們按照指令購買衣服和鞋子。樂趣的價值取決於它的市場行情，而不是由任何可以用人類經驗來衡量的標準決定的。

當我從事任何創造性和自發性的活動，例如看書、欣賞風景，或與朋友交談之時，我的內心會發生某種變化。有了這種經歷後，我便不再是先前的我了。反觀在異化的娛樂形式中，我內心裡什麼改變也不會產生。我消費了這個東西或那樣產品，自己的內心則沒有什麼變化，留下的只是一些對所做事情的記憶而已。這種娛樂消費最明顯的例子便是拍攝照片，拍照已經成了最有代表性的休閒活動之一。柯達公司的口號「你只需要按下快門，其餘的都交給我們」有著象徵意義，自一八八九年以來，對於推廣攝影有極大的助益。這是最早以按按鈕的權力感為號召的廣告：你什麼都不用做，什麼都不用知道，一切都為你做好了，你唯一要做的只是按一下快門。事實上，拍照已經成為異化的視覺和純粹消費最重要的體現之一。攜帶相機的「遊客」是人與世界之間異化關係的突出象徵。由於不停地拍照，除了透過相機鏡頭的中介之外，他什麼也沒有看到。相機代替他觀看，而他「愉快」旅行的結果是獲得一大堆照片，這些照片成為他本應擁有卻並不擁有的經驗的替代品。

人不僅與他從事的工作疏離，也與他消費的物品與娛樂疏離，更與那些決定我們社會與所有人生活的社會力量疏離。

在支配我們的社會力量面前，我們常常軟弱無力，在那些被認為是令人遺憾的意外，但又總是會發生的社會災難發生時尤其如此。我指的是經濟蕭條和戰爭。這些社會現象看起來像自然災害，但實際上都是人為的，只不過是我們在無意中造成的。

社會力量這種無以名狀的性質，乃是資本主義生產方式的結構所固有。

相較於多數社會，其社會法則通常明確且固定，並建立在政治權力或傳統之上，而資本主義社會則沒有這樣明確的法則。資本主義依據的原則是：只要人人都在市場上追求自己的利益，共同的利益就會從這些追求中產生，由此帶來的必然是秩序而不是混亂。當然，經濟規律雖然控制著市場，但這些規律只在每個行動中的個人背後發揮功能，而個人關心的只是自己的利益。我們設法猜測市場的規律，情形就像一個日內瓦的喀爾文教派信徒設法猜測上帝是否預先計畫好要拯救他一樣。市場的規律就像上帝的意志，超出了你的意志與影響力所能掌控的範圍。

資本主義的發展在很大程度上已經證明這條原則行之有效。獨立自主的經濟實體之間的敵對性合作居然會導致社會的欣欣向榮，真是一個奇蹟。資本主義的生產方式確實有助於政治自由，反觀任何由中央計畫的社會秩序都會有造成森嚴政治管制，並最終導致獨裁統治的危險。雖然這裡不宜討論在「自由企業」與政治管制之間是否有其他選項的問題，但應該趁此指出的是：我們受到無法控制和甚至不想控制的規律所支配的事實，正是異化最突出的一種表現。我們是自身經濟與社會制度的創造者，卻同時有意且熱切地推卸責任，只管懷抱希望或焦慮地等待「未來」將帶來的一切。我們的行動體現在那些支配我們的規律身上，但這些規律高於我們，我們是它們的奴隸。龐大的國家和經濟體系已不再為人所控制。它們四處狂奔，而它們的領袖就像騎在脫韁野馬上——這些領袖完全沒有能力指揮坐騎，卻仍然以能坐穩在馬鞍上自豪。

現代人與他人之間是什麼樣的關係？是兩個抽象體或兩部活機器相互利用的關係，雇主利用他的員工，推銷員利用他的顧客。每個人對其他人來說都是一件商品。每個人總是受到某種友好的對待，因為，即使他現在沒有用處，將來也許會有用。當今的人際關係中，愛與恨都已不多見。相反的，人們展現出表面的友善，以及一定程度的公正，但這一切的背後，卻是彼此的疏離與冷漠。還有大量不著痕跡的不信任。當一個人對另一個人說：「你可以和約翰・史密斯談話，他沒問題。」他是要使人安心，消除普遍的不信任。甚至愛和兩性的關係也帶有不信任的特點。第一次世界大戰戰後發生的性解放運動，是人們孤注一擲的嘗試，試圖以相互間的性歡愉代替較深邃的情感。當這種嘗試失敗後，兩性之間的情欲張力便降到了最低點，代之而起的是一種友好的夥伴關係。這種小型結合透過集結彼此的力量，在日常生活的奮鬥中更具支撐力，也較能緩解每個人普遍感受到的疏離與孤單。

人與人關係的異化，導致社會共同感的消失，這種共同感是中世紀社會和前資本主義社會的特徵。[37]「現代社會由『原子』構成（『原子』在希臘語中相當於『個人』），這些細小的粒子本來互相疏離，但卻基於自私的利益和相互利用的需求而聚合在一起。然而，人又是一種社會動物，有分享、互助，以及成為群體一分子的深刻需求。那麼，這些社會性的渴望如今發生了什麼變化？它們表現在公共領域的特定範疇中，而這個公共領域與私人生活被嚴格地區隔開來。與基督教教義形成顯著矛盾的是，我們與他人的私人交往，受到自我中心主義原則支配：『人人為己，上帝為人人。』推動個人行為的是自我中心的利益，而不是與他人的團結和對他人的愛。與他人的團結和對他人的愛是一種次要的情感，是私人的慈善或仁慈行為，不是我們的社會關係基本結構的一部分。我們在私人生活中是個人，我們在社會生活中是「公民」，這兩者是分離的。在社會生活中，國家體現著我們的社會生命：作為公民，我們被認為應該履行社會責任和義務，大多數時候也這樣做了。我們納稅，我們投票，我們尊重法律，打仗時願意犧牲生命。把私人生命與公共生命的分離表現得最清楚的莫過於以下的例子：一個人可能會不願花一百美元來救濟一個陌生人，但在戰爭中，假如兩人湊巧都是穿軍服的士兵，這個人會毫不猶豫地冒著生命危險去救同一個陌生人。軍服體現著我們的社會性質，平民服裝則體現著我們的自我中心性質。

對此，斯托夫（S. A. Stouffer）新作中的說明很有趣。[38]作者向一群背景各異的美國人問了這個問題：「你最擔心的是什麼事？」大多數人提到的是個人私事、經濟狀況和健康問題等，只有八%的人擔心諸如戰爭等世界問題。也有一%的人擔心共產主義的危害和公民自由所受的威脅。另一方面，樣本中有一半的人認為共產主義是嚴重威脅，認為戰爭有可能在兩年內發生。不過，人們並不認為這些社會問題與個人切身相關，因此認為不必要擔心，卻反而引發了強烈的排斥與敵意。值得指出的是，儘管這些人幾乎都信奉上帝，卻沒有人為自己的靈魂、得救和靈性發展的問題發愁。上帝與整個世界一樣都已經異化了。引起人們關心和焦慮的，是那些屬於私人、個別的生活面向，不是把我們與國人連結起來的社會性、普遍性的層面。

社群與政治國家的分離導致人們把所有的社會情感投射到國家上，於是，國家便成了偶像，成為一種高於人之上的力量。人順從於國家，將國家視為自己社會情感的體現，他把這些情感當成不屬於他自身的力量來膜拜。作為個人，他在私人生活中感到孤單，而這正是這種分裂所必然帶來的結果。對國家的膜拜只有在這種情況下才會消失：人收回社會權力，建立一個社群，在其中，他的社會情感不是某種外加在他私人生命中的東西，而是他的私人生命和社會生命成為一體的兩面。

人與自身的關係又是如何？我在其他地方將這種關係稱為「市場取向」。[39]在這種取向中，人體驗到自己是一件可以在市場上被他人成功利用的東西。他無法體驗到自己是一個主動的行動者，是人類能力的肩負者。他與這些能力異化開來。他的目標是在市場上把自己賣個好價錢。他的自我感不是發源於他作為一個能夠愛和能思考的個體的活動，而是源自他的社會經濟功能。如果物品會說話，那麼，對於「你是誰？」這個問題，打字機會回答：「我是打字機。」汽車會回答：「我是汽車。」或更具體的話會回答：「我是福特汽車」、「我是別克汽車」或「我是凱迪拉克汽車」。如果你問某人「你是誰？」，那他會回答：「我是工廠老闆」、「我是職員」或「我是醫生」，又或是回答「我是已婚男人」或「我是兩個孩子的父親」。這種回答與會說話的物品沒兩樣。他就是以這種方式看待自己：不是作為一個有愛、有恐懼、有信念與疑惑的人，而是一種異化於他的真實本性、在社會系統中發揮著某種功能的抽象角色。他的價值感有賴於他的成功，即能否把自己賣個好價錢，能否賺比一開始多的錢，是不是一個成功人士。他的肉體、他的頭腦、他的靈魂是他的資本，他人生的任務是順利地投資這項資本，從自己獲得利潤。人的特質，諸如友好、禮貌、仁愛，都被轉化成商品，成了「人格特徵套裝組合」，好讓人在人格市場上賣得更好價錢。一個人如果投資失敗，未能用自己創造出利潤，就會自感是失敗者。反之，如果他投資獲利，便自感是成功人士。很顯然，他的自我價值感總是依賴於自身之外的因素，依賴於反覆無常的市場判斷標準：市場決定他的價值的方式就像是決定商品的價值一樣。如果他不能把自己在市場上賣得好價錢，那麼，儘管他具有一定的使用價值，但他就他的交換價值而言是一文不值。

這種待價而沽的異化人格必定喪失掉許多尊嚴感，而自尊自重正是人類（甚至包括原始人）的特徵之一。這樣的人幾乎完全喪失了自我感，不再感到自己是個獨一無二和不可複製的實體。自我感來自這種經驗：我能意識到自己是思想、情感、決策、判斷與行動的主體。它預設了我的經驗是我自己的，不是異化了的經驗。物品沒有自我，而變成了物品的人也可能沒有自我。

已故的精神病學家沙利文是當代最有天分和創見的精神病學家之一，在他看來，現代人的無我現象（selflessness）純屬自然。他認為，那些認為缺乏自我感是一種病理現象的心理學家（我是其中之一）是被「錯覺」所蒙蔽。在他看來，自我只是我們在人際關係中扮演的很多角色之一。這些角色有助於讓我們贏得贊同和避免因為被否定而引起的焦慮。由此可見，自我的概念自十九世紀以來毀壞得有多麼快，那時易卜生曾透過筆下人物皮爾金（Peer Gynt）批判人失去自我！皮爾金是個一心追逐物質財富的人，但到頭來卻發現自己失去了自我，發現自己像顆洋蔥那樣一層裏一層卻沒有核心。易卜生描述，當皮爾金發現這一點後，他被一種虛無的恐懼攫住。在恐慌中，他寧願墮入地獄也不願被拋回「鑄勺」[40]，化為虛無，徹底消失。確實，隨著自我經驗的消失，同一性（identity）經驗[41]也會消失。當這樣的情況發生，一個人如果不能透過建立次要的自我感（secondary sense of self）拯救自己的話，他可能會發瘋。而他透過感受到自己被認可、具有價值、成功且有用，也就是將自己視為一種可銷售的商品，來建立次要的自我感。這商品便是他，因為在別人眼中，他是一個實體，雖非獨一無二，卻符合現行的模式。

我們如果不考慮到現代生活中的特殊面向，就無法完全理解異化的性質。那就是生活的例行公事化和壓抑對人類生命基本問題的覺察。在此，我們觸及了生活中一個普遍性的問題。人必須賺錢謀生，這多少是件費神的任務。他不得不關注於要花掉很多時間和精力的日常工作，陷入在完成這些工作所必須的例行公事中。他建立起社會秩序、習俗、習慣與觀念，來幫助他完成他必須做的工作，最大程度地減少他與他人的磨擦。所有文化都具有的特徵，是把一個人造的世界置於人所生活在其中的自然世界之上。但是，人只有在能夠與自己生命的基本事實保持連結，只有在能夠體驗到愛與團結的快樂，以及能夠體驗到孤單的痛苦和自己生命的破碎性質時，他才能實現自我。如果他完全落入了生活的日常規律與人為建構的事物中，如果他除了人造的常識性世界以外什麼都看不見，那麼他將失去自己與世界的連結，不再能掌握它們。在每一種文化中，我們都看到例行公事式生活與試圖重返生命基本現實的努力之間的衝突。藝術與宗教的功能之一，便是幫助這種重返，儘管宗教本身最終也成了一種新的例行公事。

即使在最原始的歷史時期裡，我們也能看到人類試圖用藝術創造接觸現實的本質。原始人並不滿足於工具與武器的實用功能，而想方設法裝飾和美化它們，以使其超過本身的實用性。除藝術之外，要打破例行公事的生活表層和接觸生命終極真實最重要的方式，是通常所說的「儀式」。

我在這裡談的是廣義的儀式，例如希臘戲劇，而不僅指狹義的宗教儀式。希臘戲劇有什麼作用？在希臘戲劇中，人類生命的基本問題被以藝術和戲劇的形式表現出來，而融入戲劇表演中的觀眾會被帶出日常例行公事的領域，接觸他身為人的自己，接觸他的生命根源。觀眾腳踏實地，在這過程中因為恢復理智而獲得力量，藉此力量他便回到了自我之中。不論是希臘戲劇、中世紀的耶穌受難劇還是印度舞蹈，不論是印度教、猶太教還是基督教的宗教儀式，我們都能從中看到人類生命基本問題各種不同的戲劇化形式。這些形式是把哲學和神學所思考的同一批問題表演出來。

在現代文化中，這種將生命戲劇化的形式還剩下多少呢？幾乎蕩然無存。人們幾乎從不走出人為習俗和人為事物的領域，也幾乎從來不會突破例行公事的表層，只會用稀奇古怪的方法來滿足對儀式的需求（比如聯誼會或兄弟會的怪誕儀式）。唯一接近儀式本義的現象是觀看體育競賽。但這種行為至少觸及到人類生命的基本問題：人與人的相爭和對勝利與失敗的替代性經驗[42]。但這個人類生命的面向是多麼的原始和片面啊！它把人類生活的豐富性縮小到多麼彈丸的一隅啊！

大城市裡要是發生火災和車禍，總會引起幾十人圍觀。千百萬人每天被犯罪新聞或偵探故事所吸引。他們懷著宗教情懷般的心情去看電影，而電影的兩大主題是犯罪和愛情。這一切興趣和著迷不僅是低級趣味和追求聳動的表現，還包含著一種深深的渴望：渴望看見人類生命的終極現象——生與死、罪與罰、人與自然的鬥爭——被戲劇化。希臘戲劇以較高的藝術和形而上的層次處理這些問題，反觀我們現代的「戲劇」和「儀式」則十分粗糙，產生不了心靈淨化效果。這些對體育競賽、犯罪和情欲的著迷，顯示人們有需要突破例行公事的表層，但是滿足這種需求的方式卻反映出我們的解決方法極其蒼白無力。

「市場取向」與一項事實密切相關：交換之需求已成了現代人的最高動機。當然，即便是以最簡單的勞動分工為基礎的原始經濟中，人們也會在部落內或部落之間互相交換物品。織布的人用布交換鄰人生產的糧食或鐵匠打製的鐮刀或刀子。隨著勞動進一步分工，物品交換的範圍增加了，不過，在通常情況下，交換物品也只是達到經濟目的的一種手段。但在資本主義社會，交換卻成了目的本身。

沒有誰比亞當．斯密（Adam Smith）更能看出交換之需求的基本功能，並將其解釋為人的基本驅力。他說道：「勞動分工帶來了許多好處，但它最初並不是人類智慧的結果，儘管人類智慧預見、並想利用分工來實現均富。分工這一現象儘管發展緩慢且漸進，但它是人類天性中某種傾向的必然結果，而這種傾向本身並非以如此廣泛的效用為目標。這種傾向就是互通有無，以物易物，互相交易。這種傾向是否是人性那些初始原則之一，或者是否是人的理性和語言機能的必然結果（這看來更有可能），我們不甚了了。它是所有人類的共同特徵，在其他一切動物身上都沒見過，其他各種動物看來既不知道這種的契約，也不知道其他種類的契約……沒有人看見過一隻狗與另一隻狗做過一筆公平和有意識的交易，用一根骨頭交換另一根骨頭。」[43]

以越來越大的規模在國內和國際市場進行交換，確實是資本主義制度所依賴的基本經濟原則之一，但亞當．斯密卻預見到交換將會變成現代異化人格最深層的心理需求之一。交換已失去其作為達到經濟目的手段的理性功能，而成了目的本身，延伸到各個非經濟的領域。亞當．斯密在兩條狗交換骨頭的例子中，無意間道出了交換之需求的非理性性質。這種交換不可能存在任何合乎現實的目的：要麼兩根骨頭的味道差不多，但這樣就沒有交換的理由；要麼一根骨頭的味道比另一根好一些，但這樣咬著好骨頭的狗就不會自願交換。這例子要能說得通，我們必須假定交換本身就是一種需求（即使它不具有任何實際目的），而亞當．斯密正是這樣假定的。

就像我在另一個脈絡提過的，對交換的熱愛已經取代了對財產的熱愛。買車或買房子的人只要一有機會便會把車或房子賣掉。不過，更重要的是，交換的驅力也在人際關係領域發揮作用。愛情通常只是一宗對雙方都有利的買賣，可讓雙方憑著自己在人格市場上的價值得到可指望的最大收益。每個人都是一個「套裝組合」，在其中，他的交換價值的許多面向被混合為一，即被混合為他的「人格」，裡面裝滿各種讓他可以成功推銷自己的特質：他的外貌、學歷、收入和成功的機會。每個人都努力把自己的「套裝組合」賣到最好價錢。甚至連參加晚會和一般的社交活動，很大程度上也發揮交換的功能。每個人都想認識比自己價格較高的「套裝組合」，以便建立人脈或獲得一筆有利可圖的交換。人們渴望把自己原有的社會地位換成較高的社會地位，把原來的自我換成較好的自我。在這個過程中，我們用舊朋友、舊習慣和舊情感來交換新朋友、新習慣和新情感，情形就像我們用我們的「福特汽車」來交換「別克汽車」一樣。雖然亞當．斯密相信交換之需求是人性所固有，但實際上，這種需要是現代人的社會性格中固有的抽象化和異化的一種症狀。

整個生活過程，被體驗為一場有利可圖的資本投資，我的生命和我這個人是被投入的資本。如果一個人買一塊肥皂或是一磅肉，他完全有理由預期他付的錢與他買的肥皂或肉的價值相等。他關心的是「這麼多肥皂=這麼多錢」這個等式在現存的價格結構中是講得通的。這種預期已經擴展到所有的活動形式中。如果一個人去聽音樂會或去看電影，他多多少少會明確地問自己，這表演是否「值回票價」。雖然這個問題不至於全是廢話，但從根本上來說是沒有什麼意義的，因為這個等式把兩件不能以相同標準衡量的事放在一起。聽音樂會所得到的快感是不可能以金錢表示的：音樂不是商品，聽音樂的經驗也不是商品。同樣道理也適用於一個人愉快地旅行、聽演講、舉辦晚會，或從事任何需要花錢的活動時。活動本身是生命的創造性行為，與為它所花的錢不能以相同的標準衡量。這種用數量性的東西來衡量生活行為的需要，也表現在問是否「值得花時間」去做某事的傾向上。每當一個年輕人與一個女孩約會一晚、探訪朋友，還有其他許多不一定需要花錢的活動，他都會心生一個疑問：這件事是否值得我花錢或花時間？[44]在每種情況下，一個人都需要用一個等式來證明活動的合理性，來證明它是有利可圖的精力投資。甚至連衛生與健康也必須為此目的服務：一個每天早上散步的人傾向於把散步看成是對健康的好投資，而不是認為那是讓人愉快的活動，用不著去證明是否值得。在邊沁（Bentham）有關快樂與痛苦的概念中，我們找到了與這種態度最接近和最激烈的表達。邊沁假定，生活的目的是追求快樂，因此，他建議我們把每件做過的事記下來，算出它們帶來苦樂的多寡，而如果一件事帶來的樂多於苦，便是值得做的。這樣一來，整個人生在他看來成了某種類似商業活動的事物，而我們應該追求一個常常出現順差、有利可圖的人生。

雖然邊沁的人生觀已經不再流行，其表達出來的態度卻變得更加根深蒂固。[45]現代人產生了一個新的疑問：人生是否值得一活？與這個疑問相呼應的是，認為人生有「失敗」與「成功」之分的態度。這種觀念是把人生視為一家理應獲利的企業。失敗的人生就像破產的生意一樣，虧的比賺的多。這種看法實屬荒謬。我們有快樂也有不快樂的時候，有些目標能達成，有些則未能實現；但是，不存在什麼合理的標準可衡量人生是否值得活。如果從「計算得失」的角度出發，人生根本不值得活。人生必然以死而終結，我們一生中總有許多希望落空，生命歷程總是包含著苦難和奮鬥，就此而言，最好的選擇看來是根本不出生，或是就在襁褓中死去。另一方面，誰又敢說一個沐浴在愛中的快樂時刻，或者清晨散步和呼吸新鮮空氣時所感受到的歡愉，抵不上人生中所吃的一切苦呢？人生是獨一無二的禮物和挑戰，不能用其他任何標準來衡量。對於「人生是否值得一活」這樣的問題，也不可能有任何合理的答案，因為這個問題本身就沒有意義。

將人生視為一家企業的態度似乎構成了一種典型現代現象的基礎。這現象便是：現代西方社會的自殺人數大增。從一八三六年到一八九〇年，普魯士的自殺人數增加了一四〇%，法國增加了三五五%。英國在一八三六年到一八四五年間每百萬人有六十二人自殺，在一九〇六年到一九一〇年間每百萬人有一百一十人自殺。瑞典同期的數字分別為六十六人和一百五十人。[46]我們要如何解釋這種隨著十九世紀的繁榮昌盛而日益增加的自殺現象呢？

自殺的動機無疑是極端複雜的，可以解釋一切自殺行為的唯一動機並不存在。在中國，常見的自殺是「報復性自殺」；在世界各地，很多自殺是憂鬱症導致。但是，這兩種動機都不是十九世紀自殺不斷增加的主要原因。涂爾幹（Durkheim）[47]在他論自殺的經典著作中假定，自殺的原因可以在他稱為「失範」（anomie）的現象中找到。他說的「失範」是指所有傳統社會連結的瓦解，是指所有真正的集體組織都變成從屬於國家，是指所有真正的社會生活都被消滅了。[48]他認為，生活在現代政治國家中的人都是「一盤散沙的個體」。[49]涂爾幹的解釋與本書所提出的幾項假設一致，我將在稍後再討論這些假設。我還認為，由異化的生活方式造成的單調與乏味，也是導致自殺率增高的一個因素。北歐國家、瑞士和美國的自殺數據，加上酒精中毒的數據，似乎都支持此假設。[50]不過，涂爾幹和其他研究自殺的學者忽略了另外一個原因：這與一種人生觀有關。把人生當作一項可能會失敗的事業，並以「得失平衡」來評估其價值。很多自殺個案都是因為當事人感到「人生已經失敗」和「不值得再活下去」。一個人自殺，就像一個商人做生意虧本，在翻本無望時宣布破產一樣。

3 其他面向

至此，我已努力描繪出一幅現代人在生產、消費和休閒活動的過程中，與自己和他人異化開來的概況。接下來我想討論與異化現象密切相關的，當代社會性格的一些具體面向。不過，這些特殊面向應分開加以討論，不宜放在異化的總標題下。

匿名的權威：從眾

首先討論的是現代人對待權威的態度。

我們已討論過理性與非理性權威的差別（即促進性與抑制性權威的差別），也說明了十八和十九世紀的西方社會兼有這兩類權威的特徵。理性與非理性權威的共同特徵，是兩者均為公開的權威。你知道是誰在發布命令和禁令：父親、教師、老闆、國王、官員、牧師、上帝、法律、道德良知。它們提出的要求或禁制可能是合理的，也可能是不合理的；可能是嚴格的，也可能是寬鬆的；我也許會服從，也可能會反抗。我總是知道有這些權威存在，知道它們是誰，要求什麼，還有我的順從或反抗會造成什麼後果。

權威到二十世紀中期發生改變。它不再是公開的，而變成了匿名的、無形的與異化的。沒有什麼人，沒有什麼觀念，也沒有什麼道德規範來告訴人該如何行事。但是，我們求同、從眾的程度，與高度極權的社會一樣，或者猶有過之。確實，除了「它」之外，誰也不是權威。它是什麼？它就是利潤、經濟需求、市場、常識、輿論，以及「人們」的行為、想法與感受。匿名權威的法則如同市場法則一樣不可見，也是無法被挑戰的。畢竟誰能攻擊無形之事物？誰能反抗不可見的人？

公開權威的消失清楚見於生活的各領域。父母不再發施號令，只會建議孩子，讓孩子以為「自己會想要這樣做」。由於父母沒有自己的原則或信念，他們便努力引導孩子依照從眾法則（law of conformity）的期望去行事，而由於他們較年長，較少接觸「最新的事物」，所以經常向子女學習，以了解社會所要求的態度。工商界的情況也是一樣：你並不命令，只是「建議」；你並不指揮，只是哄騙和操縱。甚至美國軍隊也已經在很大程度上接受了這種新的權威形式。軍隊被宣傳得好像是一家吸引人的企業，把士兵形容為「團隊」的一員。不過這並沒有改變一個鐵錚錚的事實：士兵必須接受訓練去殺人，並可能被殺。

只要有公開的權威存在，就會有衝突，就會有針對非理性權威的反抗。當人們的良知與非理性權威發生衝突，性格，特別是自我意識，就會發展出來。因為我懷疑、我抗議、我反抗，我體驗到了作為「我」的自己。即使我屈服了，認輸了，我也會把自己體驗為「我」——失敗的「我」。然而，如果我沒有經歷過反抗或被打敗，如果我甘心受匿名權威的支配，我便會喪失自我感，成為一個「每個人」，成為「它」的一部分。

匿名權威的運作機制是從眾。我應該做每個人所做的事，所以我必須求同，不要有所不同。我必須隨時準備好樂於按照社會模式的改變而改變。我不允許問自己是對還是錯，而是應該問自己是否順應了，是否不「特別」，是否沒有不同。我身上唯一永恆不變的是，隨時準備好改變的心態。除了我所屬的群體之外，沒有誰能控制我。

我們幾乎用不著去證明這種順從匿名權威的態度已經到達什麼地步。不過，我想從一份有關伊利諾州派克森林社區的有趣而又發人深省的文章，選出一些例子來說明這種情況。這些例子似乎證實了作者在一個章節標題中提到的公式：「派克森林社區模式＝未來之所寄」。[51]位於芝加哥附近的這個新社區擬容納三萬人，一部分是提供出租的花園公寓群（有兩間臥室的複式公寓租金為九十二美元），另一部分是提供出售的牧場式平房（售價一一九九五美元）。居民大部分是低階的行政主管，還有少數的化學家和工程師，平均收入為六千到七千美元之間，年齡介於二十五歲到三十五歲之間，已婚，育有一或兩個小孩。

在這個標準化、套裝式的社區裡，人們的社會關係和「順應」環境的情況會是如何？該文章的作者指出，雖然人們搬到這裡主要出自「單純的經濟考量，而非渴望得到子宮般的溫暖，但是入住這樣的環境之後，有些人找到了溫暖和支持，相形之下，其他環境冷漠多了。例如，當你偶爾聽到新社區的居民談論『外面的世界』時，你會感到其他環境有點令人不安」。這種溫暖的感覺與被接受的感覺或多或少相同。一位居民說道：「我本來買得起更好的地點。這裡絕對不是招待老闆或顧客吃飯的好地方，但在這樣的社區，你會感覺被真正的接受。」這種對被接受的渴求，是異化之人的典型情感。一個人除非是懷疑自己不會被人接受，否則他不必因為被大家接受而感激不盡。一對受過高等教育和事業成功的年輕夫妻之所以如此希望被接受，難道不是因為他們不能接受自己，難道不是因為他們不是他們自己嗎？擁有認同感的唯一途徑是從眾。被接受實際上意謂著無異於任何人。自卑感源自感覺與別人不同，卻無人去問這種不同是好是壞。

順應環境的行為開始得很早。一位家長相當扼要地道出了匿名權威的觀念：「他們（孩子）沒有什麼問題就順應了群體。我注意到，孩子似乎認為他們之中沒有誰是老大，存在一種完全相互合作的感情，部分原因來自他們早早就在社區裡一起玩耍。」這種現象所表達的意識形態，是權威的闕如，在十八、十九世紀的自由觀中，權威的闕如有著正面的價值。但這種自由觀背後的現實，是匿名權威的存在，以及個體性的消失。一名母親把從眾的概念表達得再清楚不過：「強尼在學校表現得不太好。老師告訴我，他在某些方面做得非常好，但他的社會適應性不如預期。有時他會找一、兩個朋友玩，但有時會樂於獨處。」確實，異化的人會發現自己幾乎完全無法獨處，他會因為體驗到空虛而恐慌不已。這種對從眾的坦率讚揚確實有些讓人吃驚，這顯示我們甚至不再為我們的從眾傾向感到羞愧。

父母們有時會抱怨學校有點「放任」，導致孩子缺乏紀律，但「不管派克森林社區的家長犯下哪些錯誤，嚴厲和獨裁都不在其中」。確實如此。不過，既然要求從眾的匿名權威已經使你的孩子完全順從於它（儘管他們未必也順從父母），你又何必動用獨裁這個公開的權威？不過，父母並不是真的那麼抱怨學校的缺乏紀律，因為「越來越明顯的是，我們在派克森林社區已經達到實用主義的極致。說這些住戶已經把社會，以及適應社會的過程，視為一種神聖的事物，或許有些誇張了。但可以確定的是，他們幾乎沒有對抗社會的念頭。正如某人所說，他們是一個務實的世代」。

異化性從眾的另一個面向，是品味與判斷齊頭化的過程，作者將這種現象歸納於「大熔爐」這個概念之下。派克森林社區裡一位自命為「文化人」的人對一名訪客說：「我剛來到這裡時，感到曲高和寡。我還記得，某天當我向社區裡的女士說我前晚聽了《魔笛》這部歌劇、感到十分享受時，她們的反應讓我震驚。她們不知道我在說什麼。我慢慢了解到，她們更關心的是尿布之類的東西。雖然我還會聽《魔笛》，不過現在我理解對大多數人來說，生活中的其他事物同樣十分重要。」另一位婦女說，當一位鄰居女孩突然登門拜訪時，發現她正在讀柏拉圖的書。對方「幾乎為此嚇了一大跳。現在她們都確信我是個怪人」。作者告訴我們，實際上這位可憐的女人誇大了她所受到的傷害。其他人並沒有覺得她的舉止太怪異，這是因為「她採用足夠的策略配合她的離經叛道，全力遵守讓社區生活可暢順運作的那些小慣例，因此取得了平衡」。不管你是聽《魔笛》還是談尿布，不管你是共和黨人還是民主黨人，重要的是把價值判斷轉變為意見。真正重要的是凡事都不要過於認真，準備好將任何意見或信念（如果有信念這回事的話）視為就像其他意見或信念一樣好。在「意見市場」上，人人都被認為擁有價值相同的商品（即意見），而質疑這一點則被視為不禮貌，也不公平。

人們用來描述異化性的從眾與社交的詞語，當然是具有正面價值的詞彙。不加判斷、無差別地社交與缺乏個性都被稱為「開朗」（outgoing）。從精神病理學的觀點看，這種語言尤其具有杜威哲學（philosophy of Dewey）的色彩。一位社交活躍者說：「你真的可以幫助這裡很多人，讓他們快樂起來。我自己就曾使兩對夫婦變得快樂。我在他們身上看到他們自己意識不到的潛力。每當我們看到膽怯和內向的人，我們總是特別關照他們。」

社會「順應性」的另一個面向，是個人完全沒有隱私可言，會不分場合與對象地談論自己的「問題」。這裡，我們再次看到現代精神病學和精神分析學的影響。就連薄薄的牆壁也被稱許為可讓人逃離孤單感的助力。一種典型的說法是：「即使吉姆走了我也不會感到孤單。你知道朋友就在旁邊，因為在夜晚能聽到鄰居的聲音從牆的另一邊傳來。」人們透過談話、談話、再談話，讓可能破裂的婚姻得到挽救，讓憂鬱的情緒不會變得更糟。「一名年輕的太太說：『真是太好了，你可以與鄰居討論所有的問題。還住在南達科他州的時候，我們都得單獨面對問題。』隨著時間推移，這種自我揭露的能力逐漸增長；在家庭生活最私密的細節上，派克森林社區的居民變得驚人的坦率。他們指出，沒有人需要單獨面對問題。」我們可以補充說明：更精確地說，他們從來沒有正視過問題。

現代建築甚至成為對抗孤獨的工具。「就像屋內的門消失掉一樣（屋內的門有時被說成是中產階級誕生的象徵），鄰居之間的障礙也不復存在。例如，每戶人家的觀景窗呈現的畫面，就是屋內正在發生的事情。或者說，是其他人家裡透過觀景窗所展現的景象。」

從眾模式形成一種新的道德觀，一種新類型的「超我」。但這種新的道德觀不是人本主義傳統的良知，這個新的「超我」也不是依照獨裁父親的形象塑造。[52]現在，與其他人一樣是美德；與眾不同則是惡。精神病學也常常使用這種表達方式，以「有德的」（virtuous）來指健康，以「邪惡的」（evil）來指患有精神官能症。「任何事情都逃不過社區居民的眼睛」[53]：這正是婚外情罕見的原因，而非因為道德感，或人人都婚姻美滿。有些人試圖保有一點隱私，但這些努力顯得軟弱無力。雖然依照慣例，人們可以不敲門或打招呼便直接走進別人的屋子，還是有些人會把椅子移到公寓的前側，而不是面向社區中庭的那一側，來爭取一點隱私，表明他們不想受到打擾。「但這種求隱私的努力也附帶一項重要的後果：當事人會有點內疚。除了非常少數的情況，人們會將這種不與別人在一起的行為視為幼稚的表現，或者更可能視為精神官能症的徵兆。犯錯的是個人，不是群體。至少許多違反常規的人似乎都認為，他們常常為一些在其他地方被視為個人私事，甚至是正常的事情感到後悔。一位社區住戶最近對一個知心朋友說：「我決心要修補我與大家的關係。我感覺很糟糕，我只是最近沒有特別邀請他們來家裡坐。我真的不怪他們那樣對我。我決心要想辦法修補關係。」

確實，「隱私已經成為一種秘密行動。」而且，這些用來描述此現象的詞語，再次來自「進步派」的政治與哲學傳統。試問，還有什麼話聽起來要比以下這話更精確：「人並非在孤獨與自私的冥想中，而是在與他人一起工作的過程中，才能實現自己。」可是，這句話真正的含義卻是叫人樂於放棄自我，成為群體的一部分。這種狀態常常被美化為「團結友愛」（togetherness）。大家喜歡用精神病學的術語來表達這種心靈狀態。一名有想法和事業成功的低階行政主管如此描述他從中學到的道理：「我們學會了不要那麼內向。搬來這裡之前，我們幾乎完全不與別人打交道。例如，在星期天，我們會睡到下午兩點鐘左右，然後坐在床上看報，聽收音機播放的交響樂。現在我們到處去拜訪鄰居，或他們來拜訪我們。我認為派克森林確實擴大了我們的社交圈。」

派克森林社區住戶不只用難聽的話（例如「神經質」）來懲罰不從眾的人，有時還會施以嚴厲的制裁。「一位十分積極的住戶說：『艾絲黛兒就是一個例子。她搬進來之後急著融入群體中。她是個熱心的人，總是設法幫助別人，但這樣做的時候又有點過度費盡心思。有一天，她決定為女士辦一場下午茶，以贏得大家的歡心。但是，可憐的她把一切都搞錯了。像平常一樣，女士們穿著泳衣和寬鬆的褲子來了，她卻鋪排出蕾絲墊與銀餐具，把茶會弄得正式得不得了。自此以後，女人像是預謀好一樣，做什麼都瞞著她。這真是可悲。她坐在屋子前的沙灘椅上，巴望有人會走過來陪她聊聊天，但走在街上的四、五個女人只是嘻嘻哈哈地直接走過。每次她們因為某句笑話大笑起來，她就會以為她們是在取笑她。昨天她到我這裡來，哭了一下午。她告訴我，她和她丈夫正在考慮搬家，好重新開始。』」在其他文化，懲罰政治或宗教上離經叛道者的工具是監獄或火刑柱。在派克森林社區這裡，懲罰的方式只是排斥，這種方法卻逼得可憐的女人陷入絕望，使她深深感到有罪。她犯了什麼罪？不過是一個小小的錯誤行為，是對從眾之神的一次小小不敬。

異化人際關係的另一個面向，在於友誼不是建立在互相喜歡或吸引的基礎之上，而是由住所的相對位置所決定。其運作方式如下：「事情是先從孩子開始。這些新興的郊區社區是母系社會，但實際上凡事是孩子說的才算數，以『小皇帝』這種字眼形容他們也不為過。基本模式是由孩子決定的：他們的友誼轉變成母親間的友誼，然後又變成家庭間的友誼。父親只是跟屁蟲。」

「孩子的去向決定了哪一扇門有實際功能。也就是說，在一般住宅是前門，在封閉式庭院社區則是後門。它還進一步決定了人走出這扇功能門之後的路線。因為當家庭主婦探訪鄰居時，傾向於距離最近的家庭，以便能看見孩子和聽見孩子的聲音，以及聽得見電話鈴聲。這種情況會具體化，成為『棋盤式運動』（也就是找人喝咖啡聊天的固定路線），成為成年人友誼的基礎。」這種現象對友誼的決定方式影響極為關鍵，因此該文章的作者請讀者從一個區的房屋坐落位置圖，揣摩區內的哪些人家和哪些人家為友。

在這幅畫面中，重要的不僅是友誼的異化與自動地從眾的事實，還包括人們對這項事實的反應。他們似乎自覺地完全接受了這種新出現的順應形式。「從前，人們極不願意承認他們的行為有可能不是由自己的自由意志所決定。但這些新的郊區居民不是這樣了：他們完全清楚環境有著無孔不入的力量。事實上，他們最喜歡談論心理學、精神病學和社會學的話題。他們對這些學科有著越來越強的門外漢好奇心，所以也會以讓人驚奇的醫學術語討論他們的社交生活。但是，他們意識不到自己的困境。對於這一點，他們好像在說，事情就是這樣，訣竅是不反抗它，而是理解它。」

這些年輕一代也有一套解釋他們的生活方式的哲學。「下一代領導者將社會實用性（social utility）奉為神明，這不僅是出自他們的本能願望，還是一套將會傳給子孫的明確價值觀念使然。「它是否有效」而非「為什麼」，已成為最關鍵的問題。派克森林社區的住戶認為，隨著社會日趨複雜，個體的存在意義來自於他對群體和諧的貢獻。對於這些經常遷徙、時刻接觸新群體的人而言，適應群體已變得格外重要。正如他們自己常說的，大家在同一艘船上。」另一方面，作者告訴我們：「孤獨的價值、衝突有時是必要的，以及其他諸如此類令人煩惱的想法，極少在他們的腦中出現。」孩子和成年人最需要學的，也是唯一需要學的，是與他人和睦相處——學校教這個的時候稱之為「公民意識」，相當於成年人所說的「開朗」和「團結友愛」。

人們真的快樂嗎？他們真如他們相信的那樣，無意識地感到滿足嗎？考量到人的本性與達到幸福的條件，這幾乎不可能。他們甚至有意識地存在著一些懷疑。雖然他們感到從眾、與群體融合是他們的責任，他們很多人仍然意識到自己在「壓制其他衝動」。他們感到「順應群體與道德責任密切相關，因而他們將會繼續在猶豫與不踏實中，把自己禁錮在宛如手足的情誼裡。一位派克森林社區的住戶近乎偷偷摸摸地思索：『我不時感到疑惑。我這樣說不是想要冒犯這裡的人：他們都仁慈並正派，儘管我們彼此有許多差異，我也對自己能與他們和睦相處引以為傲。但有時，我會想到我與丈夫沒有做到的事，並為此感到氣餒。僅僅善待他人就夠了嗎？』」事實上，這種妥協的生活，這種「開朗」的生活，就是一種無我、壓抑的禁錮生活。他們所有人「在同一艘船上」，但正如作者尖銳的質疑：「這艘船正在往哪裡去？似乎沒有人知道答案，甚至連一點概念也沒有。也因為這個緣故，他們甚至不知道提出這樣的問題有什麼意義。」

派克森林社區的「開朗」居民積極追求從眾的現象在美國當然不是處處可見。原因很明顯，這些人年輕、屬於中產階級、正在力爭上游，其中大多數人的工作是操縱數字、資料和人，而他們的前途有賴他們是否允許自己受人操縱。毫無疑問的是，與他們屬於同一職業群體的人有些年齡較長，以及很多與他們一樣年輕的人屬於不同的職業群體，例如那些工程師、化學家和物理學家——他們升職沒那麼快，更專注於自己的工作而不是希望盡早成為主管。此外，還有數以百萬計的農場主與從事農業生產的工人，二十世紀只改變了他們一部分的生活方式。最後是從事工業生產的藍領工人，他們的收入與白領職員不相上下，但工作環境卻大相逕庭。雖然不宜在此討論當今工人的工作意義，但我們至少可以說，儘管操縱他人的人與製造物品的人，在生產過程中都只扮演部分角色，而且從各方面而言都是異化的，但兩者之間卻無疑存在著差異。大鋼鐵廠的工人要工作就得與他人合作；他與他人一起面對危險；同事和工頭評斷他的標準是透過他的技能，不是透過他的微笑和「討喜的人格」；他在工餘時間有相當大的自由：他可以花錢度假，可以在花園從事園藝，可以追求自己的嗜好，或是參加當地的或工會的政治活動。[54]不過，即使我們考慮這些區分藍領工人與白領職員和中產階級主管的因素，藍領工人似乎最終也很難逃出被支配性從眾模式所捏塑的命運。首先，甚至連他的工作環境中最正面的因素（例如上面提過的那些）也不能改變以下事實：他的工作已經異化，只能在有限程度上有意義地表達他的精力和理性。其次，工業自動化不斷增長的趨勢也迅速消除了後面這項因素。最後，他就像所有其他人一樣，完全處於整部文化機器——廣告、電影、電視、報紙——的控制之下，很難逃出使他傾向從眾的驅力，儘管他的從眾步伐大概會比其他領域的人要慢。[55]農民的情況和藍領工人的情況差不多。

無挫折原則

正如前面所指出的，匿名權威和自動從眾主要是我們生產方式的產物——這種生產方式要求迅速適應機器、有紀律的大眾行為、共同的品味，以及不必強迫的自願服從。我們經濟制度的另一個面向，也就是對大規模消費的需求，則有助於形成現代人社會性格的特徵——這項特徵與十九世紀的社會性格形成最鮮明的對照。我指的是每個欲望都必須即時滿足、任何渴望都不容受挫折的原則。此原則最明顯的例子是分期付款購物。在十九世紀，你是存夠了錢才去買你需要的物品，但如今，你用賒帳的方式購買你需要的物品（或不需要的物品）。廣告的作用主要是引誘你去買，刺激你的欲望，引君入甕。你生活在一個循環當中：你以分期付款的方式購物，當你快要付清時，你就把物品賣掉，再買最新的款式。

尤其是在第一次世界大戰後，欲望必須立即滿足的原則也影響了人們的性行為。一種粗糙、受到誤解的佛洛伊德主義曾被拿來為此提供合理性。當時的觀點認為，精神官能症是性欲「被抑制」所導致，而挫折具有「創傷性」，因此，你壓抑越少就越健康。甚至父母也急於滿足子女想要的一切，唯恐他們會受到挫折而形成某種「情結」。不幸的是，很多這樣的孩子與他們的父母後來都要找精神分析師看診——如果他們負擔得起的話。

謝勒（Max Scheler）和柏格森（Bérgson）這兩位深思的觀察者都曾強調：物欲旺盛與無法推遲欲望的滿足是現代人的特徵。赫胥黎（Aldous Huxley）在其名著《美麗新世界》（*Brave New World*）中也曾對此有深刻的描寫。在「美麗新世界」[56]裡的少年從小被灌輸許多口號，最重要的一句是「今朝有樂今朝享，莫待明天空蹉跎」。這句話被牢牢釘在少年的腦子裡，「從十四歲到十六歲半，每星期聽兩回[57]，每回兩百遍。」即時實現願望，被視為等同於快樂。美麗新世界中的另一個口號是，「現在人人都快快樂樂」，人們「要什麼有什麼，也從不渴望那些他們得不到的東西」。這種對商品立即消費與性欲立即滿足的需求，在「美麗新世界」中與我們所處的現實世界一樣並存著。長時間與同一個「愛情」對象在一起被認為是不道德的。「愛情」是一種短暫的性欲，應當立即得到滿足。「我們也盡了最大努力防止人們對任何人事物愛得太深。我們這裡沒有派系這回事。你的條件反射，會讓你忍不住做你該做的事，而你該做的事整體來說又是非常愉快，能讓你盡情宣洩你的種種自然衝動。所以，其實根本沒有什麼誘惑需要去抵抗。」[58]

對欲望不加抑制，會導致與缺乏外在權威一樣的結果：先是自我的癱瘓，最終走向自我的毀滅。如果我不推遲欲望的滿足（而且被訓練只去渴望我能取得的事物），我就沒有衝突，沒有疑慮，不必做什麼決定。我從未真正獨處，因為我總是在忙碌，不是忙著工作就是忙著享樂。我不需要去意識到「我是誰」，因為我經常沉浸在尋歡作樂之中。我是一個由欲望與滿足組成的系統；我必須工作才能滿足我的欲望，而這些欲望本身，就是經濟機器不斷刺激與操控的結果。大多數這些欲望都是人為的，就連性欲也遠不如它本來的那麼「自然」。在某種程度上，性欲也受到了人為的刺激。如果我們想要打造出現代社會所需要的人，快樂無憂、沒有衝突和自願服從的人，就必須如此。

享樂主要透過消費取得滿足感。商品、景色、食品、飲料、香菸、人、演講、書籍、電影……這一切都被消費、被狼吞虎嚥。整個世界成為我們欲望的對象，是一個大蘋果、大酒瓶和大乳房。我們是吮吸者，永遠充滿期待又永遠失望。如果我們我們從未斷奶，如果我們仍然是長大卻未成熟的嬰兒，如果我們從未超越「接受取向」，我們又怎能不失望呢？

因此，人們確實會擔憂，感到自卑、不足和內疚。他們覺得自己雖然活著，卻未曾真正活過，生命如沙子般從指縫間流逝。他們該如何應對這些源於持續被動地接受而產生的困擾呢？答案是透過另一種被動的方式：不斷地說話，試圖透過傾洩來緩解內心的不安。這就像權威與消費的問題一樣，談話本來應該是有建設性的，但如今卻變質為一種消極的發洩。

自由聯想與自由傾訴

佛洛伊德發現了自由聯想（free association）的原則。透過在訓練有素的聆聽者面前放棄控制自己的思想，你不必處於睡眠狀態、發狂狀態、醉酒狀態或是被催眠狀態，便可以發現自己的潛意識情感與想法。精神分析專家從你的字裡行間了解許多事情，甚至能夠比你自己更了解你，因為你已將自己的思考從傳統思想控制的限制中解放出來。但自由聯想很快就像自由與幸福一樣變質。首先，自由聯想在正統精神分析的操作過程中就開始變質了。雖然並非總是如此，但這種情況相當常見。自由聯想沒能為被壓抑的思緒提供富於意義的表達，反而成為無意義的閒談。其他心理治療學派則把精神分析專家簡化為富同情心的聆聽者，只負責以稍微不同的方式複述病人說過的話，不負責詮釋或解釋。這種態度出自一種考量：不可干涉病人的自由。佛洛伊德的自由聯想觀念成為許多自稱諮商師的心理學家的工具，儘管他們唯一不做的事情就是給意見。這類諮商師或者私人執業，或者擔任企業的顧問，地位越來越重要。[59]這種諮商過程有什麼效用呢？顯然不是佛洛伊德心目中的那種治療效果——他當初發明自由聯想是要以之作為理解無意識的基礎。現在這種諮商毋寧是要讓病人在富同情心的聆聽者面前傾訴，把緊張釋放出來：心事若總是積存心中，可能會讓人焦躁不安。只不過，這種焦躁不安也可能產生有意義的結果，因為當你反覆玩味，反覆思考之後，也許會從痛苦中得出新的體驗。但是，當你有什麼念頭就說什麼，而沒有讓你壓抑的思緒與情感產生內在張力，那麼，這些思緒絕不會給你帶來任何好處。這種情況與不受阻攔地消費完全一樣。你成了一個事物不斷輸出與輸入的系統，而這系統內部什麼也沒有：沒有壓力、沒有融會貫通、沒有自我。佛洛伊德發明自由聯想的目的，是為了探索你表面之下的心理活動，找出你真正是誰。但現在對富同情心聆聽者的自由傾訴卻是追求相反（儘管未明言）的目的：其功能是讓一個人忘記自己是誰（如果他還記得的話），消除所有的緊張狀態，與因此而消除所有的自我感。就像為機器上潤滑油一樣，我們也為人上潤滑油，特別是從事大規模生產的人。我們以動聽的口號、物質的好處，與心理學家的同情理解來為他們潤滑。

對負擔不起請教專業聆聽者的費用，或出於某種緣故而寧願對一個外行人傾吐的人來說，傾吐和聆聽已成了一種室內運動。「合盤托出」成為時髦且高級的活動。這樣做的人沒有顧慮，沒有羞恥感，沒有保留。他們談論自己生命中有過的悲慘遭遇就像在談論一個與自己無關的人，或是像談論自家汽車的毛病一樣輕鬆。

事實上，心理學和精神病學的功能正處於根本性的改變中。從德爾斐神諭（「認識你自己！」）到佛洛伊德的精神分析治療，心理學所發揮的功能一直是發現自我，理解個人，找出「讓人自由的真理」。但今天，精神病學、心理學和精神分析都快要成為操縱人的工具了。這個領域的專家告訴你何謂「正常的人」，也會相應地指出你「哪裡有問題」。他們設計出幫助你調適、變得快樂與正常的方法。在「美麗新世界」中，這種制約是從受孕的第一個月開始，延續至青春期以後。而對我們來說，這種制約開始得較晚些。報紙、廣播與電視節目的反覆洗腦完成了大部分條件制約的工作。不過，操縱人的佼佼者是現代心理學。泰勒（Taylor）為工業勞動（industrial work）所做的，還有心理學家為人的整個性格所做的，都是打著「理解」與「自由」的名義進行。精神病學家、心理學家和精神分析專家之中當然也有很多例外的情形，但越來越明顯的是，這些專業領域正逐漸對人的發展構成嚴重威脅，它們的執業人員正在演變為膜拜享樂、消費和無我的大祭司，演變成為操縱的專家，演變成為異化人格的代言人。

理性、良知與宗教

在這個異化的世界裡，理性、良知與宗教會變成什麼模樣？表面上看，異化的世界欣欣向榮。西方國家幾乎沒有文盲，在美國，上大學的人越來越多，每個人都讀報並理性地談論世事。至於良知，大多數人在他們的個人小圈子裡行為都相當正派，以社會普遍的混亂狀態來說，這種情形著實讓人驚訝。至於宗教，眾所周知，上教堂的人數之多前所未有，而大多數美國人都信奉上帝——至少他們在接受民意調查時是這樣說的。然而，只要稍微深入了解，就能發現一些不那麼令人高興的事實。

若要談論理性，我們首先得確定指的是人類的哪一種能力。正如我前面所主張的，我們必須區分智力與理性。所謂的智力，是指人為了達到實際的目的而操作概念的能力。一根棍子搆不著香蕉時，黑猩猩會把兩根棍子接起來，牠就是在運用智力。當我們處理事務、設法完成各種任務時，也是在運用智力。在這個意義上，智力就是把事物視為理所當然，不質疑、不深究，並將事物加以組合，從而更有助於使用、操控它們。智力被認為是為生物的生存而服務。另一方面，理性的目的卻在於理解，它努力探索事物表面之下的本質，去認識我們周遭現實環境的核心和本質。理性並非沒有功能，但其功能不在促進肉體的生存，而是為了思想與精神層面的存在。在個人生活與社會生活中，理性常常被用於推測（因為預測通常需要識別潛藏在表象下的力量），而推測有時甚至是維持肉體生存所必需的。

理性需要與外界建立關聯性，也需要自我感。如果我僅僅是被動地接受印象、思想或意見，那我可以比較它們與擺布它們，卻無法看透它們的本質。笛卡兒從「我思考」這一事實，推論出「我是一個個體」的存在。他這樣論證：我疑故我思，我思故我在。反之亦然。只有當我是我，沒有在「它」（the it）中喪失我的個體性時，我才能思考，才能運用我的理性。

與此密切相關的，是缺乏現實感的問題。而這正是異化人格的一項典型特徵。說現代人「缺乏現實感」乃是牴觸一項廣為接受的看法：我們與大部分歷史時期的不同之處，在於我們更現實。但這種認為我們更現實的看法，是一種近乎妄想的扭曲。如果我們是現實主義者，我們又豈會耍弄可以導致所有現代文明毀滅，甚至導致地球本身毀滅的武器！一個人要是被發現在做這種事，會立刻被關起來，而如果他對自己的現實感引以為傲，精神科醫生更會認為這是一個生病的腦袋額外表現出來更嚴重的症狀。不過，現代人卻是在各種重要事情上都表現出驚人的缺乏現實感，包括在有關生死意義的事情上，在有關快樂與痛苦的事情上，以及在有關情感與嚴肅思想的事情上。現代人將人類生命的整個現實遮掩起來，以人工的、美化的偽現實（pseudo-reality）來代替，這種做法與野蠻人用土地和自由來換取亮晶晶的玻璃珠子沒有多大差別。事實上，現代人離人類現實是那麼遙遠，以致可以說出「美麗新世界」中居民的口頭禪：「當個人有感受，社會就動盪不安。」

當代社會中，另一個先前提過的因素，也對理性具有破壞作用。由於沒有人是從頭到尾完成一項工作，只是負責工作的其中一部分；也由於事情包羅萬象和人事機構過於龐大而難以通盤了解，所以無法看到事物的整體。因此，無法觀察到表象底下的規律。我們的智力只足以操縱一個更大單位的其中一個部門，不管那是一部機器還是一個國家。唯有理性與整體相連，並處理可觀察與可掌控的事物，方能發展。就像我們的耳朵與眼睛只能在特定波長範圍[60]內發揮功能，我們的理性也只能應用於能夠觀察的事物上。換言之，當範圍大於某種規模，具體性必然喪失，抽象化取而代之。隨之而來的是現實感漸趨模糊。最先看出這個問題的人是亞里斯多德，他認為一個城市的居民只要多於我們今日稱為小鎮的人口，就不適宜居住。

觀察異化的人的思想特質，我們會驚奇地發現，當他的智力有多麼發達，他的理性就有多麼衰退。他將現實視為理所當然：他想吃掉它、消費它、觸碰它和操縱它。他甚至不問一下現實的背後是什麼、它為什麼是現在這個樣子、將會如何發展。你不可能吃掉意義，不可能消費感覺，至於說未來——我們死後這世界洪水滔天也無所謂（*après nous le déluge*）！從十九世紀至今，人類社會的愚昧與日俱增（這裡的愚昧是相對於理性而言，而不是與智力相較）。儘管大家天天「虔誠地」看報，但對政治事件的意義卻缺乏真正的理解，這實在令人恐懼。因為我們的智力造出了我們的理性無力控制的武器。的確，我們擁有實作的能力，卻缺乏對原理的理解與對目的的反省。我們當中有很多高智商的人，不過，智力測驗只是衡量記憶力的高下與思考反應的快慢，不是衡量理性的高下。這一切都是事實，哪怕我們當中不乏傑出的理性之士，他們的思想就像人類歷史上其他著名人物一樣深刻與活力充沛。但他們與大眾思維格格不入，所以遭到懷疑的目光——即使世人用得著他們在自然科學方面所取得的傑出成果。

新發明的電腦可以為我們這裡所說的「智力」提供很貼切的說明。電腦處理輸入的數據；電腦可以比較、選擇，最後送出結果，其速度比人腦快，錯誤也較少。不過，要辦到這一切，條件是基本數據得事先輸入。電腦所不能做的是有創造性的思維，不能洞悉事物的本質，不能超越輸入的數據。機器可以複製甚至改善智力，卻不能激發理性。

倫理（至少是在希臘—猶太—基督教傳統意義上的倫理）與理性不可分割。倫理建立在價值判斷能力的基礎上，而價值判斷又以理性為基礎。倫理意謂著區分出善與惡，並按照這樣的區分行事。運用理性是以自我的生存為先決條件，倫理判斷與倫理行為亦復如此。此外，不論是一神教的倫理，還是世俗人本主義的倫理，都基於以下原則：沒有什麼機構和事物可以高於任何個人，生命的目的就是展現人的愛和理性，而人的一切活動必須從屬於這項目的。如果人成了一部自動化的機器，服務於更龐大的「它」，倫理道德又怎能成為生命中的重要部分呢？此外，如果生活的原則只是一味地從眾，良知又要如何形成？良知的本質就是不從眾，在大家都說「是」的時候能夠說「不」。而要說「不」，良知必須確定自身判斷的正確性。一個人從眾到一定的程度，就無法聽到自己良知的聲音，更不用說以良知來行事了。只有當人感覺自己是人，不是物、不是商品時，良知才能存在。至於市場上交換的物品，則有另一種準倫理原則：公平。在物品的交換上，真正重要的問題是物品是否按公平價格交換，不存在欺騙和脅迫。市場的倫理原則是這種公平性，而不是善與惡；這項倫理原則也支配著市場取向的人格（marketing personality）的生命。

公平的原則無疑也會讓人表現出某些類型的倫理行為。如果依照公平的準則行事，你就不會撒謊、欺騙或脅迫，甚至還會給別人一個機會。然而愛鄰居、感到與他人合而為一，以及一生致力於發展自己的精神領域，這些並不屬於公平倫理的範圍。我們生活在一個弔詭的處境中：我們一方面實踐公平倫理，另一方面又聲稱奉行基督教倫理。我們會被這明顯的矛盾困住嗎？顯然不會。原因何在？部分的原因是：四千年來形成的良知傳統並沒有完全消失。恰好相反，就很多方面而言，人們將自己從封建國家與教會的力量下解放出來的努力，使這種傳統得以開花結果。從十八世紀到現在，此傳統開出了比歷史上其他任何時期都更為燦爛的花朵。我們仍然是這個進程的一部分，只不過，有鑑於二十世紀的生活狀況，當良知傳統之花凋謝時，似乎再也沒有待開的花蕾了。

我們之所以不覺得人本倫理與公平倫理彼此矛盾的另一個原因，在於我們依照公平倫理對宗教倫理與人本主義倫理做出重新詮釋。「黃金法則」（golden rule）就是這種詮釋的好例子。在猶太教和基督教最初的教義裡，這條法則是對《聖經》箴言「當愛鄰人如己」的通俗表達方式。但到了公平倫理的系統中，它只被理解為：「應當公平交易。付出商品所值的價格。不要欺騙！」這就難怪「黃金法則」是當今最受歡迎的宗教信條。它把兩種對立的倫理系統結合在一起，讓我們忘了它們之間的矛盾。

儘管我們的生活基礎仍然是基督教—人本主義的傳統，但令人毫不意外的是，年輕一代身上的傳統倫理觀念越來越淡薄，他們身上存在著一種野蠻風氣，與社會所達到的經濟與教育水準形成強烈對比。今天，當我在修改本書的稿子時，我讀到了兩則消息。一則刊登在《紐約時報》，是關於一個男人被四個中產階級出身的十幾歲少年活活踩死。另一則消息見於《時代雜誌》，其中談到瓜地馬拉新任警察總監，「打造出一頂緊箍罩似的帽子，可以逼人吐出祕密，粉碎錯誤的政治思想。」[61]雜誌登出了他的照片，圖說是「錯誤思想的粉碎者」。對形容一個極端的虐待狂來說，還有什麼能比這輕率的圖說更瘋狂和麻木不仁的嗎？當一個社會發行量最大的新聞雜誌竟然能寫出這樣的文字，我們還應該對幾個少年肆無忌憚地打死一個男人的事感到驚訝嗎？難道漫畫書和電影裡充斥的野蠻和殘暴（這些元素可以賣錢），不足以解釋年輕人不斷增加的野蠻和破壞傾向嗎？我們的電影檢查官很在意電影有沒有出現性愛場面，唯恐會引起不正當的性慾，但是，與檢查官放行的、那些具有去人性化效果的場面相比（教會對這些東西的反對程度不如傳統的罪強烈），性愛場面顯得無傷大雅。是的，我們仍有著倫理傳統，但它很快就會耗盡，被「美麗新世界」和「一九八四」[62]的倫理取代，除非倫理不再只是延續過去的傳統，而是在我們的日常生活中被重新建立。在目前，雖然合乎倫理的行為看來仍然可以在很多個人的具體處境中找到，但社會正朝著野蠻邁進。[63]

以上就倫理所說的觀點，很多也適用於宗教。當然，要談宗教在異化的人中所扮演的角色，一切取決於我們對宗教的定義。如果我們是指最廣義的宗教，即宗教作為「定向架構」與奉獻的對象，那麼每個人都具有宗教性，因為無人能夠在沒有這種體系的情況下心理健全地活著。因而，我們的文化就像任何文化一樣具有宗教性。如今，我們的神是機器與效率，我們的生命意義是變動、奮進，盡力達到顛峰成就。但如果我們所說的宗教是指一神教，那麼，我們的宗教不過是櫥窗裡的一件商品。一神教無法與異化現象與公平倫理體系共存。它把人的全面發展與救贖視為生命的最高目標，而此一目標不容從屬於其他任何價值。因為上帝是不可知與不可定義的，而且既然人是按照上帝的形象被創造出來的，所以人也是不可定義的——這表示人絕不能被視為一件物品。一神教與偶像崇拜之間的鬥爭，正是創造性生活方式與異化生活方式之間的爭戰。我們的文化可能是人類歷史上第一個完全世俗化的文化。我們避談、也不關心人類生命的基本問題。我們不關心生命的意義及它的解決辦法。我們從一開始就確信，除了成功地投資生命，與想辦法盡可能無災無難度過一生，生命別無其他目的。我們大多數人信奉上帝，認為上帝的存在是理所當然之事。那些不信上帝的人，也理所當然地認為上帝不存在。不論是相信上帝還是不相信，人們都把自己的看法視為理所當然。信或不信上帝都不會使人夜不能寐，也不會引起真正的焦慮或困惑。事實上，在我們的文化中，無論是以心理學還是以純宗教的觀點來看，一個人信奉上帝與否幾乎毫無差別。在這兩種情況中，他都不關心上帝的存在或生命難題的解答。正如「博愛」這個美德，已經被非人格性的公平原則取代，上帝也已經變成為身在極遙遠處的「宇宙有限公司」的總經理。你知道祂存在，管理著一切（雖然沒有祂可能也行）。雖然你從未見過祂，但當你「做好自己的本分」時，還是會承認祂的領導地位。

我們今日目睹的「宗教復興」，大概是一神教所受過最沉重的打擊。還有什麼比將上帝稱為「那個在樓上的人」、學習祈禱好讓上帝成為你生意上的搭檔，以及用推銷肥皂的方法推銷宗教要更加褻瀆上帝的？

有鑑於現代人的異化狀態與一神教的精神是不相容的，我們可能會期待牧師、神父和猶太教的拉比，會成為批判現代資本主義的急先鋒。雖然確實有來自天主教高層，與一些較基層的牧師、拉比已經發出批判的聲音，但所有教會基本上是隸屬現代社會的保守勢力，只是利用宗教來讓人們能繼續過日子，並對這個極度非宗教化的體系感到滿足。大多數教會看來並未認知到這種形式的宗教，最終會墮落為公開的偶像崇拜，除非他們開始定義並加以討伐現代的偶像崇拜，而不只是言必稱上帝，在各種意義上妄稱祂的名。

勞動

在一個異化的社會裡，勞動的含義發生了哪些變化？

我們在對異化進行一般性討論時，已經就這個問題有過簡要的評述。然而，因為這個問題不只對了解當今社會極其重要，對於任何試圖建立一個較為健全的社會的努力亦然，所以我想在接下來的篇幅中，單獨且更深入地探討勞動的本質。

一個人除非是剝削他人，否則他就必須勞動才能生活。不管他的勞動方式是多麼原始和多麼簡單，單憑他從事生產這一事實，他就已經超越了動物界。把人定義為「能夠生產的動物」確實很有道理。不過，勞動不僅僅是人的必然需求。勞動也將人從自然中解放出來，使他成為社會性和獨立性的存在。在勞動過程中，也就是在捏塑與改變自然的活動中，人也捏塑與改變了自己。他透過駕馭自然而脫離了自然，逐漸發展出合作的能力、理性的能力與美感。他將自己從自然中分離出來，從原始的一體性中分離出來，但又以自然的主人與塑造者的身分，與自然重新結合在一起。他的勞動越廣泛，他的個性就越發展。在捏塑與重新創造自然的過程中，他學會利用自己的力量，提高自己的技能和創造性。不管是法國南部的美麗洞穴畫、原始人武器上的裝飾品、希臘的雕塑和神廟、中世紀的大教堂、技藝高超匠人所造的桌椅，還是農民種植的花、樹和穀物，都是人運用理性與技能對自然所進行的創造性改造。

在西方的歷史上，技藝構成創造性勞動演化的頂峰，尤其是十三、十四世紀發展起來的技藝。勞動不僅是有用的活動，還會為人帶來深深的滿足感。米爾斯（C. W. Mills）曾非常簡明地描述過技藝的主要特徵：「除了創造出來的產品與創造過程之外，勞動別無額外的動機。日常勞動的細節之所以富有意義，是因為在工匠的心目中，這些細節與勞動所成的產品是不可分離的。工匠可以隨意掌控自己的工作方式。因此，工匠可以從勞動中學習，在勞動過程中運用並發展自己的能力和技術。勞動與娛樂，還有勞動與文化之間沒有區別。工匠的謀生方式決定並融入了他的生活方式。」[64]

隨著中世紀社會結構的瓦解與現代生產方式的展開，勞動的意義與功能發生了根本的變化——在信奉新教的國家尤其如此。人面對他新爭取到的自由感到恐懼，想要熱切地投入勞動之中來克服疑慮與恐懼。這種活動結果的成敗將可顯示他是否會得到救贖，是屬於得救者還是被遺棄靈魂的行列。勞動本身不再是能帶給人滿足感與快樂的活動，成為一種責任與執迷。人越是可能透過勞動致富，勞動就越發成為追求財富與成功的單純手段。用韋伯（Max Weber）的話來說，勞動成了「入世禁欲主義」（inner-worldly asceticism）體系中的主要因素，是對人的孤單感和孤立感的解答。

但是，這種意義的勞動只存在於上層與中層中產階級之中，他們能夠積聚一些資金，雇他人來勞動。對絕大多數只有身體勞力可出賣的人來說，勞動只不過是一種苦役。十八或十九世紀的工人為了不致挨餓而不得不工作十六小時。他之所以這樣做，不是因為想要為貴族效勞，也不是因為想透過他的成功顯示他是「上帝的選民」，而是因為他被迫將自己的勞力出賣給那些具有剝削手段的人。在現代階段開頭的幾百年中，勞動的意義發生了分裂：對中產階級來說，勞動是一種責任；對沒有財產的人來說，勞動是一種苦役。

將勞動看成一種責任的宗教態度，在十九世紀依然十分盛行，但最近幾十年中卻發生了相當大的變化。現代人不知道如何自處、如何有意義地度過一生，為了擺脫無法忍受的無聊乏味，他被驅使著去勞動。但勞動已不再像十八和十九世紀中產階級所認為的，是一種道德和宗教的責任。一種新的狀態出現了。不斷增加生產，追求生產更多、更好的物品，已經成為勞動的目的，成為一種新的理想。勞動已從勞動者身上異化出來。

從事工業生產的人情況又是如何？他每天花費最精力充沛的七、八小時去生產物品。為了生計，他需要工作，但他基本上是一個被動的角色。在複雜與高度組織化的生產過程中，他只發揮局部的小作用，從未以生產者的身分完整看過他製造的產品（不過，如果他有錢購買的話，倒是可以用消費者的身分看到產品的全貌）。他既不關心產品的整體外形，也不關心產品所具有的經濟與社會意義。他被安置在某個位置，必須完成某項任務，但不能參與對勞動生產的組織和管理。他不知道也沒有興趣知道，為什麼要生產這種而不是那種東西，不知道也沒有興趣知道這種商品與整個社會的需求有什麼關連。鞋子、汽車、燈泡等都是「企業」用機器生產出來的。工人不再是能夠主動掌控機器的主人。機器不是為他服務，幫助他將一度靠純體力進行的工作做好，而是成為人類的主人。也就是說，不是機器取代人力，而是人成為機器的代用品。他的勞動可以被定義為完成機器還不能完成的工作。

勞動是獲得金錢的手段，不是有意義的人類活動。杜拉克（P. Drucker）在觀察了汽車工廠工人的情況之後，非常扼要地道出這一點。他說：「對絕大多數汽車製造業的工人來說，工作的唯一意義在於薪水，與勞動或產品無關。在汽車工人看來，勞動不符合自然，是為賺取薪水的可憎、無意義和乏味的條件，無法讓人人獲得尊嚴和重要性。這難免會助長偷懶、怠工與想辦法拿同樣的薪水卻少做事。這難免會讓工人不愉快和不滿意：一張薪水單實不足以作為人類自尊的基石。」[65]

工人與其工作的這種關係是他所在的整個社會組織的產物。因為他是「受雇用」[66]，而不是自主的工作者，除了做好他負責的局部工作以外別無責任，他的興趣也只在於把足夠的錢拿回家。沒有人對他有更高的期望，也沒有人希望從他那裡獲得更多。他是被資本雇用的設備的一部分，而他的角色與功能是由他作為設備一部分的特質所決定。最近幾十年，人們開始更加關注工人的心理問題、工人的工作態度，與「工業生產中人的問題」。不過，這種提問方式本身就反映了一種根本性的態度。人既然花了一生的大多數時間來工作，那麼應該討論的，便是「人所面臨的工業生產問題」，而非「工業生產中人的問題」。

工業心理學領域的大多數調查，關心的是如何提高工人的生產力，以及如何讓工人工作得更順暢。心理學為「人因工程學」（human engineering）提供服務，試圖把工人和職員當作機器來看待，認為他們只要潤滑得當就能運作得更順暢。如果說泰勒（Frederick W. Taylor）主要關心如何從技術的角度更妥善地運用工人的體力，那麼大多數工業心理學家則致力於操控工人的心理。他們的基本思路是：如果工人快樂就會有較高的工作效率，那麼我們就讓他感到高興、安全、滿足，這樣一來便會提高他的產出並減低與其他人的衝突。打著「人際關係」的名義，工人被用各種適合完全異化者的方式對待；甚至連快樂與人性價值，也只是為了改善與大眾關係而被推薦的手段。例如，根據《時代雜誌》報導，一位美國最著名的精神病學家告訴一千五百名超市主管：「如果我們感到快樂，顧客也會更滿意……如果我們能真正實踐一些關於價值與人際關係的基本原則，對管理階層而言，將會有實際的金錢回報。」人們談論「人際關係」，實際上指的是最不人性的關係——那是被異化的自動機器人之間的互動；人們談論「快樂」，實際上指的是一種完美的常規化狀態，已將最後一絲懷疑與所有自發性完全排除。[67]

勞動的異化與完全無法帶給人滿足感的特性導致了兩種反應：第一，追求徹底的懶散；第二，對工作以及有關的人事物懷有根深蒂固的敵意卻往往不自知。

不難看出，人們普遍渴望完全懶惰與被動的狀態。廣告對這種渴望的迎合程度，甚至超過對性渴望的迎合。當然，確實有許多實用且省力的小工具。但這些小工具的「實用性」，往往只是為了合理化人們對完全被動與單純接受的渴望。早餐麥片被廣告宣傳為：「吃起來更方便。」烤麵包機的廣告這樣說：「……世界上最精巧的烤麵包機！這種新的烤麵包機可以幫你全部搞定。你甚至連壓下麵包的工夫都省了，獨特的小馬達可以輕輕地從你手中接過麵包！」有多少語言或學習課程以「學起來毫不費力，不會感到枯燥無味」為宣傳？每個人都看過一則保險公司的廣告：一對夫妻六十歲退休，餘生什麼都不必做，過著到處旅遊的幸福生活。

收音機與電視展示了渴望懶散態度的另一個元素：感受「按鈕權力感」。只要按一下按鈕或轉動機器上的旋鈕，我便有力量播放音樂、演講和球賽，讓世界各地發生的事件出現在我眼前。開車的樂趣當然某部分也是在享受「按鈕權力感」：不費吹灰之力地按一顆按鈕，一部強而有力的機器就會啟動。用不著多少技術和努力，駕車者就會感覺自己是宇宙的統治者。

但是，對於勞動的無聊感和無意義感有一種更嚴肅和更頑固的反應，那便是對工作懷有敵意，這種敵意比渴望懶散的態度要不自覺得多。很多商人覺得自己是他的生意和其販售商品的囚犯。他暗地裡看不起他的產品，認為它們不實在。他恨顧客，因為他們逼他擺上一張笑臉。他恨同行，因為他們對他構成威脅。他恨他的員工和上司，因為他得不斷與他們競爭。更重要的是，他恨他自己，因為他眼看著生命流逝，除了一時成功的興奮以外別無意義。當然，這種對他人、對自己、對產品的憎恨與輕蔑主要是無意識的，只偶爾浮現在轉瞬即逝的思緒中——由於它們是那麼讓人心神不安，所以馬上就會被拋諸腦後。

民主

正如同勞動、工作已經異化，現代民主制度中，選民表達自身意志的方式，也是一種異化的表達形式。民主的原則在於，不是由一個統治者或一小群人，而是由全體人民來決定他們自己的命運，就大家共同關心的事做出決定。透過選出自己的代表（由這些代表在國會中制定法律），每位公民理應在社會事務中負起參與的責任。按照分權的原則，創造出一種精巧的制度，這項制度一方面讓司法系統保持公正與獨立，另一方面也讓立法與行政的功能相互制衡。理想的情況是，每個公民都有相同的責任，對政策的制定也有相同的影響力。

但在現實中，民主政體從一開始就受到一個重大的矛盾困擾。在機會與收入極不平均的國家，特權階級自然不想放棄現狀所賦予他們的特權，因為如果政治制度充分表達出大多數無產階級的人民的意願，他們很容易就會失去特權。為了避免這種危險，特權階級便剝奪許多無產階級的選舉權。後來，只有經過極其緩慢的發展，「每個公民不受限制地擁有選舉權」的原則才逐漸被接受。

在十九世紀，普選被認為似乎可以解決民主制度的一切問題。「憲章運動」[68]的領導人之一歐康納（Feargus O'Connor）在一八三八年說過：「普選將立刻改變社會的整個特徵，把戒備、猜疑與互不信任，轉變為相親相愛、互惠與普遍互信。」他在一八四二年又說：「憲章一旦通過，六個月後，全國的男女老少都可以吃得好，住得好，穿得好。」[69]從那時起，在所有民主國家，男人和女人都獲得了選舉權（瑞士除外，婦女無選舉權）。然而，即使在世界上最富有的國家中，也還有三分之一的人民仍然「吃得差，住得差，穿得差」。（語出富蘭克林．羅斯福）。

普選制的初步實施情況不僅讓憲章派失望，也讓所有認為普選制有助於將公民變得有責任心、積極與獨立的人大失所望。顯而易見的是，當今的民主問題不再是對選舉權的限制，而是選舉權該如何行使。

如果人們沒有自己的意志和信念，如果人們都是異化的機器人，其品味、意見與偏好都受到龐大的制約機器所操縱，那他們又怎麼能表達「自己的」意願呢？在這種情況下，普選制成了被盲目膜拜的對象。現在，如果一個政府可證明人人都有選舉權，可證明選票被誠實地計算，就被認為是民主的政府。反之，如果人人投票，但選票沒有被誠實地計算，或者選民不敢投票反對執政黨，這個國家就被認為是不民主的。然而，即使自由選舉與被操縱的選舉之間確實存在著重大差別，但我們絕不應該忘記，自由選舉同樣未必能表達出「人民的意願」。如果很多人使用某一種牙膏是因為大家聽信天花亂墜的廣告，那任何稍微明白事理的人，都不會說人們做出喜歡這種牙膏的「決定」。只能說它的廣告宣傳非常有效，哄得幾百萬人相信它的保證。

在一個異化的社會裡，人們表達意願的方式，與他們選購商品的方式沒什麼不同。他們聽從宣傳的話語；而相較於那些不斷敲打他們、充滿暗示的噪音，事實顯得毫無分量。近年來我們經常看到，政治宣傳越來越由公關顧問的行銷技巧所決定。他們習慣讓公眾接受任何經過充分資金包裝的事物，因此也以相同的方式看待政治理念與政治領袖。他們運用電視塑造政治人物的形象，就像運用電視宣傳肥皂的優點一樣。在銷售或選舉中，重要的是效果，而不是被推薦之物的合理性或有用之處。這種現象在最近有關共和黨前途的聲明中有異乎坦率的表達。這些聲明的大意是：我們既然無法希望大多數選民投共和黨的票，就必須找一位願意代表黨的名人，如此一來，他就會吸引到那些選票。這種做法本質上無異於找知名運動員或電影明星為香菸品牌背書。

事實上，民主國家的政治機器，其運作方式與商品市場在本質上並無不同。政黨與大企業也沒有什麼太大的差別，因為職業政客一樣是設法把他們的「商品」推銷給大眾。他們採用的方法越來越像高強度的廣告行銷。擅於觀察政治和經濟現象的熊彼得（J. A. Schumpeter）對這個過程有特別清晰的勾勒。他首先說明十八世紀的古典民主概念：「民主是一種為了做出政治決策、實現公共利益而設計的制度，其方式是讓人民透過選舉選出代表，讓代表集合在一起，依照人民的意志對重大議題作出決定。」[70]熊彼得接著分析了現代人對公共利益問題的態度，最後得出的結論與我在前面勾勒的情況相去無幾：

「然而，當我們進一步從個人關心的家庭與工作場所，轉向全國性和國際性事務領域（它們與個人關心的事務沒有直接、明確的關聯），則個人意志、對事實的掌握能力以及推理方式，很快就無法再符合古典民主理論所設想的條件。最讓我震驚、也讓我認為是整個問題核心的，是人們已完全喪失對現實的感知能力。一般來說，重大政治議題在典型公民的關注事項分配中，所占的地位與那些尚未成為嗜好的閒暇興趣，以及無需負責任的閒聊話題差不多。政治議題看似如此遙遠，它們根本不像商業提案。國內外大事中的危險可能根本不會成為事實，要是真的發生可能也不如想像中嚴重。人們會覺得自己進入了虛幻的世界。

「這種弱化的現實感不僅解釋了責任感淡薄的原因，也說明了為何人們缺乏有效行使意志的能力。當然，人人都有自己的口頭禪、願望、白日夢和牢騷，特別是人人都有自己的好惡。但這些通常並不等於所謂的『意志』：那種能推動人進行有目標、負責任行動的心理力量。實際上，對於那些談論國家大事的公民來說，既沒有發揮這種意志的機會，也沒有培養這種意志的任務。他是無法運作的『全國委員會』成員之一。這正是他在掌握政治問題上所花的心力，遠不及他在打橋牌時投入的原因。

「淡薄的責任感和缺乏有力意志，反過來說明了為何普通公民在國內政策和外交政策上顯得無知和缺乏判斷力。更讓人震驚的是，這種情況在受過教育和非政界成功人士身上，要比在未受過教育和地位低微的人身上更常見。有關這一點的資訊俯拾皆是，但這似乎並沒有改變什麼，我們也不應該大驚小怪。我們只需比較律師對其辯護狀的態度和他對報紙刊登之政治事件的態度，便能明白是怎麼一回事。以前者而言，這位律師知道專業才能是他的利益之所繫，在這種明確的刺激下，經歷多年有目標的努力，他有資格鑑別他經辦案件中各種事實的中肯與否。在某種同樣有力的刺激下，他集中他的學識、智慧和意志，推敲辯護狀的內容。以後者而言，他沒有下苦功取得鑑別的資格，不想費事蒐集資訊，也不願把他得心應手的批評武器運用在資料上，更沒有參與漫長而複雜之爭論的耐心。這一切都顯示，沒有來自直接責任心的積極主動性，則不管一個人面前有多麼完整而正確的大量資訊，無知會持續存在。人們不僅在報上登載消息，還做了大量值得稱道的事，透過辦講座、開課、舉行集體討論等方法來教導如何利用這些資訊。即使在這種情況下，無知仍然存在。成效雖不至於是零，卻少得可憐。人是不可能被人扶著爬梯子的。

「因此，典型的公民一旦進入政治領域，他的思考能力就會下降。他在政治上所採用的辯論與分析方式，若運用在他真正關心的領域中，他自己也會輕易察覺那是幼稚的。他會變得像個原始人。」[71]

熊彼得也指出，在政治議題上操縱人民意志的手法與廣告行銷類似。他寫道：

「製造政治議題和製造任何政治議題之人民意志的方法，與商業廣告所用的方法極其類似。我們發現，這兩者都試圖觸及人們的潛意識。它們以相同的技巧來創造有利或不利的聯想，這些聯想越荒唐越有效。我們發現同樣的規避策略、同樣的緘默策略，與同樣以一再重申主張來製造輿論的詭計，這些詭計顯然能成功迴避合理的論證和避免驚醒人民批判能力的危險。只是所有的詭計在公共事務領域上，比在私人生活和專業生活領域上有無限大的發揮餘地。長遠來說，即便是有史以來最漂亮的女人的照片，也無法維持劣等香菸的銷售量——

在政治問題上同樣不具備有效的方法來保障政治決策。許多攸關國家命運的重要決策，本身就不可能讓公眾以輕鬆、低代價的方式加以試驗。即使有實驗的可能性，整體來說，做出判斷通常也不像賣香菸那麼容易，因為其後果往往不容易解釋清楚。」[72]

根據他的分析，熊彼得為民主下了另一個定義，這定義雖不如傳統的那麼崇高，卻無疑更合乎現實：「民主是為了做出政治決策而實行的制度，在這種制度中，個人透過爭取公民的選票取得決策權。」[73]

比較政治輿論與商品市場輿論的形成過程，還可以從另一個面向加以補充，這種面向的重點不是輿論如何形成，而是輿論是如何被表達出來的。在此，我指的是美國大公司的股東所發揮的作用，與他的意志對管理階層的影響。

正如前面所指出的，如今大公司的所有權操在成千上萬的個人手中，每個人都只占有總股份的極小部分。從法律的角度看，股東才是企業的主人，有權決定企業的政策，指派管理人員。但實際上，股東對所有權沒有什麼責任感，默許管理者的所作所為，以有固定的收入為滿足。絕大部分的股東懶得出席股東大會，寧願將代表權授權給管理階層。如前所述，在一九三〇年，只有百分之六的大公司是由擁有全部或大部分股份的人來掌控。

現代民主制度中關於控制權的情況，其實與大型企業中的控制權分配並沒有太大差別。確實，有五成以上的選民親自投票，但他們只是在相互競爭選票的兩大政黨機器中做出選擇。其中一部機器一旦當選，它與選民的關係便會變得疏遠。真正做出決定的常常是政黨內部，而不是代表各選區利益與期望的議員。[74]而且，即使在政黨內部，也是由少數鮮為大眾所知、有影響力的關鍵人物做出決定。所以，雖然公民相信自己指引著國家的決策，但他所發揮的作用，並不比一般股東對「他的」公司的控制大多少。投票行為與重大政治決策之間存在著一種神祕的關係。我們不能說兩者之間完全沒有關係，但也不能說最後的決策是出於選民的意願。這種情況正是公民意志異化的表現。他確實做了一些事（投票），並幻想自己是政策的制訂者，把政策視為出於自己般地接受。但事實上，這些決策主要是由超出他控制與知識範圍的力量決定。這就難怪一般公民在政治事務中會深感無力（他不見得會自覺到這一點），從而使他的政治智慧日漸退化。一個人在行動前固然必須思考，但當他沒有行動的機會時，他的思考便會變得遲鈍。換言之，如果一個人不能有效地行動，也就無法進行任何有建設性的思考。

（三）異化與心理健康

異化對心理健康有什麼影響呢？答案當然要取決於心理健康的定義。如果心理健康只是指一個人能發揮社會功能、繼續生產與繁衍後代，那麼，異化的人顯然照樣可以心理健康。無論如何，我們已經製造出迄今為止最強大的生產機器——儘管我們也製造了可為戰爭狂人所用的、最具殺傷力的機器。如果我們看看現今心理健康的精神病學定義，我們也會認為我們是健康的。有關健康與疾病的概念，當然是提出它們的人所創造出來的，因此也是這些人所處的文化的產物。

異化的精神病學家會以異化的人格定義心理健康，因此從規範性人本主義的觀點來看，他們認為的健康可能就是病態。就此而言，威爾斯（H. G. Wells）在短篇小說〈盲人之鄉〉（*Country of the Blind*）中對精神病醫生和外科醫生的精采描述，也適用於我們文化中的許多精神病學家。小說講述一個年輕人伯格塔．努內茲（Bogota Nunez）到了一個由先天失明者所組成、與世隔絕的部落，接受當地醫生的檢查。

後來，部落中一位深思熟慮的長老，想出一個主意。他是這群人之中的偉大醫者，也就是部落的巫醫，擁有富於哲思與創造力的頭腦。為努內茲治怪病的想法，讓他很感興趣。有一天，當族人雅各在場時，他把話題轉到努內茲身上。

盲醫說：「我已經檢查了努內茲，現在的情況更清楚了。我認為他非常有可能被治好。」

老雅各回答說：「那正是我一直所希望的。」

「他的大腦受到了影響。」盲醫說。

長老們七嘴八舌表示贊同。

「那麼，是什麼影響了他的腦子？」

盲醫說：「是這樣的。影響他大腦的，是那被稱作『眼睛』的怪東西，它們在臉部形成兩個讓人摸起來感到舒服的柔軟凹陷。在努內茲身上，眼睛病得太厲害了，以致影響大腦。他的眼睛凸出，他有睫毛，而且眼皮會動，因此，他的大腦長期處於持續的刺激與分心狀態。」

「是嗎？是這樣嗎？」老雅各問道。

「我想我有理由可以肯定地說，為了治好他的病，我們需要做的，只是一次簡單又容易的外科手術，也就是摘除這些刺激性的器官。」

「然後他就會變得心理健全嗎？」

「他會完全恢復心理健全，成為受人尊重的公民。」

「幸虧有科學！」老雅各說，然後立刻去告訴努內茲這個讓人愉快的消息。[75]

現今精神病學對心理健康的定義，是強調那些屬於當代異化社會性格的部分特質：順應、合作、進取、寬容、野心等等。我在前面引用了斯特雷克博士對「成熟」的定義，以說明那種把徵求低階行政主管的廣告，轉化為精神病學用語的幼稚做法。可是，就像我先前在其他脈絡中簡略提過的，就連當代最有深度、最傑出的精神分析學家之一的沙利文，同樣受到這種無孔不入的異化概念的影響。因為沙利文的盛名與他對精神病學的重要貢獻，這個問題才更值得我們仔細探討。異化的人缺乏自我感，總是依照他人對自己的預期做出反應，但沙利文卻把這一點視為人的本性，一如佛洛伊德把本世紀初期的競爭特性[76]視為自然現象。因此，沙利文將「相信存在一個獨特的個體自我」的觀點，稱為「獨特個體的妄想」。[77]沙利文對人類基本需求的界定，同樣明顯地受到了異化思維的影響。按照他的觀點，人的基本需求包括「個人安全的需求，即消除焦慮的需求；親密關係的需求，即至少與另一個人合作的需求；性欲滿足的需求，這是有關追求性高潮的性活動。」[78]沙利文這三個心理健康的標準已獲普遍接受。乍看沒有人會懷疑，愛、安全和性滿足是追求心理健康完全合理的目標。然而，如果我們對這些概念進行批判性考察，就會發現在一個異化的世界裡，它們的含義已與在其他文化中不同。

現代精神病學的術語中最流行的概念，大概是「安全感」了。近年來，人們越來越強調「安全感」的概念，將它視為生活的最高目標與心理健康的本質。造成這種態度的原因，可能是多年來世界籠罩在戰爭的威脅中，從而增加了人們對安全感的渴望。另外一個更為重要的原因，是日益增加的自動化與過度的從眾化，讓人們感到越來越不安全。而人們混淆了心理安全和經濟安全，則讓問題變得更複雜。過去五十年來的根本變化之一，是西方國家在公民失業、生病與年老時，會給予他們最起碼的物質保障。雖然這一原則已獲普遍採用，但許多商人仍然強烈反對，尤其反對擴大申請者的資格。他們談到「福利國家」時語帶輕蔑，主張它扼殺個人的主動性與冒險精神。他們打著為工人爭取自由與自主的幌子來反對社會安全措施。可是，同樣一批人卻問心無愧地讚揚經濟安全是生活的主要目的之一，由此可見，他們對社會福利的反對純粹是自惠之詞。我們只要讀一讀保險公司的廣告——這些廣告承諾讓客戶免於意外事故、死亡、疾病與年老帶來的不安全感——便能看出經濟安全的理想在有錢階級中的重要性。儲蓄的目的何在？不就是為了實現經濟安全的目標嗎？這種一方面批評工人階級追求安全，另一方面卻讚揚高收入階級追求同一目標的態度，完全是自相矛盾，這再次展現了人類對矛盾思維的極大包容度。

不過，因為人們普遍把經濟安全與心理安全混為一談，反對「福利國家」與經濟保障原則的宣傳因此更具說服力。

人們越來越覺得，不應該有疑慮，不應該有困難，也不應該冒險，應該永遠有「安全感」。

精神病學和精神分析學對這項目標給予相當大的支持。許多心理學領域的作者假定安全感是心理發展的主要目標，認為安全感或多或少是心理健康的同義詞（沙利文是其中最全面深入探索的人）。因此，家長（特別是相信這類文獻的家長）開始擔心他們年幼的子女會形成「不安全感」。他們努力幫助子女避免內心衝突，把一切安排得十分周到，盡所能為子女排除障礙，以便讓子女感到「安全」。正如他們讓孩子接種疫苗以抵禦一切疾病，並防止孩子與一切病菌接觸，父母認為透過預防接觸「不安全感」，就能消除這種感受。其結果常常與過分講究衛生會出現的情況同樣不幸：一旦受到感染，人便會變得格外脆弱與無助。

一個有感覺的活人如何能永遠有安全感呢？我們的生命處境本身就讓我們不可能感到事事安全。我們的思想與見識頂多只包含部分真理，又夾雜著大量謬誤，更不用說我們幾乎從一出生就接觸到關於生活與社會的不必要錯誤資訊。我們的生命與健康受到我們無法控制的意外事故左右。我們在下決定時永遠無法確知後果：任何決定都包含著失敗的風險（沒有風險的決定算不上真正意義的決定）。我們完全不能確定我們所盡的最大努力會帶來什麼樣的後果。結果總是取決於許多我們無法控制的因素。正如一個有感覺的活人無法逃避悲傷，他也無法逃避不安全感。一**個人能夠、且必須為自己設定的心理任務，不是感覺安全，而是能夠容忍不安全，不會因為不安全而驚慌與過分恐懼**。

從心理與精神層面來看，生命本質上就是不安與不確定的。唯一確定的事實是：我們會出生，也終將死亡。只有完全服從那些被認為是強大且持久的力量，我們才能獲得完全的安全感。

而這些力量也會免除人們作決定、冒風險與承擔責任的必要。**自由的人必然有不安全感，思考的人必然有不確定感**。

然而，人要如何承受這種根植於人類存在的不安全感？方法之一是扎根在群體中（這個團體可以是家庭、氏族、種族或階級），成為群體的一員，讓自我認同感得到保障。一個人的個性發展過程只要還沒有達到從這些原始連結中解脫出來的階段，他就仍然是「我們」，而只要群體保持運作，他就因為自己是群體的一員而確定自己的身分。現代社會的發展導致這種原始連結的瓦解。現代人基本上是孤單的，靠自己站穩腳步，被期望應該獨自承受一切。只有透過發展「他」這個獨一無二的實體，並真正感到「我是我」之時，他才能獲得身分認同感。他只有發展自己的主動力量，能夠與世界產生連結卻又不被其淹沒時，才能達到這個境地，也就是他能達到「創造性取向」時，才有可能。反觀異化的人卻試圖採取另外的方法來解決問題，這方法便是從眾。他盡可能地追求與他人相似，以此獲得安全感。他的最高目標是得到別人的認可，他最深的恐懼是得不到他人的贊同。與眾不同與身處少數之列，都會威脅到他的安全感。因此，他渴望無止境地順從他人。顯而易見的是，這種對順從的渴求，會反過來在暗地裡不斷產生不安全感。任何脫離常規的行為，與任何批評的意見，都會引起恐懼與不安。就像毒癮者依賴毒品一樣，異化的人總是依賴他人的認可，同時，他的自我感與自立更生的能力也變得越來越弱。幾代人以前，罪惡感是因宗教上對「罪」的意識而籠罩在人們生活之中，如今，罪惡感已經被一種因「與眾不同」而產生的不自在感與不充實感所取代。

心理健康的另一個目標「愛」，就像安全感一樣，在異化的情境下出現新的意義。根據佛洛伊德所處的時代精神看來，愛基本上是一種性現象。「人從經驗中發現，性愛（性器官的愛）給了他最大的滿足，於是，性愛實際上成為他所有幸福的原型，驅使他沿著性關係的道路追求幸福，並使肉欲成為他生命的核心……這樣做的結果，使他在相當危險的程度上，依賴外在世界的一部分，也就是他所選擇的愛的對象。如果該對象拒絕他，或因死亡、背叛而失去對方，他就會陷入最痛苦的煎熬中。」[79]為了保護自己免於因愛而受苦，有些人——僅僅是「極少數的人」——透過「將愛的主要價值，從被愛轉移到愛人的行動上」，以及「不將愛投注於個別對象，而是平等地愛所有人」，改變了愛的情欲功能。如此一來，他們透過「離開愛的性目的，將原始本能轉化為受到抑制目標（inhibited aim）的衝動——也就是不以性滿足為目的的衝動——從而避免性器官的愛所帶來的不確定性與失望……事實上，帶有受抑制目的的愛，最初是完全的肉體愛，而在人的潛意識中，它仍然是如此。」[80]那種與世界合而為一、融合無間的感覺（即所謂的「浩瀚合一感」），是宗教經驗（特別是神祕主義經驗）的本質，以及與所愛之人合而為一的經驗，在佛洛伊德看來，這些都被解釋為退回到生命初期「無限自戀」的心理狀態。[81]

根據佛洛伊德的基本觀念，他認為心理健康是愛的能力達到的最高成就：當「力比多」發展達到性器官之愛的階段時，人就會達到這種成就。

與佛洛伊德截然不同的是，我們發現沙利文在精神分析理論體系中，將性和愛嚴格區分開來。那麼，在沙利文的概念中，「愛」與「親密關係」的意義何在？「親密關係是一種涉及兩個人的情境，使個人的所有價值層面都能夠被彼此驗證。而要能確認個人價值，需要一種我稱之為合作的關係。所謂合作，是指明確地調整自身行為，以回應對方所表達的需求。其目標在於追求日益一致的滿足，也就是雙方越加趨近的滿足經驗，並維持逐漸相似的安全感運作機制。」[82]沙利文用更簡單的方式將愛的本質定義為一種合作的情境，在這種情境中，兩個人都感到「我們按規則來玩遊戲，以保持彼此的聲望、優越感與價值」。[83]

就像佛洛伊德對愛的觀念，是以十九世紀唯物主義的語彙描述父權制社會男性的經驗，沙利文的描述是根據二十世紀異化的市場型人格（marketing personality）的經驗。那是一種對「二人份自我中心主義」（egotism à deux）的描述，在這種狀態中，兩個人匯聚共同利益，共同抵禦有敵意與異化的世界。實際上，沙利文為親密關係所下的定義，原則上適用於任何互助合作的團隊，因為在這樣的團隊中，每個成員會「為了追求共同目標而按照別人表明的需求調整自己的行為」。（值得注意的是，沙利文在這裡說的是**表明的**需求，但當我們談到愛，它最起碼意謂著兩個人對彼此**未表明的**需求有所反應。）

以更通俗的方式來說，在有關夫妻之愛或小孩對親情的需求的討論中，我們找到了把愛商品化的傾向。在許多的文章、諮商與講座中，夫妻之愛被描述為一種相互平等、相互操縱的狀態（美其名為「相互理解」）。妻子應當考慮丈夫的需求和情感，丈夫也應同樣對待妻子。如果丈夫回家時疲憊不堪，滿臉不高興，那妻子就不應該問他問題，又或者便應該問他問題——應不應該端視寫書的作者認為什麼才是安撫丈夫的最好方法。丈夫應該說些讚美的話，例如讚美妻子做的菜好吃或新衣服漂亮——這些話都是奉愛之名而說。現在我們天天都可以聽到這樣的說法：孩子必須「得到親情」才會感到安全；或是某個孩子「因為沒有從父母那裡得到足夠的愛」，而成了罪犯，或得了思覺失調症。愛與親情的意義現在無異於嬰兒的指定食物、人人應該得到的大學教育，或最新一齣「不可錯過」的電影。你餵人以愛，餵人以安全感、知識與其他一切，這樣你就會得到一個快樂的人。

快樂是今日為心理健康下定義的另一個概念。就像《美麗新世界》裡的口號：「現在人人都快快樂樂。」

何謂快樂？今天，大多數人八成會這樣回答：快樂就是有「樂子」，就是「玩得痛快」。至於「什麼是樂子」，回答就得視個人的經濟情況而定，更得看他的教育程度與性格結構而定。不過，經濟條件的差異並不像乍看之下那麼重要。社會上層階級的「樂子」，是那些還負擔不起但又熱切渴望幸福結局之人的範本。而社會下層階級的「樂子」，則日益成為上層階級的廉價模仿對象。兩者花費雖然不同，在性質上沒有太大差別。

這種樂子包括哪些內容呢？看電影、參加舞會、打球、聽廣播、看電視、星期天開車兜風、做愛、星期天早上睡懶覺，與出外旅遊（如果負擔得起的話）。如果用一個更體面的詞來代替「樂子」或「玩得痛快」，我們也許可以說，這樣的快樂概念充其量等於歡樂（pleasure）。考慮到我們對消費問題的討論，我們就可以更精確地把歡樂定義為不受限制地消費、享受「按鈕權力感」與懶散。

從這個角度看，快樂能被定義為憂愁或悲傷的反面。一般人也確實將快樂定義為沒有憂愁或悲傷的心靈狀態。但這種定義卻顯示，這樣的快樂觀念大錯特錯。一個有感覺的活人不可能快樂無憂，一生中不可能沒有悲傷的經歷。之所以如此，不僅是因為社會制度的不完善產生很多不必要的苦難，還由於人類生命的本質使然，這種本質使人不可能不以許多痛苦與哀傷來回應生命。正因為我們是活生生的存在，我們必定會憂愁地意識到，在我們短暫而多難的一生中，我們的志向與實際成就之間必然存在著差距。既然死亡是無可遁逃的事實（不是我們比心愛的人早逝，就是他們先離開人世），既然我們每天都看到苦難不可避免、不必要且徒勞地發生在我們周圍，我們又怎能避免經歷痛苦和悲傷呢？除非我們淡化我們的感受力、回應力與愛的能力，除非我們硬起心腸，把對自己與他人的注意力、情感收回，我們才有可能迴避痛苦與悲傷。

如果我們想從反面為快樂下定義，那麼我絕不能把它對比於悲傷，而是應該把它對比於憂鬱。

憂鬱是什麼？憂鬱就是沒有能力去感覺，雖然肉體還活著，心卻像槁木死灰。憂鬱的人既無法體驗憂愁，也無法體驗喜樂。一個憂鬱的人如果能感到悲傷，將可大大鬆一口氣。憂鬱狀態讓人極端難以忍受，因為在這種狀態中，人什麼都感受不到——既感受不到喜樂也感受不到悲傷。如果我們以憂鬱作為快樂的反面來定義快樂，就會接近斯賓諾莎對喜樂與快樂的定義。斯賓諾莎認為，快樂是一種強化的生命力狀態，能將「理解他人」與「與他人合一」的努力融合為一體。快樂源自有建設性的生活經驗。也來自於運用愛與理性的力量，讓我們與世界連結在一起。快樂在於觸及現實的最深處，在於發現自我，在於發現我與他人的差異性和一體性。快樂是一種強烈的內心活動狀態，是對逐漸增加的生命能量（vital energy）的體驗——這種生命能量的增加，發生在我們與世界、我們與自己的建設性連結（productive relatedness）中。

因此，快樂不可能存在於被動的內心狀態，也不可能存在於異化者所普遍擁有的消費心態中。快樂就是感到充實，不是感到需要填充的空虛。今天，一般人可能有玩得痛快的時候，但在根本上他是憂鬱的。如果我們用「無聊乏味」來代替「憂鬱」，情況會更昭然若揭。不過，除了程度上的差別，「憂鬱」和「無聊乏味」之間並沒有太大區別，因為無聊乏味別無其他，正是一種創造力癱瘓和活力匱乏的感覺。在生活的各種惡當中，很少有比無聊乏味更讓人痛苦的了，也因此我們會盡一切努力去避免它。

有兩條途徑可以迴避無聊乏味：一條是根本性的，也就是透過展現創造性來體驗快樂；另一條途徑是想方設法迴避無聊乏味的表象。後一種方式表現在今日一般人對歡樂的追求。每當我們獨自一個人或是只與最親近的人在一起，我們的憂鬱與無聊乏味就會冒出來。我們所有的娛樂活動都是為了同一個目標，就是用我們的文化所提供的各種逃避方式，幫助我們心安理得地逃避自己與無聊的威脅。然而，掩蓋症狀並不能根除產生症狀的條件。現代人除了害怕生病，或者害怕失去名譽和地位所帶來的恥辱之外，最畏懼的莫過於無聊乏味。在一個充滿樂子的世界中，人害怕無聊乏味。他會十分高興地看到又度過安然無事的一天，十分高興自己又消磨掉一小時，毫無意識到潛伏的無聊乏味。

從規範性人本主義的立場出發，我們必定會得出完全不同的心理健康概念：在一個異化世界裡被認為屬於健康的人，從人本主義的觀點看會是最病入膏肓的人，儘管不是就個人疾病而言，而是就社會形塑的缺陷（socially patterned defect）而言。在人本主義的觀點中，心理健康的特徵是：擁有愛與創造的能力；能從對家庭與自然的亂倫式依附中脫離；擁有一種以自身力量為基礎的自我認同感，能意識到自己是行動的主體；能夠掌握自己內在與外在的現實，也就是能發展出客觀性與理性。生命的目的是熱烈地生活，得到充分的誕生，得到充分的覺醒。人活著就是要擺脫嬰孩般的自以為是，變得對自己真正但有限的力量深信不疑；就是要能夠接受一個悖論：人是宇宙中最重要的事物，與此同時又不比一隻蒼蠅或一根小草更重要。人活著就是要能熱愛生命，但又能無畏地接受死亡，能夠容忍對生命中最重要問題的未知與不確定，同時也相信自己的思想與感受，只要它們真的是出自內心。人活著就是要能獨處但又能與所愛之人、普天下之人，與所有有生命的事物融為一體。人活著就是要聽從良知的聲音（這個聲音召喚我們回歸真正的自我），但又在這聲音不夠大與無法聽見時不沉溺在自恨（self hate）中。心理健全的人運用愛、理性與信心去生活，會尊重自己與他人的生命。

如前所述，異化的人不可能是健康的。這是因為他把自己體驗為一件物品、一筆投資，被他自己和他人所操縱，缺乏自我感。自我的缺乏引發深深的焦慮。這種面對虛無而產生的焦慮，比地獄中的苦刑還讓人害怕。在地獄裡，我被懲罰與折磨，但在虛無裡，我卻被推向發瘋的邊緣，因為我已不再能說「我」了。如果姑且將現代稱為「焦慮的時代」，主要因為這種焦慮是缺乏自我造成的。只要「我是你渴望的樣子」，我就不是我了。我感到焦慮，依賴他人的肯定，總是想辦法取悅他人。異化的人一旦懷疑自己沒有與他人協調一致，就會感到自卑。因為他的自我價值是建立在別人對他從眾的肯定上，每當他懷疑自己在感情、思想或行動上偏離常規時，他自然會感覺他的自我感與自尊備受威脅。但因為他是人而不是機器，不可能沒有偏離常規的時候，所以他總是害怕別人的指責。結果就是他必須更努力地從眾，爭取別人的肯定，為成功而奮鬥。帶給他力量與安全感不是良知的聲音，而是沒有與群體失去密切聯繫的感覺。

異化的另一個後果是普遍存在的罪惡感。在我們這個從根本上而言，屬於非宗教性的文化中，罪惡感竟是如此廣泛與頑固地存在，著實讓人驚訝。我們的罪惡感與喀爾文教派的罪惡感的主要區別在於：我們的罪惡感既不太能自覺得到，也與宗教的罪的觀念無關。不過，只要我們剝去表層，就會發現人們為千百樁事情感到內疚：工作得不夠努力、對子女太過保護（或保護得不夠）、對母親做得不夠，或對債務人太心軟等等。人們既為做好事感到內疚，也為做壞事而有罪惡感，彷彿他們總得找些事情來感到內疚。

這麼多罪惡感的原因可能是什麼呢？似乎有兩大來源，兩者雖然完全不同，卻導致同樣的結果。來源之一與自卑感的根源相同：沒有與其他人一樣，沒有完全的順應，讓人因為對沒有達到「它」的要求而內疚。另一個根源則是人自己的良知。他意識到自己的天賦，知道自己有能力去愛、去思考、去笑、去哭、去懷疑和去創造；他意識到生命是他唯一的機會，如果失去這個機會就會失去一切。他生活在祖先不能想像的舒適與安逸中，但他意識到，如果追求更多的舒適，他的生命就會像流沙一樣從他的指縫間溜走。他無法不為這種浪費、失去機會而感到有罪。這種罪惡感比前一種要不自覺得多，但兩者會相互加強，也常常相互提供合理化的依據。於是，異化的人既因為做自己感到有罪，又因為不做自己感到有罪；既因為當活人感到有罪，又因為當機器人感到有罪；既因為身為人感到有罪，又因為身為物品感到有罪。

異化的人是不快樂的。花錢娛樂可以抑制他自覺不快樂。他想盡辦法節省時間，另一方面又急於把省下來的時間打發掉。他樂見每一天在沒有失敗與恥辱的情況下結束，但不會滿懷熱情地去迎接新的一天，因為這種熱情只有在體驗到「我是我」時才能產生。他缺乏那種從與世界保持建設性連結（productive relatedness）而來的源源不絕的能量。

他沒有信仰，聽不見良知的聲音，只具有操縱性的智力卻沒有多少理性，因此充滿困惑，躁動不安，願意把可以為他提供全面解決方法的人奉為領袖。

異化能與現有的某些精神疾病產生關聯嗎？要回答這個問題，我們必須記住，人有兩種方式可以與世界連結在一起。其一，人是按自己的需求看世界，目的是操縱或利用世界。這本質上屬於感官經驗和常識經驗。我們的眼睛看見我們求生存所必須看見的，我們的耳朵聽見我們求生存所必須聽見的。我們的常識以讓我們能夠行動的方式知覺事物。感官與常識都是為生存而效力。就感官、常識，以及建立在這些基礎上的邏輯而言，人們對事物的認知是一致的，因為我們在使用感官與常識時遵循相同的規則。

人類的另一種能力是從內在觀察事物。主觀上來說，這種機能由我的內在經驗、感情與情緒構成。[84]十位畫家在某個意義上畫的是同一棵樹，但在另一個意義上，他們畫出的卻是十棵不同的樹。每棵樹既是同一棵樹，又是每一位畫家個人特質的表現。在夢中，我們完全是從內在來看世界，外在世界失去客觀意義，變成純粹個人經驗的象徵。而那種在清醒時還像在作夢的人，只接觸到自己的內心世界，而無法從客觀行動脈絡中感知外在世界，就是精神錯亂。當一個人只能像照相般體驗外在世界，卻無法與自己的內心、自我連結，就是異化。精神分裂與異化是相輔相成的。兩種形式的疾病都缺少了人類經驗的其中一極（外在或內在世界的知覺）。如果一個人兩極皆具，我們就可以說這個人是具有生產性的人，他的生產性來自內在知覺和外在知覺的互動。

我對當代人的異化性格的描述有些片面，還有一些正面因素未提及。首先，人本主義的傳統持續保持生命力，沒有被人類的異化過程摧毀。除此之外，有跡象顯示，人們對自己的生活方式越來越感到不滿與失望，想方設法挽回一些他們失去了的自我性（selfhood）與生產性。成千上萬的人到音樂廳或從收音機聆聽好音樂，越來越多的人自己漆房子，栽花種菜，建造自己的小船或房子，熱中於各種「自己動手做」的活動。成人教育不斷普及，就連商界也日益意識到，一個行政主管不僅要有智力，還應具備理性。[85]

儘管這些趨勢確實存在，也充滿希望，但仍不足以支持某些自詡為老練的作家所持的一種主張：對我們社會所做的批評（例如我在前面所提出的）都是過時的陳腔濫調；我們已經越過異化的頂峰，正朝著較好的世界前進。這種樂觀主義儘管十分吸引人，卻只是一種對現狀更巧妙的辯護。它把對美國式生活方式的讚頌，轉化為文化人類學的概念（這套文化人類學雖然吸收了馬克思與佛洛伊德的理論，使其更豐富，卻聲稱自己早已「超越」他們），並向人們保證沒什麼好擔心的。

1 以下幾頁的討論倚重我的論文："Psychoanalytic Characterology and Its Application to the Understanding of Culture," in *Culture and Personality*, ed. by G. S. Sargent and M. Smith, Viking Fund, 1949, pp. 1-12. 社會性格的概念最初形成於我的論文："Die psychoanalytische Charakterologie in ihre Bedeutung für die Sozialpsychologie" [1932b]in *Zeitschrift für Sozialforschung*, I, Hirschfeld, Leipzig, 1932.

2 假定訓練孩子的方法本身是特定文化形成的原因，正是卡迪那（Kardiner）和高厄（Gorer）等人的研究方法之缺陷所在。在這方面，他們的研究是以正統佛洛伊德主義的前提為基礎。

3 我在這裡的描述和引用皆取自 W. Sombart, *Der Bourgeois*, München and Leipzig, 1923, p. 201 ff.

4 同上引書，p. 206.

5 譯註：十七世紀法國政治人物，路易十四時代著名的大人物之一。

6 譯註：卡內基（Andrew Carnegie，一八三五—一九一九）：美國工業家暨慈善家。

7 我們在這裡看到，存在於身體欲望與不是扎根於身體需要的欲望之間，具有同樣的差異。例如，我想吃東西的欲望是受到生理組織的調節，只有在病態的情況下，這種欲望才會不受生理飽和點的節制。反觀野心和權力欲等，卻不是來自有機體的生理需要，所以沒有自我節制的機制，會不斷膨脹並極端危險。

8 有關這一點，另參閱 R. M. Tawney, *The Acquisitive Society*, Harcourt Brace & Company, New York, 1920, p. 99.

9 譯註：要求在真理與謬誤之間做出判斷的良知。

10 譯註：接受取向、剝奪取向和囤積取向是佛洛姆人格理論中的一些人格取向。例如，「接受取向」指只有在別人不斷地給予、保證、肯定和關注中才會有安全感的性格。這些取向同屬「非創造性取向」人格的範疇。

11 不過，俄國及德國的情況顯示，在二十世紀的今天，完全屈從於公然的非理性權威，仍然可能是人們用來逃避自由的方式。

12 必須補充，前面所述主要是針對十九世紀的中產階級而言。工人和農民的情況許多基本層面都與中產階級不同。二十世紀資本主義發展的特徵之一就是不同階級（尤其是住在城市的階級）的性格差異幾乎完全消失了。
13 見於他一九五四年在哥倫比亞大學發表的演講。
14 參見Th. Carskadom and R. Modley, U.S.A., *Measure of a Nation*, The Macmillan Company, New York, 1949, p. 3.
15 參見A. A. Berle, Jr., and G. C. Means, *The Modern Corporation and Private Property*, The Macmillan Company, New York, 1940, pp. 27, 28.
16 同上引書，pp. 32, 33.
17 這些數字引自C. W. Mills, *White Collar*, Oxford University Press, New York, 1951, p. 63 ff.
18 同上引書，p. 63.
19 這些和以下的數據引自Berle and Means。
20 Berle and Means, *loc. cit.*, p. 52.
21 如果讀者熟悉我在《自我的追尋》中提出的「市場取向」概念，將會看出異化現象是更普通的現象，也是「市場取向」這個特殊概念的基礎。
22 譯註：葛楚．史坦（一八七四－一九四六）：長期旅居法國的美國女作家。
23 譯註：指人民對政府的信心夠多。
24 引自Colliers' magazine, 1953.
25 *Time* magazine, October 25, 1954.
26 譯註：這個概念見第二章。
27 K. Marx, *Capital*. cf. also Marx-Engels, *Die Deutsche Ideologie* (1845/6), in K. Marx, *Der Historische Materialismus, Die Frühschriften*, S. Landshut and D. P. Mayer, Leipzig, 1932, II, p. 25.
28 譯註：典出聖經的《出埃及記》，以金牛犢象徵人對自我創造物的神化與投射。
29 J. J. Gillespie, *Free Expression in Industry*, The Pilot Press Ltd., London, 1948.
30 可參考W. Huhn的有趣文章："Der Bolschewismus als Manager Ideologie" in *Funken*, Frankfurt V, 8/1954.
31 參見Peter F. Drucker, *Concept of the Corporation*, The John Day Company, New York, 1946, pp. 8, 9.

32 A. A. Berle and G. C. Means, *The Modern Corporation and Private Property*, The Macmillan Company, New York, 1940, pp. 66-68.

33 同上引書，p. 70.

34 同上引書，pp. 94 and 114-117.

35 "Nationalökonomie and Philosophie," 1844, published in Karl Marx, *Die Frühschriften*, Alfred Kröner Verlag, Stuttgart, 1953, pp. 300, 301.

36 同上引書，p. 254.

37 參考Toennies對Gemeinschaft（共同體）和Gesellschaft（社會）的區分。

38 *Communism, Conformity and Civil Liberties*, Doubleday & Co., Inc. Garden City, New York, 1955.

39 參閱我在《自我的追尋》一書中對「市場取向」的描述。異化的概念不同於性格取向的概念，後者包括接受取向、剝削取向、囤積取向、市場取向和創造性取向。異化見於所有的非創造性取向，但與市場取向的關係最緊密。在相同的程度上，它還與里斯曼（D. Riesman）所說的「他人指向」的人格（"other-directed" personality）相關。不過，後者雖然是「從市場取向發展而來」，但在本質上是不同的概念。參見D. Riesman, *The Lonely Crowd*, Yale University Press, New Haven, 1950, p. 23.

40 譯註：鑄勺（casting ladle）是鑄造、熔融金屬時用來承裝金屬的容器。

41 譯註：自己是同一個人的經驗。

42 譯註：指透過觀看別人的勝利或失敗間接體驗勝利或失敗。

43 Adam Smith, *An Enquiry into the Nature and Causes of the Wealth of Nations*, The Modern Library, New York, 1937, p. 13.

44 參閱馬克思對資本主義社會中的人所作的批判性描述：「時間就是一切；人什麼也不是；他不過是時間的軀殼。」（*The Poverty of Philosophy*, p. 57.）

45 從佛洛伊德的「快樂原則」和他認為文明社會中痛苦大於快樂的悲觀論點，我們可以看到邊沁的盤算的影子。

46 摘自*Les Causes du Suicide* by Maurice Halbwachs, Felix Alcan, Paris, 1930, pp. 92 and 481.

47 譯註：涂爾幹（一八五八—一九一七）：法國社會學家和人類學家。

48 參見Emil Durkheim, *Le Suicide*, Felix Alcan, Paris, 1897, p. 446.

49 同上引書，p. 448.

50 所有數據還顯示，新教國家的自殺率遠遠高於天主教國家。這可能是天主教本身具有許多不同於新教的特點所導致，例如天主教比新教對教徒生活的影響較大，以及天主教會對付罪惡感的手段較為完備等。但是，我們也必須考慮到，新教國家的資本主義生產方式比天主教國家更為發達，在國民性格的塑造上也較天主教國家更為完整。因此，新教國家與天主教國家的差異也是現代資本主義的不同發展階段之間的差異。

51 以下引用的文字出自William H. Whyte, Jr., "The Transients," *Fortune*, May, June, July and August 1953; Copyright 1953 Time Inc.

52 譯註：在佛洛伊德的學說中，「超我」是父親形象的內化。

53 譯註：出自談派克森林社區的文章。

54 參見Warner Bloomberg Jr.的文章"The Monstrous Machine and the Worried Workers" in *The Reporter*, September z8, 1953和他在芝加哥大學的演講"Modern Times in the Factory," 1934.

55 對現代工業勞動的詳細分析見下文。

56 譯註：指《美麗新世界》中描繪的那個美麗新世界。

57 譯註：指在睡夢中播放。

58 參見Aldous Huxley, *Brave New World*, The Vanguard Library, p. 196.

59 W. J. Dickson, *The New Industrial Relations*, Cornell University Press, 1948, and G. Friedmann's discussion in *Où va le Travail Humain?*, Gallimard, Paris, 1950, p. 142 ff. Also H. W. Harrell, *Industrial Psychology*, Rinehart & Company, Inc., New York, 1949, p. 372 ff.

60 譯註：指耳朵對音波，眼睛對可見光的感知範圍。

61 *Time*, August 23, 1954.

62 譯註：指歐威爾小說《一九八四》中描述的世界。

63 A. Gehlen有類似的觀點，見於他殫精竭慮之作*Sozialpsychologische Probleme in der Industriellen Gesellschaft*. J. C. B. Mohr, 1949.

64 C. W. Mills, *White Collar*, Oxford University Press, New York, 1951, p. 220.

65 參見Peter F. Drucker, *Concept of the Corporation*, The John Day Company, New York, 1946, p. 179.

66 英語中的「受雇」（employed）和德語中的andestellt一樣，本來都是用於事物而非人類。（譯註：這時employed作「被利用」解。）

67 第八章對勞動的問題有進一步探討。

68 譯註：憲章運動（Chartism）是英國的勞工階級向政府爭取政治改革的群眾運動。一八三八年發表的《人民憲章》（People's

Charter）提出六大訴求，包括成年男子普選權、每一選區人口數量相同、秘密投票、取消參選人財產限制、議員有年薪、每年舉行選舉。

69 轉引自J. R. M. Butler, *History of England*, Oxford University Press, London, 1928, p. 86.

70 Joseph A. Schumpeter, *Capitalism, Socialism, and Democracy*, Harper and Brothers New York and London, 1947, p. 250.

71 同上引書，pp. 261, 262.

72 同上引書，p. 263.

73 同上引書，p. 269.

74 參見R. H. S. Crossman的文章："The Party Oligarchies," in *The New Statesman and Nation*, London, August 21, 1954..

75 H. G. Wells, *In the Days of the Comet and Seventeen Short Stories*, New York, Charles Scribner's Sons, 1925.

76 譯註：指各大國之間的競爭。

77 H. S. Sullivan, *The Interpersonal Theory of Psychiatry*, W. W. Norton & Company, Inc., New York, 1953, p. 140.

78 同上引書，p. 264.

79 S. Freud, *Civilization and Its Discontents, loc. cit.*, p. 69.

80 同上引書，p. 69 ff.

81 同上引書，p. 21.

82 同上引書，p. 246.

83 同上引書，p. 246. 沙利文對愛還有另一個定義：愛開始於一個人感覺另一個人的需要和他自己的需要一樣重要。這個定義的行銷性色彩不如上一個定義強烈。

84 有關這一點，更詳細的討論見E. Fromm, *The Forgotten Language*, Rinehart & Company, Inc., New York, 1951.

85 這種新趨勢有個引人注目的例子，是貝爾電話公司低階行政主管在賓夕法尼亞大學修習文學和哲學課程，主講老師為貝克海姆（Morse Peckham）和克勞福德（Rex Crawford）兩位教授。

第六章 其他人的各種診斷

第一節 十九世紀

我們在前一章對今日西方文化的病症所做的診斷，絕不是什麼新發現。它之所以可能有助於我們更深入理解這個問題，是因為它試圖將「異化」這個概念，更加實證地應用在各種可觀察的現象上，並且將異化所導致的病症與人本主義所提出的人性及心理健康觀念結合起來。事實上，最讓人驚異的是，早在西方文化的病症並不像今天那樣完全顯露之前，就有許多十九世紀的思想家對二十世紀社會可能的樣貌提出批判。同樣讓人驚異的是，他們彼此之間的批判性診斷與預測非常一致，而且與二十世紀的批評家的見解也非常一致。

抱持不同哲學和政治觀點的人都預測二十世紀將走向衰敗，陷入野蠻狀態。瑞士的保守主義者布克哈特（Jacob Burckhardt）；俄國的宗教激進分子托爾斯泰；法國無政府主義者普魯東（Pierre-Joseph Proudhon），及其保守的同胞波特萊爾；美國的無政府主義者梭羅，及比他稍晚和更具政治頭腦的同胞傑克·倫敦（Jack London）；還有德國革命家馬克思——他們都嚴厲地批判了現代文化，而他們之中大多數人都預見了野蠻時代到來的可能性。馬克思的預測較為溫和，因為他相信社會主義很有可能成為替代方案。布克哈特從保守立場出發，他具有瑞士人那種堅定的、絕不被華麗詞藻所動搖的特質，在一八七六年所寫的一封信中說，歐洲或許還能享受幾十年的太平日子，然後，在一連串可怕的戰爭與革命的推動下，它將變成一個新的羅馬帝國，形成軍事與經濟的專制體制：「二十世紀可能什麼都有，就是沒有真正的民主。」他也在一八七二年給一位朋友的信中寫道：「我有一種聽起來愚蠢卻甩不掉的預感，那就是，軍事大國必定會成為工業大國。那些集中於大工廠的人群，不可能永遠任由自己被貪婪與貧困主導；其合乎邏輯的結果將是：人們在穿著制服、追求升遷的制度中，每日承受預先安排、受監控的痛苦，伴隨著鼓聲開始與結束……可以預見，人們會長期地且自願地服從於單一領袖和奪權者。人民不再相信原則，但十之八九會週期性地相信救星降臨。由於這個原因，威權將在『美好的』二十世紀再次抬頭，而這一次會出現可怕的景象。」[1]

在預測二十世紀將會出現法西斯主義和史達林主義一事上，布克哈特與革命家普魯東相差無幾。普魯東指出，對未來的威脅「是表面上建立在群眾專政基礎上的集中民主（compact democracy），但在這種制度裡，群眾所擁有的權力，並不比維持普遍的農奴制所必要的權力大多少。這種農奴制度與以下借自古代專制主義的原則一致：公權力不可分割，支配一切的中央極權系統性地摧毀所有個人的、集體的與地方性的思想（這些思想被視為具分裂性因素），與負責審訊的警察……」他寫道：「我們不該繼續自欺欺人了。歐洲現在厭倦了思想和秩序，正在進入一個崇尚暴力、蔑視原則的時代。」他接著又寫道：「然後，六個強權的大戰將會爆發……殺戮將會降臨，而大屠殺之後的衰弱將是可怕的。有生之年我們將等不到新時代的出現，我們將在黑暗中搏鬥；我們必須盡自己的職責，以確保這一生沒有太多愁苦。讓我們互相幫助，在黑暗中互相鼓勵，一有機會就伸張正義。」最後他說：「今天，文明正處於危急關頭，這種程度的危機，歷史上只出現過一次：催生基督教誕生的那場危機。一切傳統皆消失殆盡，所有信條也已廢棄，而新的綱領尚未形成——我是指這綱領還未進入民眾的意識中。這是我所稱的『解體』。那是社會生活最嚴峻的時刻……我不心存幻想也不預期會在某天早晨一覺醒來，就看見自由奇蹟般地在我們國家復活……不會，不會，只會繼續衰敗下去，衰敗的時間長短我也無法預料，只知道它會持續至少一或兩代人。這就是我們的命運……我只會目睹邪惡，我將在這黑暗中死去。」[2]

布克哈特與普魯東預言，十九世紀文化會產生法西斯主義和史達林主義。傑克．倫敦於一九〇七年在《鐵蹄》（*Iron Heel*）一書中更具體地重述了這個預言，而其他人則集中分析當代社會的精神貧困與異化現象，認為這種趨勢必定會導致非人化與文化的衰敗。

波特萊爾與托爾斯泰是風格截然不同的作家，然而他們對西方文化的診斷卻令人驚訝的相似。波特萊爾於一八五一年在短文集《引信》（*Fusees*）中寫道：「世界正走向末日。它得以存續，只因為它恰巧還存在著。若與那些預示世界終結的現象相比，這個理由是多麼軟弱無力，尤其是當我們提出『現在為將來的人類世界留下什麼』這個問題時，情況更是如此。假定這個世界能在物質上繼續存在下去，這種存在配稱為『存在』嗎，配在歷史上占有一頁嗎？我不是說世界將會倒回鬼魅狀態，或像南美諸共和國那種混亂狀態。我也沒有說我們應當回到原始野蠻的生活狀態，手持長槍穿過野草覆蓋的文明廢墟去獵取食物。不，這樣的冒險活動還需要某種生命力，某種來自原始時代的迴響。我們將舉另一個例子來說明精神與道德法則的不可抗拒性，而我們成為這些法則的新犧牲品：我們將被自己幻想能賴以生存的事物所毀滅。技術官僚制度將使我們變得美國化，進步會使我們精神貧乏——未來的現實狀況將比任何烏托邦主義者那些嗜血、輕浮或反自然的幻想還更可怕。我請求任何有思想的人告訴我：生活還留下什麼。還留下宗教？談論宗教或尋找它的遺緒都是徒勞的，甚至還有人費力去否認上帝，這本身就已是一樁荒唐的醜聞。還留下私人財產？嚴格說來，私人財產已隨長子繼承權的廢除而不復存在了。然而，總有一天，人類會像復仇的食人族一樣，從那些自詡為革命成果繼承人的手中搶走最後一塊財產。這甚至還不是最壞的情況……世界性的崩潰不僅特別表現在政治制度或所謂的社會進步中，或者其他什麼你可以給它一個恰當稱呼的事情上。重要的是，它也表現為人心的墮落。我可否再補充說，人類所剩無幾的社會性，將很難抵抗橫掃一切的殘暴，而統治者為了維持自身的地位與製造一種虛假的秩序，也將毫不留情地採取一些會讓我們這些本已麻木不仁的人簌簌發抖的措施。」[3]

托爾斯泰在幾年後寫道：「中世紀神學或羅馬人的道德敗壞，僅僅毒害了他們自己的人民，這些人只是人類的一小部分。而今天，電力、鐵路、電報卻汙染了整個世界。人人都把這些事物變為己有[4]。他們就是忍不住，無法不這麼做。人人以同樣方式受苦，被迫以同樣程度改變生活方式。大家都必須背叛生命中最重要的事物——對生命本身的理解，即宗教。機器在生產什麼？電報在發送什麼內容？書籍、報紙在傳播什麼樣的消息？鐵路駛向何人與何處？數以百萬計的人被像牲畜一樣驅趕聚集在一起，屈從於一個最高權力，是為了達到什麼目的？醫院、醫生、藥房盡力延長人的壽命是為了什麼？個人與國家是多麼容易就把自己那套所謂的「文明」當作真正的文明。完成學業、保持指甲乾淨、享受裁縫與理髮的服務、去國外旅行，如此一來，這人就被認為是最文明的人了。至於國家，則需要盡可能多的鐵路、學院、工廠、戰艦、城堡、報紙、書籍、政黨、議會。這樣，就是最文明的國家了。因此，有許多個人與國家對文明感興趣，卻對真正的啟蒙不屑一顧。前者易行，人人贊同，而後者則需要下真功夫，所以總會受到多數人的蔑視和憎恨，因為啟蒙揭露了文明的謊言。」[5]

梭羅對現代文化的批評沒有托爾斯泰那麼激烈，見解卻同樣清晰有力。他在〈無原則的生活〉（Life without Principle, 1861）中說：「讓我們省思生活的方式吧。世界就像一個商業場所。永無止境的喧鬧！我幾乎每天晚上都被火車的喘氣聲吵醒。火車打斷我的美夢。這世上沒有安息日。能看到人類獲得一次真正的悠閒，將是何等美好的一幕。整天除了工作還是工作、工作。我很難買到一本可以記錄我的思想的空白簿子，因為簿子大多是列有元、角、分的記帳本。一個愛爾蘭人看見我在田野間記筆記，就以為我在算我的薪水。如果一個人在兒時被人拋出窗戶而成了跛子，或者遭印第安人的恐嚇而成了傻子，人們便會為他感到遺憾，但主要是遺憾他喪失了『工作』能力！我想，世上再也沒有什麼事，包括犯罪行為在內，會像永無止境地工作那樣，是與詩、哲學，甚至與生活本身背道而馳……

「如果人因為喜愛森林而每天在森林裡散步半天，他可能被視為遊手好閒之徒。反之，如果他是投機商人，為牟利而砍去這些森林，使土地過早地寸草不生，他就會被尊稱為勤奮和有事業心的公民。這就好像一座城鎮可從周圍森林獲得的利益只在砍倒它們！……

「賺錢的方法幾乎無一例外會導致墮落。只為了賺錢而做事就是十足的虛度光陰，甚至更糟，如果勞動者除了薪水之外一無所獲，那就是受人欺騙，就是欺騙自己。如果你想靠寫作或講課賺錢，你就必須迎合大眾的口味，而這會使你迅速墮落……

「勞動者的目標不應該是謀生，或找到一份『好工作』，應該是做好一件工作。即使從金錢的角度看，對一個城鎮來說，付給勞動者優厚的薪水也是經濟實惠的做法，讓勞動者感到不是為了低下的目的而工作，不僅是為了活命，而是為了科學，甚至是道德的目的而工作。不要雇用只為錢而做事的人，應當選用那些熱愛工作的人……大多數人的謀生方式，也就是生活的方式，僅僅是權宜之計，為了逃避面對人生真正的意義——這主要是因為他們不知道還有什麼更好的生活方式，部分是因為他們不想追求更好的生活方式……」[6]

梭羅總結道：「美國被稱為為自由而戰的國家，而這裡所說的自由，當然不僅是政治意義上的自由。但即使我們姑且承認，美國人已經脫離政治暴君的統治，卻仍然是經濟與道德暴君的奴隸。既然共和政體（*res-publica*）已經確立，應該是確保私人領域（*res-privata*）的時候了：就像古羅馬元老責成執政官的那樣，確保「私人領域不會受到傷害」（*ne quid res-privata detrimenti caperet*）。

「我們不是把這個國家稱為自由之邦嗎？擺脫英王喬治三世的統治之後，卻又繼續做偏見王（King Prejudice）的奴隸，這算哪門子的自由？人生而自由卻又無法生活得自由，這算哪門子的自由？任何政治自由除了作為精神自由的手段，還有什麼價值可言？我們誇耀的是做奴隸的自由，還是做自由人的自由？我們是政客之國，關心的只是保衛自由最表層的意義。我們的子孫或許會獲得真正的自由。我們的稅收不合理。我們當中的一部分人沒有代議士。所以我們的稅制是不代表所有人利益的稅制。我們供養軍隊，供養所有凌駕我們之上的愚蠢、下流之輩。我們以瘦弱的靈魂來供養肥碩的身軀，直到後者將前者吃乾抹淨……

「現在人們最注意的事，例如政治與日常生活，確實是人類社會的重要機能，但它們應當像我們的身體機能一樣，是在不自覺的情況下運作。它們類似植物，是低於人性的機能。我有時朦朦朧朧地意識到這些機能的運作，就像人在消化不良時，會察覺到原本不應察覺的消化過程一樣。這就如同一個思想家讓巨大的創造砂囊（gizzard of creation）不斷地搓磨自己。政治是社會的砂囊，充滿了砂粒和小石子，而兩個政黨是砂囊中相對立的兩半——有時又可能分裂成四個，互相碾磨。因此，個人和國家都確實患有消化不良症，你可以想像得到，這種消化不良表現得有多麼淋漓盡致。這樣一來，我們的生活不是忘記，而且，唉，在很大程度上記住了我們至少在醒著時不應該意識到的事情。在清新美麗的早晨，我們為什麼不像消化良好的人那樣互道早安，卻像消化不良的人那樣互訴噩夢呢？當然，我並不想過分苛求。」

對十九世紀資本主義文化診斷得最透徹的人之一，是社會學家涂爾幹。他既不是政治激進分子，也不是宗教激進分子。他指出，在現代工業社會，個人與團體都不能完美地發揮功能。他們生活在「失範」的狀態中，也就是缺乏有意義與有組織的社會生活。個人越來越追隨「焦躁不安的行動，無計畫的自我發展，沒有價值標準的生活目標。在這種目標中，幸福永遠在未來，而不在當下的任何成就中」。當人類將全世界視為目標時，他的野心便會無限擴張，但最終，他卻感到厭倦與空虛，因為這場無止境的追求終究只是徒勞。涂爾幹指出，唯一從法國大革命生存下來的緊密集體組織只剩政治國家，結果就是，真正的社會秩序消失了，國家成了唯一具有社會特徵的集體活動的組織。擺脫一切真正社會連結的個人，發現自己被遺棄、被孤立，日益消沉。[7]社會成了「一盤散沙」。[8]

第二節　二十世紀

現在再來看看二十世紀。人們對當代社會的批判與診斷就像十九世紀的批判者那樣，認為當代社會在精神上是不健康的。尤其值得注意的是，這種觀點也來自哲學觀點與政治觀點大相逕庭的人。由於我在下一章要獨立敘述十九世紀與二十世紀的社會主義批評家，在這裡會略去他們之中的大部分不談。不過，在此我要先談談英國社會主義者陶尼（R. H. Tawney）的觀點，因為這些觀點在很多方面都與本書所表達的看法有關。陶尼在他的經典著作《貪求的社會》（*The Acquisitive Society*）[9]中指出了這項事實：資本主義社會所依據的原則，是物對人的主宰。他說，在我們的社會中，「即便是明智的人也會被說服，相信是資本『雇用』勞力，就像我們的異教徒祖先，把木頭和鐵神化，以為是它們帶來好收成，幫忙打勝仗。當人們很離譜地把偶像說成是活的時候，就該有人出來打碎這些偶像。勞動是由人所構成，資本是由物所構成。物的唯一用途便是為人服務。」[10]陶尼又指出，現代工業生產的工人沒有盡全力工作，是因為他沒有參與管理、決策，而對工作不感興趣。[11]他相信，改變道德價值觀念是現代社會擺脫危機的唯一出路。

有必要讓經濟活動回歸其本位，指明它是社會的僕人而非社會的主人。我們文明的負擔不僅僅在於工業生產的財富分配不均，或其運作方式專制，或是因激烈的爭端而使其運行受阻。真正的包袱在於，工業生產已經在人類各種興趣中達到排他性的主導地位，但沒有任何單一的興趣適合占據這樣的位置，至少不該是「維持物質生存的手段」有資格占據這樣的位置。就像一位疑病症患者[12]全神貫注於自己的消化過程，以致還沒開始真正生活就已經走向死亡，工業化社會狂熱地執著於賺錢的方法與手段，也忽略了那些值得它追求的目標。

人們對經濟問題的執著，不僅令人反感與不安，也只是侷限且短暫的現象。在未來世代的眼中，這個現象會十分可悲，正如我們用今天的觀點看十七世紀的宗教紛爭一樣。事實上，它甚至更加不理性，因為它所關注的問題本身並不那麼重要。但是它卻是毒藥，會使每個傷口發炎，使每一個小抓傷變成惡性潰瘍。除非將毒藥清除，除非社會學會以正確角度看待工業本身，否則社會無法解決工業所帶來的特殊問題。要做到這一點，就必須重新調整其價值體系。必須把經濟利益視為生活的一部分，不是全部。它必須說服成員放棄不勞而獲的機會，因為拚命追求不勞而獲的利益會讓整個社會陷入狂熱之中。社會必須這樣組織工業生產：強調經濟活動只是手段，使它從屬於服務社會的目的。[13]

研究美國工業文明的傑出當代學者梅奧（Elton Mayo）與涂爾幹見解一致，只是持論要謹慎一些。梅奧指出：「確實，社會失序及其導致的失範現象，在芝加哥大概比在美國其他地方更為嚴重。這個問題對美國來說又比對歐洲更迫切。但這是全世界都關注的社會發展秩序問題。」[14]梅奧在討論現代人對經濟活動過度關注時說道：「正如我們兩百年來的政治與經濟研究，傾向於只注重生活中的經濟功能，在實際生活中，我們也是無意間讓對經濟發展的追求牽著我們走，讓我們陷入大規模的社會秩序瓦解……一個人所從事的工作，很有可能代表著他最重要的社會角色，但如果他的生活缺乏某種完整的社會背景，他甚至無法為他的工作賦予價值。涂爾幹在十九世紀法國的研究結果，似乎同樣適用於二十世紀的美國。」根據他對「霍桑工人」[15]工作態度的全面研究，他得出了以下結論：「工人與其主管不理解自己的工作與工作環境，加上普遍存在的個人無力感，不僅是芝加哥的現象，還是文明世界的通病。個人對自己的社會角色，以及與群體的團結（他在工作中與人合作的能力）信念正在消失，部分原因是被迅速發展的科技毀掉。隨著這種信念的消失，人們的安全感與幸福感也消失了，開始表現出涂爾幹所描述的，那種對生活的過度要求。」[16]梅奧不只同意涂爾幹的診斷的基本論點，還得出關鍵性的結論：「在涂爾幹之後半個世紀的科學努力裡，對理解這個問題取得的進展甚微。」梅奧寫道：「儘管在物質和科學領域，我們謹慎地發展知識和技術，可是在人性與社會、政治領域，我們卻滿足於隨意的猜測和投機式的胡亂摸索。」[17]接著他又說：「所以，我們面對的事實是：在人類理解和社會控制的重要領域中，我們對那些事實及它們的性質所知甚微。我們在管理與社會調查上採取的機會主義態度，讓我們什麼也做不了，只能眼睜睜地看著災難越來越多……因此，我們拿不出有效的對策，被迫坐等社會這個有機體自行康復或自己滅亡。」[18]梅奧還具體地談到我們的政治理論落後的問題：「政治理論大多傾向於與其歷史淵源產生連結，沒有對不斷變化的社會結構進行積極的探尋。與此同時，文明社會的脈絡與實際狀況，經歷了相當多樣性的變化，只採取舊有的政治理論就會顯得空洞無物，不能使任何人信服。」[19]

對當代社會進行過深刻研究的另一位學者是譚能邦（F. Tannenbaum）。儘管譚能邦強調工會的核心功能，與陶尼堅持主張的「讓工人直接參與管理」這種社會主義立場形成對比，但他得出的結論與陶尼的觀點並非毫無關連。譚能邦在其著作《勞動的哲學》（*Philosophy of Labor*）的結論處寫道：「十九世紀的主要錯誤，是假定整個社會可以建立在經濟動機、以獲利為中心的基礎上。工會已經證明這是一個錯誤觀點。工會再一次證明，人不能只靠麵包活著。因為公司只能提供麵包和蛋糕等物質條件，所以無法回應人對美好生活的需求。不管工會有多少缺點，仍然可能拯救公司，使其保持高效率，方法是將公司納入工會固有的社群中，也就是有凝聚力的勞動群體中，並賦予公司所有真正的社會都具備的意義，而這些意義可以在人從生到死的旅途上，為人生帶來一些理想與希望的寄託。靠著擴大經濟動機是無法產生這些意義的。公司要想生存，必須在社會中發揮道德作用，而不僅是扮演經濟角色。由此看來，工會對資方管理階層提出的挑戰，是有建設性與讓人充滿希望的。這是一條拯救我們民主社會價值與當代工業體制的可能出路，大概也是唯一可行的出路。某個意義下，勞資必須團結一致，避免分裂與對立。」[20]

芒福德（Lewis Mumford）有許多觀點與我相通，他曾這樣評論現代的文明：「我們對現代文明所能提出的最致命批評是，撇開那些人為造成的危機與災難不談，從人的角度來看，現代文明並不令人感興趣……

「這樣的文明最終只能造出「大眾人」（mass man）：他不能選擇，缺乏自發與自主活動的能力；頂多就是耐心、順從，並且被訓練得能夠從事極為單調的工作，幾乎到令人感到可悲的程度；但當選擇越來越少時會變得越來越不負責任。在廣告和現代商業行銷組織的影響下，或者在極權或準極權政府宣傳部門的主導下，他會變成（雖然從來不會完全變成）主要靠制約反應來運作的生物——這是最理想的類型。對這類人最理想的讚詞是：從不惹是生非。他們的最佳美德是：從不勇於出頭。最後，這樣的社會只產生兩種人：制約者與被制約者，主動的野蠻人與被動的野蠻人。《推銷員之死》（*Death of a Salesman*）[21]揭露了這一整套的虛假、自欺與虛無，這大概是為什麼該劇能深深打動美國都市觀眾的原因。

「這種機械性的混亂狀態顯然不會持久，因為它冒犯並羞辱了人的靈魂：這種機械性系統控制得越緊密，效率越高，人的反抗就越頑強，最後，它會驅使現代人盲目反叛、自我毀滅或迎來重生——到目前為止出現的還是前兩種方式。根據這項分析，我們現在面臨的危機，是我們文化所固有的，儘管由於某種奇蹟，它目前還沒有導致近代史上發生過的那種更直接的崩解。」[22]

赫倫（A. R. Heron）是資本主義制度的堅定支持者，他的寫作傾向比上述幾位思想家要保守得多，儘管如此，他也得出了與涂爾幹和梅奧極其相近的結論。他在《人為何工作》（*Why Men*

Work）一書[23]中寫道：「想像有一大批工人會因為無聊乏味、自感無用，與受到挫折而集體自殺似乎是荒誕的。但如果我擴大自殺的概念，使之不僅是指結束肉體的生命，那麼，這種想像就不荒誕了。人若聽任自己過著沒有思想、沒有野心、沒有自尊、沒有個人成就的生活，他其實已經放棄了這些作為人類的獨特特質，而這些特質的消亡本身就是一種死亡。用軀體占有辦公室或工廠的一個空間，按照他人制定的方案行動，使用自己的體力，或運用蒸氣動力或電力，凡此種種，都不是對人類基本能力的貢獻。

「現今的工作分配方式，無疑是社會對人類潛能要求過低的最佳例子。經驗顯示，有許多工作，而且數量驚人，即使由智力中等或較高的人來做，也難以令人滿意地完成；而所謂『許多智力較低者需要這些工作』的說法，則根本無法構成正當的理由。管理階層跟政治家、政府官員和教育工作者一樣有責任來提高我們大家的智力。在民主制度下，我們的治理方式始終取決於所有人民的選票，這裡所說的人民，包括天生智力較低的人，以及思想和精神潛力的發展受到阻礙的人。

「我們不應該拋棄透過技術、大量生產，與專業化分工所獲得的物質利益。但如果我們創造出無法享受有意義工作所帶來的滿足感的工人階級，我們將永遠無法實現美國的理想。如果我們不利用政府、教育與工業的一切工具，來提高我們的統治者的能力（這些統治者就是千百萬的普通男女），我們也不可能維持住這些理想。經營管理階層所承擔的任務是提供特定的工作環境，讓每個勞動者能發揮其創造本能，並發揮天賦的思考能力。」[24]

聽了這麼多不同的社會科學家的聲音之後，讓我們用三個社會科學圈外人的話語來結束本章。他們是赫胥黎、史懷哲（A. Schweitzer）與愛因斯坦。赫胥黎對資本主義的控訴見於他的《美麗新世界》。這部一九三一年出版的小說描繪了一個自動機器般的世界。該世界雖然精神錯亂，不過它與一九五四年的現在相比，也只是細節和程度上有點不同而已。在赫胥黎看來，唯一的替代選擇是原始人的生活，信仰的形式一半是生殖崇拜、一半則是苦修派式的激烈懺罪。在該書一九四六年新版的序中，他寫道：「我們的祖先懂得從馬德堡（Magdeburg）[25]吸取教訓，假設我們也懂得從廣島吸取教訓，那世界容或可望出現一段（不，不是和平時期）戰爭規模較不慘烈的時期。在這期間，核能將被用於工業用途。其後果（相當顯而易見地）將會出現一連串快速又史無前例的全面經濟與社會變遷。既有的人類生活模式將會全部被打亂，新的模式將會被急就章地發展出來，以適應『非人性』的核能現實。核能科學家猶如現代版的普克拉提斯（Procrustes）[26]，將會備好一張床，供人類躺下。如果人類的身長與床不符，那人類只好自認倒楣，接受拉長截短手術。自實用科學發展一飛沖天以來，這類手術便屢見不鮮，只不過這次要比從前任何時候都激烈許多。這些手術（絕非無痛手術）將會是由高度中央集權的極權政府主導。這是無可避免的，因為不久的將來極有可能跟不久的過去非常類似。而在不久的過去，急速的科技變遷總是容易催生出經濟混亂和社會混亂（尤其在那些實施大量生產與有大量人口為無產者的社會）。為了對付混亂，權力被集中，而政府的控制面也會擴大。所以，很可能在原子能尚未被掌握之前，世界各國政府就已或多或少邁向完全的極權統治，而在原子能掌握之後，各國變得完全極權化幾乎是可以確定的。只有追求權力下放與自助的大規模民眾運動，有可能抑制現有的國家主義（statism）勢頭。就目前看來，毫無跡象顯示會發生這種運動。

「我們當然沒理由認為新的極權政體會跟舊的極權政體相似。棍棒、行刑隊、人為饑荒、集體囚禁和集體放逐——這些控制手段的主要考量不在人道問題（現在誰還會管這個？），而在缺乏效率（在一個科技進步的時代，無效率是滔天大罪）。在一個真正有效率的極權國家，大權在握的政治大老闆與他旗下的管理大軍，將不需要用強制手段使人民就範：因為人民對自己被奴役的狀態甘之如飴。在目前的極權國家，讓人民甘於被奴役的工作是由宣傳部門、報紙編輯與學校老師負責。但他們的方法仍然粗糙和不科學。可愛的耶穌會教士從前喜歡吹噓，只要是他們教育出來的孩子，宗教思想一定不會偏差。此說固然是一廂情願，但跟這些曾教育出伏爾泰（Voltaire）[27]的尊貴教士相比，現代的教育方法只怕還更缺乏效率。迄今，最成功的政治宣傳靠的不是做些什麼，而是無為。真理固然偉大，但從實用的觀點看，對真理絕口不談還要更偉大。透過在人民群眾與政治大老闆不欲人民知道的事實之間落下一道『鐵幕』（這個新字眼借自邱吉爾先生），極權國家的宣傳專家更成功地左右了民意（比他們使用的最雄辯的指責，與最有力的邏輯反駁還要成功）。但光是讓人民住嘴是不夠的。如果要避免出現迫害、清算與其他社會摩擦的徵兆，那政治宣傳的積極面效果必須不亞於其消極面。在未來，最重要的『曼哈頓計畫』[28]將是由政府斥資對『快樂問題』（problem of happiness）所做的調查研究，即研究如何才能讓人民愛上他們的被奴役狀態。當然，沒有經濟安全，『甘於被奴役』現象便不可能出現，不過，為縮短篇幅起見，我這裡姑且假定未來的政治大老闆與他的管理者將會成功創造出永久的經濟安全。但經濟安全通常很快便會被人民視為理所當然，所以，它達成的只是一種浮面的、外在的革命。要確立堅固的『甘於被奴役』心理只有一種辦法：對人們的心靈與身體發動一場深入個人的革命。而這種革命又絕對少不了至少以下四種發明或發現。首先，需要大大改善誘導的技術（technique of suggestion），方法是透過對兒童進行條件反射制約，接著使用東莨菪鹼（scopolamine）之類的藥物輔助。其次，需要一套非常發達的人類等級科學（science of human difference），讓政府的管理階層據此把每一個人放在最恰如其分的社經位置（與所處位置格格不入的人最容易對社會產生不滿，並用他們的不滿情緒感染別人）。第三，必須開發出一種可取代酒精與其他麻醉藥物的代替品，而這東西要能夠比琴酒或海洛因少些副作用又多些快感（有此需要是因為『現實』這東西——不管它有多完美——就本質來說總會讓人常常想要度假去[29]）。第四，設計出一個可預防蠢才誕生的優生學系統，與發明量產人類的方法，讓一票管理階層的工作可以更加順暢（這將是一件長期工程，需要幾代極權統治者的努力，方能取得圓滿成功）。在《美麗新世界》裡，我把『批量製造人類』的構想推到了天馬行空的極致，但技術上並非絕對不可能。就今日科技發展與意識形態發展的程度而言，我們距離『瓶養胎兒』與『波坎諾夫斯基半白癡群體』[30]可能出現的時間為時甚遠。但誰曉得到了福元六百年[31]，會發生什麼事？另一方面，『美麗新世界』（一個更快樂和更穩定的世界）的某些特徵（如類似藥物『唆麻』、『催眠教育』等控制手段與科學性階級制度之類的物事），卻大有可能會出現在距今不超過三、四代人之後。見於《美麗新世界》的性雜交風尚看來也為時不遠矣。

「在美國某些城市，離婚的人口已跟結婚的人口不相上下。毫無疑問，不出多少年，婚姻證書的性質將會跟養狗執照差不多（養狗執照的有效期是十二個月，也沒有法律限制你不能換狗養或養一頭以上）。隨著政治自由和經濟自由的減少，性自由通常會增加，以資補償。任何獨裁者都會樂於鼓勵這種自由，除非他們需要炮灰及其眷屬去開疆闢土或戍守已占領的土地。這種自由加上透過藥物、電影、收音機做白日夢的自由，將有助於他的人民更安於接受他們被奴役的宿命。

「各種跡象都顯示，烏托邦要遠比十五年前任何人所能想像的更加逼近。十五年前，我設想烏托邦是出現在六百年後，但如今看來也許用不著一個世紀便會噩夢成真（這當然是假定在那之前，我們沒有先用原子彈把自己轟得粉身碎骨）。事實上，除非我們選擇權力下放，並且將應用科學作為促進個人自由的工具，而不是讓人類淪為科技的手段，否則在我們面前的選擇便只剩下兩種：一種是一大批民族主義、軍國主義的極權政權，它們靠著原子彈的恐怖威脅崛起，也會隨著文明被原子彈摧毀而告終（要是戰爭規模有限則會形成長期的軍國主義）；另一種是單一超國家的極權政權，其出現是由科技急速發展（特別是原子革命）所引起的社會混亂導致，並在效率和穩定的需求下發展成為『福利專制』烏托邦。挑一種吧，後果自負。」[32]

史懷哲和愛因斯坦大概是當今最能代表西方文化的知識和道德傳統最高發展成就的人了，而他們對今日的文化也有話說。

史懷哲寫道：「必須悄悄而不引人注目地創造一種新的公眾輿論。現有的公眾輿論是靠報紙、宣傳、組織，以及財力等可供使用的影響手段來維持。新的公眾輿論必須以人人口耳相傳的自然傳播方式，來反對這些不自然的思想傳播方式。這種自然的傳播方式，完全依賴我們思想的真實性，以及聽者對新真理的感受力。它必須手無寸鐵，以人類精神原始且自然的方式來對抗眼前的敵人，如同大衛面對身披時代盔甲的歌利亞。[33]

「關於這場必然發生的思想對抗是史無前例的。毫無疑問，過去也曾出現過思想自由的個體對抗整個社會的守舊思想，但問題是，歷史上的思想對抗從未有今天這樣大的規模。因為集體精神如今被現代的組織、現代缺乏反省的風氣，與大眾的狂熱所禁錮，程度是前所未有的。

「今天的人是否有力量去完成那份精神召喚他們，而時代企圖將其扼殺的使命？

「當過度組織化的社會千方百計把人控制住時，現代人無論如何必須設法再次成為獨立的人，並反過來影響社會。社會必定會千方百計使人處於一種適合社會需要的無個性狀態。社會害怕個性、人格，因為社會想要壓制的精神與真理，會透過個性找到表達自己的方法。不幸的是，社會的力量與社會的恐懼一樣強大。

「整個社會與其經濟條件結成了可悲的聯盟。這些條件冷酷無情地把現代人變成沒有自由、沒有內在整合能力、沒有獨立性的人，簡言之，人成了充滿缺陷、缺乏人類特質的人。這是我們最難改變的情況。即使精神真的會發揮力量，我們也只能緩慢且不完全地控制這些力量。事實上，我們的生活條件也不允許我們去發展意志。

「精神面臨的任務是何等沉重啊！它必須培養出理解真正的真理的能力（目前流行的真理不過是宣傳家的假真理罷了）。精神必須拋棄卑劣的愛國主義，而推崇以全人類福祉與尊嚴為目標的高尚愛國主義。在那些因為過去與現在的政治問題而長期陷於困境的群體裡，民族主義情緒仍持續高漲，即便內心深處想擺脫的人，也往往難以真正脫身。在某些地方，民族文明被當作偶像來崇拜，而人類擁有共通文明的理念早已支離破碎，我們必須讓文明是全體人類共同利益這個事實，在這些地方重新獲得認可。精神必須維持我們對文明國家（civilized State）的信仰，儘管我們的現代國家（modern State）因為在精神和經濟上受到戰爭的蹂躪，沒有功夫考慮文明的任務，也不敢把注意力放在其他事情，只管用盡一切方法（包括損害正義觀念的手段）去積聚金錢以延長國家的存在。精神必須以『文明人』這單一理想將我們團結起來，因為現代世界是這樣的世界：一個國家會剝奪鄰國所有關於人道、理想、正義、理性和真理的信念，並把這些信念置於權力的控制之下，使人越來越被拖入野蠻的深淵。精神必須將注意力集中於文明，因為謀生的艱難使得群眾越來越關心物質利益，並將其他一切視為虛無縹緲之物。精神必須讓我們相信人類有進步的可能，因為經濟對精神的反作用日益有害，導致道德不斷敗壞。精神也必須在這樣的時刻給予我們懷抱希望的理由，這是因為，在世俗和宗教組織中，被我們尊為領袖的人不斷地使我們失望，藝術家和學者以言行表明他們支持野蠻行為，而那些被當作思想家的顯要人物，在危機來臨時顯露出他們不過只是普通的作家與學者。

「這一切都是通向文明之路上的絆腳石。絕望的陰雲籠罩著我們。對於希臘—羅馬衰亡時代之人的處境，我們現在了解得多麼清楚啊！他們面對變化無力反抗，遂任由世界自生自滅，自己退縮回到內心世界。像他們一樣，我們在生活的經驗面前感到惶惑。像他們一樣，我們聽到了誘惑人的聲音在說：唯一使生活尚可忍受的便是活一天算一天。我們被告知，我們必須拋棄任何不在我們命運之內的非分之想。我們必須以逆來順受安身立命。

「唯有透過精神的覺醒與人類群體對道德善意的追求，方能讓人認識到，文明是奠基於某種世界觀之上。而這種認識迫使我們正視，在文明重生的道路上，有許多常被日常思維忽略的困難。與此同時，這種認識也提升了我們的思維，使我們超越對『可能』與『不可能』的思索。如果倫理精神能為文明的實現提供堅實的基礎，那麼只要我們回到合適的世界觀，以及接受由此產生的信念，我們就能重返文明。」[34]

愛因斯坦在短文〈為什麼選擇社會主義〉（Why Socialism）中寫道：「我已經找到一個立足點，來簡要陳述我們這個時代的危機的本質。這涉及到個人與社會的關係。現在，個人比以往任何時候更意識到他對社會的依賴。但他不把這種依賴當成一種正面的資產、一種基本的連結，或一種保護力量，而是視為對他的天賦權利的威脅，甚至是經濟、生存的威脅。而且，他的社會地位使他天生的利己傾向不斷加強，而他那些天性上較弱的社會本能則逐漸退化。

每個人，不論其社會地位如何，都經歷這種退化過程。每個人都在不知不覺之中成了利己傾向的囚徒，感到不安與孤單，不能天真、單純與質樸地享受生活。人只有把自己奉獻給社會，才能在短暫而危險的人生中找到意義。」[35]

---

1 J. Burckhardt's *Briefe*, ed. F. Kaplan, Leipzig, 1935, letters of April 26th, 1872; April 13, 1882; July 24, 1899.

2 轉引自E. Dolleans' *Proudhon*, Gallimard, Paris, 1948, p. 96 ff.

3 轉引自K. Löwith, *Meaning in History*, The University of Chicago Press, Chicago, 1949, pp. 97, 98.

4 譯註：指使用這些東西。

5 轉引自Löwith, *loc. cit.*, p. 99. From *Tolstois Flucht und Tod*, ed. by R. Fülöp-Miller and F. Eckstein, Berlin, 1925, p. 103.

6 收錄於*The Portable Thoreau*, ed. by Carl Bode, The Viking Press, New York, 1947, pp. 631-655.

7 Emil Durkheim, *Le Suicide*, Felix Alcan, Paris, 1897, p. 449.

8 同上引書，p. 448.

9 R. H. Tawney, *The Acquisitive Society*, Harcourt, Brace & Company, Inc., New York, 1920. 本書最初以書名《貪求的社會之病症》（*The Sickness of an Acquisitive Society*）出版。

10 同上引書，p. 99.

11 同上引書，pp. 106, 107.

12 譯註：「疑病症」是一種焦慮症，患者會過度懷疑自己的健康狀況。

13 同上引書，pp. 183, 184.

14 E. Mayo, *The Human Problems of an Industrial Civilization*, The Macmillan Company, New York, 1933, p. 125.

15 譯註：指的是著名的「霍桑研究」（Hawthorne Studies），該研究探討工人對工作環境與管理方式的反應。

16 同上引書，p. 159.

17 同上引書，p. 132.

18 同上引書，pp. 169, 170.

19 同上引書，p. 138.

20 Frank Tannenbaum, *A Philosophy of Labor*, Alfred A. Knopf, Inc., New York, 1952, p. 168.

21 譯註：劇作家米勒（Arthur Miller）創作的劇本。

22 L. Mumford, *The Conduct of Life*, Harcourt, Brace & Company, New York, 1951, pp. 14 and 16.

23 此書入選「美國行政主管讀書會」一九四八年選書。

24 A. R. Heron, Why *Men Work*, Stanford University Press, Stanford, 1948, pp. 122.

25 譯註：馬德堡，德意志城市，「三十年戰爭」時曾經歷大屠殺，城市遭焚毀。

26 譯註：普克拉提斯，古希臘神話裡的強盜，自稱擁有一張誰都合身的床。為證明所言不假，他把一些抓來的人放到床上，腳長於床者便把腳截去部分，腳短於床者便把腳硬拉長。

27 譯註：伏爾泰為啟蒙運動泰斗，終生為反對盲信和個人自由而戰。作者這裡是取笑耶穌會教士「教育有方」，因為伏爾泰正是畢業於耶穌會辦的學校。

28 譯註：「曼哈頓計畫」是美國政府在第二次世界大戰期間研發原子彈的計畫，這裡比喻無比重大的計畫。

29 譯註：這裡的「度假」是指藉麻醉品逃避現實生活。

30 譯註：書中的一些科學奇想。

31 譯註：「美麗新世界」以「福元」紀年（類似「西元」）。「福元」一年是「汽車大王」亨利·福特生產出T型車的一年（一九〇八年）。如此，「福元」六百年是二五〇〇年前後。

32 A. Huxley, *Brave New World*, The Vanguard Library, London, 1952, pp. 11-15.

33 譯註：喻以小搏大。《聖經》記載大衛王小時曾擊敗巨人哥利亞。

34 Quoted from *The Philosophy of Civilization*, by Albert Schweitzer, The Macmillan Company, New York, and A & C Black Ltd., London, England.

35 A. Einstein, "Why Socialism," in *Monthly Review*, Vol. I, 1, 1949, pp. 9-15

第七章
各種診治方案

十九世紀的有識之士看出了西方社會的繁華、富裕，與政治權勢背後的衰敗和非人化過程。他們之中，有些人對走向野蠻的必然性無可奈何，另一些人則提出了替代選項。不過，不管採取什麼立場，他們的批判都是以「宗教－人本主義」的人類與歷史觀為基礎。他們透過批判自己的社會而超越了自己的社會。他們不是相對主義者，因為相對主義者不會主張只要社會能夠運轉就是好的、健全的社會，也不會主張只要個人適應了社會就是健全、健康的人。不管我們如何看待布克哈特、普魯東、托爾斯泰、波特萊爾、馬克思，或克魯泡特金（Kropotkin），他們對人的觀念基本上都是宗教性與道德性的。人是目的，絕不能被當成手段；物質生產是為人服務，不是人為物質生產服務；生活的目的是充分施展人的創造力；歷史的目標是把社會改造成受正義與真理所支配的社會。這些正是所有批判現代資本主義的人，公開或暗中依據的原則。

這些宗教－人本主義原則，也是「建設更美好社會提案」的基礎。事實上，過去兩百年來，宗教熱情正是展現在那些與傳統宗教決裂的運動中。宗教作為推行教義的組織與制度，是由教會所維繫；而真正承擔宗教熱忱與信仰活力的，則主要是反宗教人士。

為了使上述更具體，有必要省思西方基督教文化在發展過程中的一些顯著特徵。古希臘人認為歷史並無目的、意義或終點。而猶太教－基督教卻認為歷史固有的意義，是讓人得到救贖；彌賽亞（救世主）是這最終救贖的象徵，而歷史本身，則是救世主的歷史。但是，對於「末日」，即歷史終結之時究竟是什麼樣的光景，卻存在著兩種不同的觀念。其中一種觀點，將《聖經》中亞當與夏娃的神話與救贖的觀念連結起來。簡言之，這種觀念的核心在於：人在最初本與自然是一體。人與自然、男人與女人之間並無衝突。但這樣的人也缺乏人最重要的特性，即不知道善與惡的區別。因此，他不能自由地做出決定，也沒有責任可言。人第一次的不順從行為[1]，也成了他的第一次自由行動，人類歷史由此展開。人被逐出伊甸園，失去與自然之間的和諧統一，被迫自立更生。但他很軟弱，理性尚未成熟，抵抗誘惑的能力仍然很薄弱。因此，他必須發展他的理性，成長為一個完整的人，才能重新與自然、與自身、與他人建立和諧的關係。歷史發展的目的就是人的完全誕生，是人的完全人性化。到那時，「對上帝的認識將會遍滿全地，就像水充滿海洋一般。」[2]所有國家將形成一個單一的共同體，刀劍將變成犁具。在這個觀點中，上帝並沒有賜恩典給人。人必須經歷許多錯誤與挫折，必須犯錯並承擔後果。除了啟示生命的目的之外，上帝不會為人解決問題。人必須靠自己獲得救贖，必須經歷自我重生。在末日來臨之際，新的和諧與和平將得以建立，亞當與夏娃所承受的詛咒將會被解除，而這一切，都是人類在歷史進程中自行實現的結果。

另一種彌賽亞式的救贖觀，後來在基督教會中占據主導地位，其核心是：人由於亞當違背上帝的旨意，而永不能從墮落中自拔。只有上帝施恩典方能拯救人類，祂為此化身為基督，透過自我犧牲而成為救世主。人透過參與教會的聖事，而成為這種救贖的參與者，從而得到上帝的恩惠。歷史將會以基督的再臨而告終，而基督的再臨是超自然事件，不是歷史事件。

這項傳統在天主教會仍然占主導地位的西方世界延續。但在十八、十九世紀的歐洲其他地區與美國，神學日益失去活力。啟蒙時代的特徵，是反抗教會與教權主義（神職制度），此後則發展為對一切宗教觀念的懷疑，甚至否定。不過，這種對宗教的否定，其實只是舊有宗教熱情的一種新形式，尤其在對歷史意義與目的的關注上更是如此。在理性、幸福、人類尊嚴和自由的名義下，彌賽亞觀念找到了新的表達形式。

在法國，孔多塞（Condorcet）在其著作《人類精神進步史綱要》（*Esquisse d'un Tableau Historique des Progrès de l'Esprit Humain*, 1793）中，為人類最終走向完美的信念奠定了基礎，這種信念將帶來理性與幸福的新時代，而其進展將永無止境。孔多塞的訊息是彌賽亞王國將會來臨，此思想後來影響了聖西門（St. Simon）、孔德（Comte）和普魯東。法國大革命的熱情，實際上就是以世俗語言表達的彌賽亞熱情。

德意志啟蒙哲學也出現了將神學的救贖觀念翻譯為世俗語言的現象。萊辛（Lessing）的《論人類的教育》（*Die Erziehung des Menschengeschlechts*），對德意志與法國的思想產生深遠的影響。在萊辛看來，透過教育人類，未來將是理性與自我實現的時代，也因此實現了基督教啟示中所應許的理想未來。費希特（Fichte）堅信靈性上的千禧年將會來到，而黑格爾相信上帝的國度將會在人類歷史中實現，從而將基督教神學轉化為現世哲學。黑格爾的哲學在馬克思的思想中找到了最重要的傳承。與許多其他啟蒙哲學家的思想相比，馬克思的思想更清楚地顯示，它是一種以世俗語言表達的彌賽亞—宗教思想。過去的一切歷史不過是「史前史」，是人的自我異化的歷史，而隨著社會主義的出現，人類歷史與人類自由的時代將會肇始。正義、博愛與理性的無階級社會，將開啟一個新世界，過去的一切歷史都是朝向這個新世界而發展的。[3]

雖然本章的主要目的是提出社會主義思想，作為解決資本主義弊病的最重要嘗試，但我首先將簡要討論極權主義的答案，以及可以稱為「超資本主義」（Super-Capitalism）的答案。

第一節　極權主義的偶像崇拜

法西斯主義、納粹主義與史達林主義的共通點，那就是為原子化的個人提供新的庇護與安全感。這些體制是異化的極端形式。它們讓個人感到無力且微不足道，慫恿個人把自身的人性與力量投射到領袖、國家、「祖國」上，必須對它們加以服從與膜拜。人由此逃離了自由，轉而投入新的偶像崇拜。從中世紀末至十九世紀以來，人追求個性與理性發展所取得的一切成就，全都成了新偶像祭壇上的祭品。不管就其綱領或領袖而言，這類新制度是建立在最明目張膽的謊言上。在綱領中，這類制度宣稱要實現某種社會主義，但實際所做的，卻是否定社會主義傳統中這個詞所代表的一切。這類制度的領袖形象，只是進一步強化了這場大騙局。墨索里尼原是個吹牛皮的懦夫，卻被說成男子氣概與勇氣的象徵；希特勒原是個熱中毀滅的狂人，卻被捧為新德意志的締造者；史達林原是冷血而野心勃勃的陰謀家，卻被描繪為愛護人民的慈父。

不過，儘管這三種獨裁形式具有共同點，我們仍然不應該忽視它們之間的重要差別。義大利是西歐強國中工業方面最弱的，雖然是一次世界大戰的戰勝國，國力仍然相對弱小。義大利社會的上層階級極不願意進行任何必要的改革（特別是在農業領域），因此人民對現狀深感不滿。讓法西斯主義得以應運而起的原因是，它以一些誇張的口號來撫平義大利人民受傷的民族自尊心，把群眾的不滿從原來的目標引開。與此同時，它還試圖把義大利提升為一個較先進的工業強國。但法西斯主義所有合乎現實的目標都以失敗告終，因為它從未試圖認真解決義大利迫切的經濟和社會難題。

相反的，德國是歐洲最發達、最先進的工業國家。法西斯主義至少還具有經濟功能，納粹主義卻是連這一點也沒有。軍事上的失敗和經濟上的通貨膨脹（尤其是一九二九年的經濟大蕭條引起的大量失業問題）使德國士氣低落。納粹主義正是在這種情況下產生，它是社會中下階級、失業軍官與學生的造反運動。但如果缺乏擁有金融和工業資本的重要勢力的積極支持，它是不會成功的。這些重要勢力之所以支持納粹，是因為廣大群眾對資本主義的不滿情緒日益增長，構成威脅。在一九三〇年代初期，德國國會的大多數政黨，都真誠或不真誠地提出某種反資本主義的主張。這種威脅促使德國資本主義中某些重要勢力轉而支持希特勒。

俄國的情形則是與德國剛好相反。俄國是歐洲列強中工業最落後的國家，才剛剛脫離半封建狀態，雖然其工業體系本身已經高度發展並且集中化。沙皇制度的突然崩潰造成了權力真空，而列寧又解散了唯一可能填補這真空的力量，即制憲會議，希望能夠直接從半封建體制，跳進工業化的社會主義體制。然而，列寧的政策也不是臨時起意，而是出自其一貫的政治思考，早在俄國革命爆發許多年前就一直在構思。列寧與馬克思一樣，相信工人階級負有解放社會的歷史使命，但他卻不太相信工人階級有足夠的意志與能力，能自發地實現這個目的。列寧認為，工人階級只有在少數紀律嚴明的專業革命家的領導下，只有被專業革命家逼著去執行他所認為的「歷史法則」，革命才會成功，如此也可防止最後出現一個新的階級社會。列寧立場的關鍵在於，他並不相信工人與農民會自發地行動，因為他對人缺乏信心。反自由主義、教權主義與列寧理念的共通之處，在於對人缺乏信任。另一方面，對人有信心是歷史上所有真正進步的運動的基礎，是民主制度與社會主義最必要的條件。如果有人他說相信人類（mankind），但不相信人（man），可以視為不真誠的說法。即使這番話出自真誠，也必導致我們在歷史上所看到的那種悲劇：宗教裁判所、羅伯斯庇爾[4]的恐怖政策，以及列寧的獨裁統治。許多民主社會主義者與社會主義革命家都看出這種危險性，尤以羅莎．盧森堡（Rosa Luxemburg）看得最清楚。她警告說，問題的關鍵在於選擇民主還是官僚體制，而俄國後來的發展證實了她的預測。雖然她對資本主義做出激烈與毫不妥協的批評，她卻是一個對人懷有深刻且堅定信任的人。當她和蘭道爾（Gustav Landauer）被德國反革命的軍人謀殺時，信任人的人本主義傳統也隨之被扼殺。正是這種對人的不信任，使獨裁體制得以征服人，讓人不再相信自己，轉而去信仰偶像。

早期資本主義的剝削與史達林主義式的剝削之間差異不小。早期資本主義對工人的殘酷剝削，雖然有國家機器的政治權力支持，卻未能阻止進步新思想的產生。實際上，所有偉大的社會主義思想都誕生在這個時期。歐文主義（Owenism）在這期間得以興盛發展，而憲章運動也是持續了十年之後才被鎮壓下去。事實上，沙皇政府雖是歐洲最保守的政府，也未曾採取能與史達林主義相提並論的鎮壓手段。一九二一年克隆斯塔特城（Kronstadt）的叛亂被殘酷鎮壓後，俄國不再有任何進步發展的機會（就算是早期資本主義最黑暗的時期，都還保有這種機會）。在史達林的統治下，蘇維埃體制徹底喪失了它原本社會主義理想的最後殘餘，一九三〇年代對布爾什維克資深幹部的大肆殺害，只是這項事實最後的戲劇化表現。史達林體制在很多方面與早期資本主義有相似之處，兩者都致力快速積累資本與無情地剝削工人。不同的是，史達林主義用政治恐怖手段，取代那些曾在十九世紀迫使工人接受其所處經濟條件的經濟法則。

第二節　超級資本主義

在美國以及法國的一批工業家，提出了另一套完全不同的解決工業問題方案。這些工業家組成「利潤分享工業委員會」，這個團體的理念，在當了三十八年林肯電機公司總經理的林肯（James F. Lincoln）所寫的《激勵性管理》（*Incentive Management*）一書中，有著清楚的闡述。在某些方面，這個團體的思想前提，會讓人聯想到前文引述過的那些資本主義批判者。林肯寫道：「工業家全神貫注於機器而忽略了人。人是機器的創造者與改良者，顯然潛力比機器大得多。工業家沒有考慮以下事實：在他的工廠裡，有尚未開發潛能的天才從事勞力工作，他們既無機會，也得不到激勵讓自己發展成天才，甚至連培養正常的智力與技能的機會都沒有。」[5]林肯認為，工人對工作缺乏興趣會造成不滿，這種不滿若不是導致生產力降低，就是導致勞資衝突與階級鬥爭。他認為他提出的解決辦法，不是為美國的工業制度做表面上的改革，而是關係到資本主義生死存亡的關鍵問題。他寫道：「美國走到了一個十字路口，必須盡快做出決定。儘管一般人對此缺乏理解，但他們必須做出選擇。美國的前途與個人的前途取決於他們的選擇。」[6]與大多數資本主義的擁護者不同，林肯批判工業制度中利潤掛帥的現象。他寫道：「在產業界，根據公司章程所宣稱的，公司的經營目標是賺取『利潤』，此外別無其他目標。只有股東可以分紅，而且一般說來，多數股東通常不是公司員工。只要這種情況存在一天，賺取利潤這個目標就不會激起工人的熱情。這項目標將無法實現。事實上，大多數工人認為，股東得到的利潤已經夠多的了。」[7]

「身為一名工人，他討厭被要求支付生產工具費用的經濟理論所愚弄，因為他經常看到這些成本被高層的無能與自私所浪費。」[8]林肯的這些批評與很多批判資本主義的社會主義者的見解非常相似，是對經濟與人性所做的冷靜與合乎現實的評估。不過，其背後的哲學卻與社會主義思想大相逕庭。林肯堅信：「個人的發展只有在激烈的人生競爭遊戲中方能實現。」[9]「不論好壞，自私是使人類成為今日模樣的驅動力。因而，人類想要進步，就必須依賴這種力量，並恰當地引導它。」[10]他進而區分了「愚蠢的」自私與「聰明的」自私，前者讓人去偷，後者促使人奮鬥、自我完善，從而更加成功。[11]在談到刺激工作的誘因時，林肯指出，如同刺激業餘運動員的誘因不是金錢，我們可以推論，金錢也不一定是刺激工人的誘因，其他諸如短工時、工作安全、年資、社會保障與勞動條件談判權等也是如此。[12]他認為，唯一有力的誘因是「受到我們同時代人的認可，與對自己能力的認可」。[13]林肯把這些思想運用到現實中，提出一套組織工業生產的方法。按照這方法，工人「凡是做了有貢獻的事就應得到獎勵，如果他工作表現不如其他工人那樣好，就應該受到懲罰。他就像球隊的一員，是得到獎勵還是得到懲罰，就看他的能力，與是否窮盡一切機會打贏球賽」。[14]在應用這項方法時，「是由所有熟悉該名工人之工作內容的人，來評等他的工作表現。工人會依據評等結果受到獎懲。這種做法類似球賽之後的報導，或是選拔一支國家代表隊。最好的球員受到表揚，得到他當之無愧、夢寐以求的地位。根據這項方案，工人得到的獎勵與他對公司貢獻的大小成正比。上述這兩種對比顯而易見。每個人的地位根據他的實際表現，得到晉升或降級。評等工作一年進行三次，結果決定工人得到多少獎金和是否晉升。在每次評等之後，工人想要弄清的任何問題，例如他的等級為何是如此或如何可以改善等，都應該由負責的行政主管予以詳細解答。」[15]獎金的多少是這樣決定的：利潤的百分之六作為紅利分給股東，而在「分紅之後，我們留出『種子基金』以備公司將來的發展。『種子基金』的多少由董事依據公司的經營現狀來決定」。[16]「種子基金」用於擴大生產，更新設備。從利潤中扣除這些部分之後，餘下的部分就作為工人與管理階層分享的獎金。過去十六年中，獎金的總額與薪水的比率為二〇%到二八%。十六年下來，每個員工的平均獎金總額為四萬美元左右，即每年兩千五百美元。除去獎金，所有工人都領與相應職務一樣的基本薪水。林肯的公司在一九五〇年為每個員工付出的平均開銷，為七千七百零一美元，而奇異公司（General Electric Co.）的開銷則為三千七百五十美元。[17]在這種制度下，擁有大約一千名工人和員工的林肯電機公司一直非常昌盛，每名工人的生產量為電機產業其他公司的兩倍。一九三四年至一九四五年間，林肯公司的停工次數為零，而其他公司的停工次數則為十一次到九十六次不等。其人員流動率僅為其他製造業的二五%左右。[18]

從某方面來看，激勵性管理所包含的原則，與傳統資本主義的原則截然不同。工人的薪水不再與他的努力與工作成果脫節。他可以分享公司不斷增加的利潤，反觀股東則獲取固定的股息，其收入不再與公司的收益那麼直接相關。[19]林肯公司的紀錄清楚顯示，這種制度使得工人的生產效率提高，人員流動率降低，罷工不再發生。不過，儘管這種制度在某個重要層面不同於傳統的資本主義，但在一些最重要的原則上，尤其是在有關人性的部分，其態度與傳統的資本主義並無二致。這項制度是以自私與競爭的原則為基礎，以金錢獎勵作為表揚手段，並未從根本上改變工人在勞動過程中的地位。正如林肯再三指出的，這項制度的模型是美式橄欖球隊。這群人在對外與他隊激烈競爭的同時，也在隊內彼此競爭，並在這種競爭性合作的精神下創造成果。事實上，激勵性管理的制度是資本主義制度最符合邏輯的發展。這種制度有助於讓每個人，工人、職員乃至經理，都成為小小的資本家，助長每個人的自利心態與競爭精神，使資本主義轉化為涵蓋整個國家的制度。[20]

這種利潤分享制度並不像它自稱的那樣，與傳統的資本主義有多大的差異。它是計件薪水制的美化形式，外加較為忽視給股東分紅罷了。儘管這種制度也大談「把人當人看」，不過，一切事務，工作評等標準與工人獎金的多寡，都是由管理階層獨斷決定的。基本原則是「分享利潤」而不是「分擔工作」。雖然這些原則不是什麼新發明，分享利潤的概念還是能讓人感到興趣，因為它是超級資本主義最符合邏輯的目標。它讓工人感到自己也是資本家、是這種制度的積極參與者，從而消除了工人的不滿情緒。

第三節　社會主義

除了法西斯主義或史達林主義之類的威權主義，與「激勵性管理」類型的超級資本主義以外，第三種對資本主義的重大回應與批評，是社會主義理論。與法西斯主義、史達林主義不同，社會主義基本上仍然是一種理論願景，不像前兩者已經成為政治與社會現實。即使社會主義政黨曾在英國與北歐國家主政過一段時間，但由於它們在議會不能取得絕對多數的席次，只能做到實現其綱領最初步的工作，不足以改造整個社會。

不幸的是，在我寫本書的時候，「社會主義」與「馬克思主義」這些字眼已經受到帶有強烈情緒偏見的指控，讓人很難心平氣和地討論相關的問題。如今，一提起「社會主義」與「馬克思主義」，西方社會有很多人就會聯想到諸如「唯物主義」、「無神論」和「殺戮」，總之是不好或邪惡的事情。我們只有認識到語言所發揮的神奇作用的程度，並考慮到我們這個時代理性思維（即客觀性）的衰退，才能理解這種反應。

那些一聽到「社會主義」與「馬克思主義」就歇斯底里的人，大多數對社會主義與馬克思主義一無所知，這種情況也助長了這種荒謬反應。儘管馬克思與其他社會主義者的著作唾手可得，大多數對馬克思主義與社會主義最感憤慨的人，卻從未讀過馬克思寫的一個字，其他人也只有極膚淺的認識。如果不是這樣，那麼，稍具洞察力與理性的人，似乎就不可能像現今大多數人那樣，對社會主義與馬克思主義做出如此之甚的扭曲。甚至許多自由派人士，與那些相對來說不那麼歇斯底里的人，也相信「馬克思主義」的體系是建立在這樣的思想基礎之上：推動人最積極的力量是對物質利益的興趣，而馬克思主義旨在促使人去追求物質上的貪欲及滿足。要是記住支持資本主義的主要論證，是人工作的主要誘因為追求物質利益，那麼我們很容易看出，扣在社會主義頭上的那頂唯物主義帽子，正是資本主義本身最典型的特徵。任何人只要不嫌麻煩、略為客觀地研究一下社會主義的作家，就會發現他們的態度恰好與此相反。他們批判資本主義的唯物主義，批判資本主義斲傷了人身上真正的人類力量。事實上，我們可以把各種流派的社會主義，理解為一個當代最重要、最具理想性與道德性的運動。

撇開別的一切不論，我們不由得對西方民主國家扭曲社會主義時，所表現出的政治愚蠢感到可悲可嘆。史達林主義在俄國與亞洲取得了勝利，正是因為社會主義思想對全世界的廣大民眾有著巨大的吸引力。這吸引力來自社會主義觀念中的理想主義成分，來自社會主義所帶來的精神與道德鼓舞。正如希特勒盜用「社會主義」一詞，來為他的種族主義與國族主義觀念增加吸引力一樣，史達林盜用社會主義與馬克思主義的概念，以達到政治宣傳的目的。在一些基本觀點上，史達林說的都是假話。他把社會主義中的純經濟面（生產工具的社會化）從社會主義的整個概念中分割出來，並且將社會主義的人性與社會性目標扭曲為其對立面。當今的史達林主義儘管把生產工具國有化，卻與西方資本主義早期的純粹剝削形式更為接近，而不像任何一種可以想像的社會主義社會。史達林主義這項制度的主要動力是瘋狂地追求工業進步，無情地無視個人，以及貪婪地追求個人權勢。如果我們接受社會主義與馬克思主義或多或少等於史達林主義，那麼，我們等於在政治宣傳領域幫了史達林主義者的大忙。我們這樣做沒有顯示他們宣傳的虛假性，反倒證實了他們的宣傳。這對美國來說也許算不上什麼大問題，因為社會主義的概念在美國人心中並不占重要地位。但對於歐洲、尤其是對於亞洲來說，這就是一個嚴重問題，因為在這些地方，人們極端看重社會主義。為了抵抗史達林主義在這些地區的吸引力，我們必須揭露其謊言，而不是強化它。

社會主義自十八世紀末期形成以來，各種社會主義思想流派存在著相當大的差別，而這些差別意義重大。但是，正如人類思想史上常見的情況，各流派代表人物之間的爭論掩蓋了一項事實：不同社會主義思想家之間的共通處，比他們之間的差異要大得多，也重要得多。

也許可以說，社會主義作為一場政治運動，同時又作為探討社會規律的理論，以及診治社會病症的方案，是始於巴貝夫（Babeuf）在法國大革命開始倡議的。巴貝夫提倡廢除土地私有制，主張大家共享大地的果實，取消貧富之間、統治者與被統治者之間的差別。他認為，建立一個「平等者共和國」的時機到了，「救濟院的門將向所有人敞開。」

與巴貝夫較為簡單、原始的理論相比，傅立葉（Charles Fourier）對社會有非常複雜詳盡的理論與診斷，他的第一篇著作是發表在一八〇八年的〈四種運動的理論〉（Theorie de Quatre Movements）。他把人及其激情作為理解社會的基礎，認為一個健康的社會，不應當只圖達到增加物質財富的目的，而是應該致力實現我們的基本激情：博愛。在人類的眾多情感中，他特別強調「蝴蝶式激情」（butterfly passion），即人對變化的需求，這種需求符合每個人身上都存在的多樣化潛力。勞動應當是令人愉悅的（傅立葉稱為「有吸引力的工作」），每天工作兩小時就足夠了。針對在工業界普遍存在的大型壟斷組織，傅立葉建議在生產與消費領域建立公社制的聯合組織，在這些自由和自願組織起來的聯合組織中，個人主義與集體主義將會自發地結合在一起。只有透過這種方式，第三階段的歷史「和諧階段」，才能興起，取代前兩個歷史階段：其一是建立在奴隸與奴隸主關係之上的社會，其二是建立在雇員與企業主關係之上的社會。[21]

傅立葉是有點執著於思考的理論家，反觀歐文（Robert Owen）則是實踐家，是蘇格蘭一家經營得最好的紡織廠的經理與擁有者。歐文也認為，新社會的目標主要不是增加生產，而是改善最珍貴的事物的處境——人的處境。與傅立葉一樣，歐文的思想也以對人類性格的心理層面考量為基礎。雖然人生下來便帶有某些性格特徵，但他的性格絕對是只由他生活其中的環境所決定的。如果社會的條件讓人滿意，人就會把性格中固有的美德發展出來。歐文認為，在過去的所有歷史時期中，人只是被訓練成懂得保衛自己或毀滅他人。必須創造一種新的社會秩序，在新秩序中，人們將接受原則性的訓練，使他們能夠團結，並在彼此之間建立真誠與真實的連結。人數從三百到兩千人不等的聯合群體將遍布全球，並根據集體互助原則組織起來，無論是在社群內部還是彼此之間。在每一個社群，當地政府將與每個人都密切、和諧地一起工作。

在普魯東的著作中，我們還可以找到對權威與階級制度更嚴厲的譴責。在他看來，核心問題不是以一種政治制度取代另一種，而是建立一種能夠表達社會本身的政治秩序。他把單一、階級森嚴的權威組織，視為社會上所有混亂與邪惡的主要原因。他認為：「國家職能的界限，是關乎集體自由與個人自由的生死大事。」

普魯東指出：「透過壟斷，人類占有了地球，而透過組成協會，人類將成為地球真正的主人。」他對新的社會秩序的設想，是建立在「互惠」的觀念：「在互惠中，所有的工人不再為付他們薪水與得到產品的企業家工作，而是為相互的利益工作，共同生產一項產品，並共享其利潤。」在普魯東看來，最重要的是，這些協作組織是自由、自發的，而不是國家所強加的，不是布蘭克（Louis Blanc）所要求的國家資助的那種社會工作坊（social workshops）。他說，這種由國家控制的制度將意謂著很多大型的協作組織，「而在這些協會中，透過國家的資本主義政策，勞工會被嚴密組織起來，最終受奴役。自由、普遍的幸福與文明將會因此而得到什麼嗎？什麼也沒有得到！我們只不過是掙脫一套鎖鏈，而幫自己換上另一套鎖鏈，社會思想也沒有向前邁進一步。我們將仍舊處在同樣獨斷的權力統治下，更不用說是受到同樣的經濟宿命論的控制。」

正如這些引文清楚顯示的，在十九世紀中期，沒有人比普魯東更能預見史達林主義的危險。普魯東也意識到教條主義的危險。在一封寫給馬克思的信中，他清楚指出教條主義將會為馬克思主義理論的發展帶來巨大的災難。他寫道：「如果你願意，讓我們一起來探尋社會的規律、這些規律實現的方式，以及發現這些規律所依靠的方法。不過，看在上帝份上，在破除一切教條之後，我們自己不要再把教條灌輸給人民。讓我們不要陷入你的同胞路德那樣的矛盾，也就是不要在推翻了天主教的神學之後，又以革除教籍與詛咒的手段建立起新教神學。」[22]普魯東的思想是建立在這樣的倫理學觀念上：自尊為倫理學的首要準則。從自尊推導出的尊重鄰居是道德的第二條準則。普魯東在一封信中表述了人的內在變化，是建立新社會秩序的基礎，他說：「舊世界正處於解體的過程中……只有透過思想和心靈的整體革命，才能改變舊世界。」[23]

雖然巴枯寧（Michael Bakunin）的思想中混雜著對破壞的浪漫美化，我們仍能從他的著作中發現，他同樣意識到中央集權的危險性，也同樣信仰人的創造力。巴枯寧在一八六八年的一封信中寫道：「我們的偉大導師普魯東說過，最不幸結合，可能是社會主義與專制主義的結合，即人民追求經濟自由與物質幸福，卻是透過獨裁，將所有政治、社會權力集中在國家來實現。但願未來保護我們免受專制主義的危害，不過更願未來保護我們免受教條社會主義或國家社會主義帶來的不幸後果……沒有生物或人可以在沒有自由的情況下繁榮昌盛，而那種廢除自由或否認自由是唯一的創造性原則和基礎的社會主義，會直接導致我們陷入被奴役和野蠻的狀態。」

在普魯東寫信給馬克思的五十年後，克魯泡特金在一段話中總結了自己的社會主義思想：個體性最充分的發展，「將與在各方面、各種程度與各種目的上達到最高發展的聯合體結合。聯合體總是不斷變化，帶有持久發展的能力，並在任何特定時刻，都以最符合所有人的各種追求的形式出現。」克魯泡特金與在他之前的許多社會主義者一樣，強調在人與動物界中，本來就存在合作與互助的天性。

無政府主義思潮最後偉大代表之一的蘭道爾（Gustav Landauer），繼承克魯泡特金的人本主義與倫理思想。蘭道爾援引普魯東的觀點，認為社會革命完全不同於政治革命，「雖然社會革命不可能離開政治革命而發生與存在，不過，社會革命卻是一種和平的結構，是一種為了新潮流而組織新潮流的結構，別無其他。」他這樣定義社會主義者和其運動的任務：「融化麻木的心，讓被埋葬的事物重見天日，讓看似死的卻真正活著的事物浮現出來，煥發光彩。」[24][25]

討論馬克思和恩格斯的理論要書寫比討論上述社會主義思想家更多的篇幅，一部分是因為他們的理論更複雜，涉及的範圍更廣，並且其中也存在某些矛盾。另外的原因在於，社會主義中的馬克思主義學派，已成為全世界社會主義思想最重要的形式。

與其他社會主義者一樣，馬克思的根本關懷是人。他曾經寫道：「所謂基進，就是抓住事物的根本，而這個根本就是人的本身。」[26]世界的歷史只是人的創造物，是人的誕生的歷史。然而，整個歷史也是人異化於自我、與自己的人性力量分離的歷史：「我們製造的產品強化為凌駕於我們之上的客觀力量，脫離了我們的控制，粉碎了我們的希望，摧毀了我們的計畫，這是過去一切歷史發展的主要因素之一。」人一直是所處環境的客體，他必須成為主體，這樣「人才能成為人的最高存在形式」。馬克思認為，自由不僅是擺脫被政治壓迫的自由，更是擺脫被事物與環境支配的自由。自由的人是富有的人，但不是指經濟意義上的富有，而是指人性意義上的富有。馬克思認為，富人是本身富有的人，不是擁有許多財富的人。[27]

對社會和歷史進程的分析必須從人開始，但不是從抽象概念的人，而是從具有生理和心理特質、真實而具體的人開始。這種分析必須從「人的本質」這項概念著手，對經濟和社會的研究只是為了理解環境如何摧殘人，人又是如何異化於自身和自己的力量。人的本性不能僅從資本主義制度所塑造的人性表現來推導。我們的目標是了解什麼對人有益。馬克思說：「要知道什麼對狗有用，就必須研究狗的本性。不能以效用的原則去推演出這種本性。要把這項原則運用於人，要想以效用的原則批評人的一切行為、活動和關係等，就得首先研究一般的人性，然後再研究在每個歷史時期裡變化的人性。但是邊沁不管這些。他幼稚地把現代的零售店店主，又尤其是英國的零售店店主，看成正常的人。」[28]

馬克思認為，人類的發展目標應是在人與人之間、人與自然之間建立新的和諧，在這種發展中，人與人之間的關係將與其最重要的人類需求一致。對馬克思來說，社會主義是「一個以每個人的自由發展，是所有人自由發展條件的聯合體」；這是一種社會，其中「每個人充分且自由的發展」成為主導原則。馬克思將此目標稱為自然主義和人本主義的實現，認為它「既不同於唯心主義，也不同於唯物主義，卻結合了兩者的真理」。[29]

馬克思認為要如何達成這種「人的解放」呢？他的解決辦法是以這樣的觀念為基礎：在資本主義的生產方式中，人的自我異化過程已經達到頂峰，因為人的體力已經成為一種商品，由此人也變成了物。他說，工人階級是人類中最為異化的階級，正因為如此，也將會是領導人類進行解放鬥爭的階級。在生產工具社會化的過程中，馬克思看到了把人改造成社會經濟進程中積極而負責任的參與者的條件，也看到了克服人的個體性與社會性分裂的條件。「只有當人認識到自己的『原有力量』，並把這種力量組織成社會力量（因此不必要像盧梭認為的，需要改變人的本性、剝奪他的『原有力量』，並賦予他社會性格的新力量），因而不再以政治權力的形式，把社會力量從他自己分出去的時候（即不再讓政府成為有組織統治的領域之時），人類解放才可望完成。」[30]

馬克思認為，如果人不再「被雇用」，他的勞動過程的性質與特徵就將改變。勞動將成為人類力量有意義的表現形式，而不是毫無意義的苦差事。當我們考慮到馬克思竟然批評德國社會黨的「哥達綱領」（Gotha Program）中關於完全廢除童工的提案時，我們就可以明白，這種勞動的新概念對馬克思是何等重要。[31]馬克思當然反對剝削兒童，但他同時也反對兒童完全不應該勞動的原則，提出教育應當與體力勞動相結合。他寫道：「正如歐文詳細說明過的，工廠制度是未來教育的萌芽，這種教育在教導超過特定年齡的所有兒童時，會將教育與人本主義以及生產勞動結合起來。這不僅是提高生產效率的一種方法，而且是造就全面發展之人的唯一方法。」[32]與傅立葉一樣，馬克思認為勞動必須是吸引人的，而且符合人的需求與渴望。正因為如此，馬克思就像傅立葉和其他人一樣，主張任何人都不應專門從事於某種特定的工作，而應當常常改變職業，以符合他不同興趣的潛力。

馬克思認為，社會從資本主義經濟轉型為社會主義經濟，是解放人類、實現「真正民主」的關鍵手段。雖然在後期著作中，他對經濟學的討論比對人和人性需求的討論占的比重更大，但對他來說，經濟從來就不是目的，一直是滿足人類需求的手段。這一點在馬克思對他稱之為「庸俗共產主義」的討論中，表現得尤為明顯。馬克思所謂的「庸俗共產主義」是指那種一味強調廢除生產工具中的私有財產的共產主義。「對它（庸俗共產主義）來說，直接的、物質的財產仍然是生活和生存的唯一目的。勞動的性質沒有改變，只是把原來的勞動形式擴展到全人類……這種共產主義透過徹底否定人的個性，本質上只是私有財產[33]的延伸，而私有財產本身正是對人的否定。……庸俗共產主義者只是將嫉妒推向極致，他們所追求的平等化，只是建立在一個想像中的最低標準之上，而不是為了真正提升社會……廢除私有財產並不意味著對人類能力的真正掌握，可以從它對整個教育與文明世界的抽象否定中看出來。回到貧困者那種不自然的簡陋狀態，並不是對私有財產的超越，反而只是停留在一個甚至尚未發展出私有財產的階段。」[34]

更複雜的是馬克思和恩格斯對政府問題的觀點，這些觀點在很多方面都存在著矛盾。馬克思和恩格斯毫無疑問都認為，社會主義的目標不僅是建立無階級的社會，還是建立一個沒有政府的社會。至少恩格斯在所謂「沒有政府」的含義上，是指政府只有「管理事務」的職能，沒有「統治人民」的職能。恩格斯在一八七四年時又說：「所有社會主義者一致同意，隨著社會主義的勝利，政府將會消亡。」這種說法，與馬克思在一八七二年向調查巴枯寧派活動委員會遞交的報告內容完全一致。馬克思和恩格斯這些反政府的觀點，還有他們反對政治權力之中央集權形式的態度，在馬克思關於巴黎公社的聲明中，表述得特別清楚。在共產國際舉行的大會上，馬克思就法國內戰發表了演說，內容強調有必要以地方分權制，代替源於絕對君主制原則的中央集權制。代替的結果將出現權力下放的社會。「中央政府仍保留的，少數但是非常重要的職能，將移交給公社，即移交給嚴格對人民負責的官員……公社體制將把迄今為止被『政府』這個寄生贅瘤所吞噬的一切權力歸還社會——『政府』靠社會養肥，卻禁止社會自由活動。」馬克思在巴黎公社中看到了「最終發現的政治形式，在其旗幟下，勞動的經濟解放得以大踏步前進」。公社想要「使個人財產成為現實，其途徑是把生產工具——土地和資本——轉變成自由、聯合勞動的純粹工具，把勞動融入生產者合作社中」。[35]

伯恩斯坦（Eduard Bernstein）指出，馬克思的這些觀念，與普魯東反政府主義、反中央集權主義的觀點相似，但列寧卻聲稱，馬克思的評論完全沒有顯示他贊成地方分權。在解釋馬克思和恩格斯的立場時，伯恩斯坦和列寧看起來都正確。解決此矛盾的關鍵在於：馬克思贊成把地方分權和政府的消亡，看成是社會主義應該奮鬥且最終會達到的目標，不過他認為這種情況只有在工人階級奪取政權、改造政府之後才會發生。馬克思認為，奪取政權是達到廢除政府這個目的之必要手段。

不過，如果考慮到馬克思在第一國際的活動，考慮到他對於哪怕稍微與他意見不同的人都採取教條主義且不寬容的態度，我們就會相信，列寧將馬克思的觀點解釋為中央集權思想並未失之偏頗，儘管馬克思的地方分權思想（在這一點上與普魯東一致），也是他的觀點和主張的真實內容之一。正是馬克思的這種中央集權傾向，為俄國社會主義思想的悲劇性發展打下了基礎。列寧可能至少希望最終會實現地方分權（這一點表現在「蘇維埃」的概念中，決策權交給最小與最具體的地方基層組織），反觀史達林卻只發展馬克思的矛盾的其中一面，即將中央集權原則發展為現代世界已知最冷酷無情的政府組織，史達林的中央集權化的程度，甚至超越法西斯主義和納粹。

馬克思沒有停留在中央集權與地方分權原則的矛盾。一方面，與所有社會主義者一樣，馬克思確信，人類的解放主要不是政治問題，而是經濟和社會問題：自由的答案不在於政治形式的變化，而在於經濟與社會的轉型。另一方面，儘管馬克思和恩格斯提出了自己的理論，他們在很多方面受限於政治領域支配社經領域的傳統觀念。他們無法擺脫傳統觀點，仍然認為國家與政治權力至關重要，並且堅持單純的政治變革具有最優先的意義，而這正是十七、十八世紀偉大中產階級革命的核心理念。在這方面，作為思想家，馬克思和恩格斯的「布爾喬亞（資產階級）」成分要遠大於普魯東、巴枯寧、克魯泡特金和蘭道爾。聽起來或許矛盾，但列寧式社會主義的發展，實際上是對資產階級政府與政治權力觀念的倒退，而不是向歐文、普魯東和其他人清楚表達的社會主義概念靠攏。布伯（Buber）把馬克思思想的矛盾說得很清楚：「馬克思接受公社理念中的基本概念，但沒有拿它們與自己的中央集權觀念比較並做出取捨。他顯然沒有看出這樣所造成的複雜難題，這是因為他總是讓政治觀點處於主導地位——影響他對革命的一切看法，包括要如何準備革命與革命造成的後果。在思考公共事務的三種方式中（經濟方式、社會方式和政治方式），馬克思對第一種嫻熟駕馭，對第三種全心投入，但對第二種（雖然這聽在不及格的馬克思主義者耳裡會很荒謬）卻極少有較密切的接觸，從不認為那是一項決定性因素。」[36]

與馬克思的中央集權思想密切相關的，是他對革命行動的態度。馬克思和恩格斯固然承認社會主義不一定要透過暴力和革命來控制政府（在英國和美國就有這種可能），但整體來說，他們相信工人階級為實現其目標，必須透過革命來奪取政權。事實上，他們贊成全民兵役制，有時還贊成國際戰爭，認為它們是可以推進革命奪權的手段。我們這一代人已經目睹了暴力和獨裁在俄國造成的悲慘結果，我們已經看到，暴力在社會中的運用，就像它以戰爭形式在國際關係中的運用那樣，會對人類的福祉造成毀滅性破壞。然而，當我們今天對馬克思主要的指控，是他鼓吹暴力和革命時，卻是扭曲了事實。政治革命的思想並不是馬克思主義和社會主義所獨有，而是過去三百年來中產階級、資產階級社會的傳統觀念。因為中產階級相信，廢除君主制並由人民奪權，是解決社會問題的途徑，因此政治革命被看成是實現自由的手段。我們現代的民主制度，就是暴力和革命的產物，而一九一七年的俄國「二月革命」革命，與一九一八年的德國革命，也在西方民主國家受到熱烈歡迎。馬克思的悲劇性錯誤，在於未能擺脫傳統上對政治權力與暴力的過度重視（這項錯誤助長了史達林主義的發展），但他這些觀念其實只是過去歷史的遺緒，並非社會主義新思想的一部分。

即使只是簡短的討論，談馬克思就必須談他的唯物史觀才完整。在思想史上，這項理論大概是馬克思對理解社會運作法則所做出的最持久、最重要的貢獻。他的前提是，人在從事任何文化活動之前，必須先生產維持自身生存的物質條件。人的生產和消費方式取決於許多客觀條件：他自己的生理構造、可運用的生產力，而這些生產力又受到土壤的肥沃度、自然資源、交通，以及人類所發展技術的影響。馬克思假定，人的物質條件決定了他的生產方式和消費方式，而生產和消費方式又會決定他所處的社會—政治組織與生活方式，以及最終決定他的思維和表達情感的方式。人們普遍誤解這個理論，以為馬克思認為「追求利益」是人類的主要動機。事實上，這種看法反而是資本主義主流觀點的表現，它再三強調，人對金錢獎勵的興趣，是刺激他工作的主要誘因。馬克思所說的經濟因素重要性，並不是指心理學意義上的經濟動機（即人主觀上想要賺錢），而是社會學的觀念——這種觀念認為，經濟發展是文化發展的客觀條件。[37]馬克思對資本主義的主要批判，在於資本主義的經濟利益掛帥思想對人造成損害。對他來說，社會主義社會是一個能夠透過更理性、也因此更具生產力的經濟組織，來讓人從這種壓迫中解放出來的社會。馬克思的唯物主義與十九世紀流行的唯物主義有本質上的不同。後者認為精神現象是由物質現象所引起的結果，例如，這種唯物主義最極端的代表人物相信，思想是大腦活動的產物，如同「尿液是腎臟活動的產物」。馬克思卻認為，心智和精神現象必須被理解為生活實踐的結果，是人如何與他人及自然建立關係所形成的產物。馬克思運用辯證法克服了十九世紀唯物主義，發展出一套以人的活動（而不是人的生理）為基礎的，真正動態性與整體性的理論。

唯物史觀為理解歷史規律提供了重要的科學概念。要是馬克思的追隨者能進一步發展唯物史觀，而不是任它變成枯燥無味的教條，那麼，唯物史觀將結出更豐碩的成果。發展它的關鍵在於承認馬克思和恩格斯只邁出了第一步，也就是只看到經濟和文化發展的對應關係。馬克思低估了人類情感的複雜性。他沒有充分認識到人性有著自身的需求和規律，這些需求和規律與影響歷史進程的經濟條件不斷地相互作用。[38]由於缺乏良好的心理洞察力，馬克思對人類性格的認識不足，未能意識到社會和經濟組織固然形塑了人，但人也反過來形塑了社會和經濟組織。他沒有充分認識到根植於人性以及生存條件中的激情與追求，而這些激情和追求正是推動人類發展最強大的力量。但這些缺失只是片面的，就像任何有創見的科學觀念都會有缺失，馬克思和恩格斯自己也意識到這些限制的存在。恩格斯在一封著名的信中表示，由於他們的發現是全新的，他和馬克思都沒有充分注意到歷史不僅由經濟狀況決定，文化因素也會反過來影響著社會的經濟基礎。

馬克思越來越專注在對資本主義進行純粹經濟分析，其經濟理論的重要性，並沒有因為他的基本假設和預測只有部分正確而有所減損。事實上，他的基本假設和預測很多是錯的，特別是他認定勞工階級的處境必然越來越壞的假設。他對勞工階級的看法太浪漫化和理想化，這主要是因為他純粹從理論出發，沒有去觀察勞工階級的人性現實。但不管有哪些缺陷，從科學的角度看，他的經濟理論，以及他對資本主義經濟結構的銳利分析，比所有其他社會主義理論都推進了一大步。

不過，他的強項也同時是他的弱項。馬克思試圖發現讓人異化的條件，並以此為出發點展開他的經濟分析。他認為此分析需要的時間相對較短，但後來卻把大量時間都用在經濟分析上。雖然馬克思從來也沒有忘記目標，即解放全人類，但無論是對資本主義的批判，還是以人為本的社會主義目標，都逐漸被經濟問題所掩蓋。他沒有認識到人身上的非理性力量，這些力量讓人害怕自由，也促進了人的權力欲和破壞性。馬克思關於人的概念隱含如下假設：人性本善，一旦人擺脫經濟的枷鎖，這種善良特質就會自行表現出來。《共產黨宣言》結尾的名句「工人所失去的只是身上的枷鎖」，其實含有一個重大的心理學錯誤。因為工人失去枷鎖的同時，也會失去戴著這枷鎖時所形成的非理性需求和心理滿足。在這方面，馬克思和恩格斯從沒有超越十八世紀的幼稚樂觀主義。

這種對人類情感的低估，導致了馬克思思想中的三個危險錯誤。首先，他忽略了人性的道德因素。正由於他假定經濟變革出現時，人就會自動表現出善的一面。但他沒有看出，沒有經歷內在道德轉變的人，無法建立一個更好的社會。他並未注意到（至少並未明確地注意到）新的道德取向的必要性。缺乏這種新的道德取向，一切政治和經濟的變革皆屬徒勞。

第二項錯誤是（同樣源於對人性與情感複雜性的低估），馬克思對實現社會主義的可能性有著極端的誤判。根據普魯東和巴枯寧（還有後來《鐵蹄》一書的作者傑克．倫敦）等人的預見，在新曙光出現之前，黑暗將籠罩西方世界，但馬克思和恩格斯卻相信「好社會」即將來臨，對新的野蠻狀態，例如可能發生共產極權、法西斯主義與毀滅性戰爭，幾乎渾然不覺。這種不切實際的誤解，導致了馬克思和恩格斯在理論與政治判斷上的許多錯誤，也成為社會主義毀滅的根源，而這場毀滅始於列寧。

第三項錯誤是，馬克思認為生產工具的社會化，不僅是把資本主義轉變為相互合作的社會主義社會的必要條件，還是充分條件。這錯誤的根源也是馬克思對人的看法過於簡單、過於樂觀和過於理性。就像佛洛伊德相信把人從不自然的、過於嚴格的性禁忌中解放出來人就會達到心理健康一樣，馬克思相信，把人從被剝削的狀態中解放出來，就會自動產生自由的、互相合作的人。馬克思像十八世紀的百科全書派，對環境因素變化的即時影響一派樂觀，而對人的非理性和破壞性激情的力量少有重視——這類激情不會隨著經濟的變化在短時間內發生轉變。佛洛伊德在經歷一次世界大戰之後看出了破壞性的這種力量，接受破壞驅力就像「愛欲」（Eros）一樣強大，無法根除，從而根本改變了他的整個理論體系。反觀馬克思卻從未意識到這一點，從未改變他提出的簡單公式：生產工具的社會化，是通向社會主義目的的康莊大道。

如同我在前面指出的，這項錯誤的另一個根源，是他對政治和經濟制度安排的評估過高。他異常不切實際地忽略了一項事實：不管企業名義上是屬於「人民」的、是由國家管理的、是由政府官僚系統操作的，還是由股東聘請的私人管理層經營，對工人來說沒無甚差別。馬克思沒有發現，與他的理論思想完全相反，對工人來說，唯一重要的是工作的環境，是工人和工作、他和其他工人與他和企業管理人的關係。

晚年的馬克思看來準備好對他的理論進行某些更改。最重要的更改，可能是受到巴霍芬和摩根（Morgan）的影響。他們的研究讓馬克思相信，以合作和土地共有為基礎的原始農業社會是一種有效的社會組織，可以無須經過資本主義生產的階段，而直接帶來較高的社會化形式。他在回覆薇拉．查蘇利奇（Vera Zazulich）[39]詢問他對「米爾」[40]的看法時，表達出這項觀點。福克斯曾指出馬克思理論中此項變化的重大意義，也曾指出馬克思在人生的最後八年，因為意識到革命希望落空，感到失望和洩氣。[41]正如我在前面所提到的，恩格斯承認，他們在唯物史觀中不夠重視思想的力量，但是馬克思或恩格斯都來不及對他們的體系做出必要的重大修改。

我們身處二十世紀中葉的人很容易便可看出馬克思的謬誤。我們看過此謬誤在俄國發生的悲劇。儘管史達林主義證明，社會主義經濟從經濟角度來看可以成功地運轉，卻也證明了，社會主義制度絕不保證會產生平等與合作的精神。它顯示出，所謂由「人民」擁有生產工具，可以變成意識形態的幌子，用以掩蓋工業、軍事和政治官僚系統剝削人民的事實。在英國，由工黨政府對某些工業生產推行的社會化往往顯示，對英國礦工、鋼鐵或化學工廠的工人來說，他們企業的總經理由誰任命並無太大差別，因為實際上的工作環境與條件並無不同。

總之，我們可以說，馬克思派社會主義的最終目標，與其他流派的社會主義在本質上是一致的：把人從受宰制和剝削的狀態中解放出來，讓人不再受經濟領域的支配，讓人重新成為經濟的最高目的，在人與人、人與自然之間創造出新的和諧。馬克思和恩格斯的錯誤、他們對政治和法律因素的高估、他們的幼稚樂觀，還有他們的中央集權傾向，都是因為他們的思想比傅立葉、歐文、普魯東和克魯泡特金等人，更加根植於十八和十九世紀的中產階級傳統——在心理學上和知性上都是如此。

馬克思的錯誤在歷史上變得重要，因為馬克思主義的社會主義觀念在歐陸的勞工運動中取得了勝利。馬克思和恩格斯在歐洲勞工運動中的承繼者，深受馬克思權威的影響，乃至沒有進一步發展馬克思的理論，而是在很大程度上重複了舊的公式，且理論日益枯竭、缺乏成果。

一次世界大戰之後，馬克思主義勞工運動分裂成兩大敵對陣營。社會民主黨這一派，在一戰期間表現出道德崩潰之後[42]，逐漸成為代表工人階級純粹經濟利益的政黨，並與工會保持緊密合作，而工會也成為其主要依靠。它在各種場合行禮如儀地覆述馬克思的公式：把生產工具社會化。共產黨一派，則採取出於絕望的改變，試圖只依靠奪取政權，以及把生產工具社會化，來建立社會主義社會。這種改變導致了比社會民主黨大量流失人心更可怕的後果。

這兩派馬克思派社會主義者的發展雖然矛盾，卻有某些共通之處。首先，由於早期的馬克思主義過分樂觀，它們現在都深感幻滅和沮喪。在社會民主黨（右翼）當中，幻滅感常常導致他們接受國族主義，放棄真正的社會主義願景，對資本主義社會不做任何激烈的批判。在共產黨（左翼）當中，幻滅感則讓列寧出於絕望，把所有努力集中在政治領域和純經濟領域——由於忽略社會領域，乃與社會主義理論的本質完全相悖。

馬克思主義運動的左翼和右翼另一個共通點是，他們（俄國的情況便是如此）完全忽視了人。對資本主義的批判完全變成從經濟的觀點出發。十九世紀時，工人階級受到殘酷的剝削，生活低於有尊嚴生存的水準，這種批判是公允的。但在二十世紀，隨著資本主義的發展，這種批判越來越過時。然而正是因為這種態度，俄國的史達林主義官僚組織才會繼續向人民灌輸謬論，稱資本主義國家的工人極端貧窮，缺乏生存的起碼基礎。社會主義的觀念越來越崩壞。在俄國，社會主義被說成等於生產工具的國有化。在西方國家，社會主義變得日益傾向於給工人較高的薪水，失去了救世的情懷，不再以人最深切的嚮往和需求為號召。我刻意使用了「傾向於」一語，是因為社會主義並沒有完全失去其人道主義和宗教感情。甚至在一九一四年之後，社會主義也一直是團結成千上萬歐洲工人和知識分子的道德理想，是他們表達解放人類的願望、建立新的道德價值，和實現全人類團結的形式。前面的尖銳批評主要是為了強調，民主社會主義有必要聚焦在社會問題上關於「人的方面」，必須從人的人類特質、他的靈魂與精神的角度來批判資本主義，必須從人的角度評價社會主義的任何願景，以及探問社會主義社會將如何有助於結束人的異化、結束人對經濟發展及國家的盲目崇拜。

1 譯註：指偷吃禁果。
2 譯註：語出《聖經》。
3 參見K. Löwith, *loc. cit.*, p. 191 ff.
4 羅伯斯庇爾（Maximilien Robespierre, 1758–1794）是法國大革命時期的雅各賓派領袖，主張共和、平等與人民主權。他在一七九三年掌權，推行恐怖統治，大規模處決「反革命分子」，最終因專制作風被推翻並處決。
5 J. F. Lincoln, *Incentive Management*, published by the Lincoln Electric Co., Cleveland, 1951, pp. 113, 114.
6 同上引書，p. 117.
7 同上引書，pp. 106, 107.
8 同上引書，p. 108.

9 同上引書，p. 72.

10 同上引書，p. 89.

11 同上引書，p. 91.

12 同上引書，p. 99.

13 同上引書，p. 101.

14 同上引書，p. 109.

15 同上引書，p. 109, 110.

16 同上引書，p. 111.

17 工人參與增加利潤的活動，由於獎金由工人和管理員共同分享，我們很想知道，在這些平均數字中，付給工人、高級管理人員，以及經理的薪水分別是多少，以及奇異公司的指數僅是指付給工人的薪水，還是包括公司官僚機構的上層。

18 參見Lincoln, *loc. cit.*, p. 254 ff.

19 股東的收入也不是與公司的收益完全沒有關係，因為每股所得的股息從一九三三年的二美元增加到一九四一年的八美元，平均淨增六美元。

20 有相當數量的企業組織了「利潤分享工業委員會」，它們的利潤分享計畫有些較激進，有些較保守。以下的章程體現了它們的原則：

一、委員會將利潤分享定義為一項程序，在這項程序之下，雇主支付勞動報酬給員工，除了付給員工較高的固定薪水外，還給以一定數量的特別流通或延期支付的獎金。這種獎金除了取決於個人或小組的工作成績，還與公司的業務狀態密切相關。

二、委員會把人視為經濟生活中最根本的因素。自由的公司是建立在人人均有機會自由地、最大限度地發揮個人的才能上。

三、委員會認為利潤分享是最重要的手段，能讓工人有機會因為與資本及管理階層合作而獲得獎勵。

四、委員會一方面認為利潤分享本身是完全合理的原則，另一方面也把安排得當的利潤分享看作是發展集體合作、提高效率的最好辦法。

五、委員會相信廣泛推動利潤分享有助於穩定經濟。在補償、價格和利潤方面採取靈活的措施，為公司能隨時適應情況的變化（無論是向上或向下）提供最佳保證。

六、委員會認定，只有當價格、薪水與利潤處在合理的關係時，才能維持穩定的繁榮。委員會相信，我們的自由經濟想要生存下去，管理階層就得承擔託管人的責任，監督這種關係是否形成。

七、委員會認為，最重要的是由健全利潤分享產生的真正夥伴精神。解決勞資衝突的唯一辦法，就是推廣這種精神。根據經驗，委員會確信，這種方法會得到大部分工人的回報。

八、委員會致力於以各種實際可行的方式推廣利潤分享的目標，但又不把這種方法當成萬靈丹。任何有關勞資關係的政策或計畫，如果沒有適應具體情況，如果其背後的管理階層沒有秉持公正辦事的原則，不相信人的重要性、尊嚴與感受，就不可能成功。

21 參見Charles Fourier, *The Passions of the Human Soul*, with a general introduction by H. Doherty, translated by J. R. Morell, H. Bailliere, London, 1851.

22 轉引自E. Dolleans *Proudhon*, Gallimard, Paris, 1948, p. 96.

23 普魯東在一八六〇年一月寫給米什萊（Jules Michelet）的信，轉引自E. Dolleans, *loc. cit.*, p. 7.

24 轉引自M. Buber, *Paths in Utopia*, The Macmillan Company, New York, 1950, p. 48.

25 俄國的社會主義革命黨所持的觀念很多是來自上述的社會主義學派而不是馬克思主義。參見I. N. Steinberg, *In the Workshop of the Revolution*, Rinehart & Company, Inc., New York, 1953.

26 參見"Nationalökonomie and Philosophie," published by S. Landshut, A. Kröner Verlag, Stuttgart, 1953, in Karl Marx, *Die Frühschriften*, p. 147.

27 *Loc. cit.*, *Die Frühschriften*, p. 243 ff.

28 Karl Marx, *Capital*, translated from the third German edition, by S. Moore and E. Aveling, The Modern Library, Random House, Inc., New York, I889, p. 688, footnote.

29 同上引書，p . 273.

30 Karl Marx, *On the Jewish Question*.

31 關於這一點，我十分感激福克斯（G. Fuchs）的評論和建議。

32 Karl Marx, *Capital*, translated from the third German edition, by S. Moore and E. Aveling, New York, I889, p. 489.

33 譯註：指私有財產具有否定人的性質，同樣也是否定人的庸俗共產主義只是私有財產的必然發展。

34 同上引書，p. 233, 234.

35 轉引自M. Buber, *Paths in Utopia*, The Macmillan Company, New York, 1950. pp. 86, 87.

36 Buber, *loc. cit*., pp. 95, 96.

37 有關這一點，另可參考我的“Zu Methode und Aufgabe einer Analytischen Sozialpsychologie” [1932a] in *Zeitschrift für Sozialforschung*, Leipzig, 1932，和J. A. Schumpeter’s discussion of Marxism in *Capitalism, Socialism and Democracy*, Harper and Brothers, New York, 1947, pp. 11, 12.

38 我在《逃避自由》中分析了這種相互作用。

39 譯註：俄國馬克思主義作家和革命家。

40 mir，「米爾」是俄國舊有的農業社群。

41 私下交流時告知。

42 譯註：各國社會民主黨在一戰期間都主戰。

第八章

邁向健全之路

第一節 概論

我們發現，在對資本主義的各種批判分析中有著驚人的相似之處。雖然十九世紀的資本主義確實因忽視工人的物質福利受到批判，但這絕不是主要的批評意見。歐文與普魯東、托爾斯泰與巴枯寧、涂爾幹與馬克思、愛因斯坦與史懷哲所談到的是人，是人在工業制度下的處境。儘管他們以不同的觀念表達，但他們都發現：人失去了核心地位，變成實現經濟目標的手段；人已經與他人、與自然疏遠，不再過著有意義的生活。我嘗試藉由詳盡闡述異化的概念，並從心理學的角度說明異化造成的心理後果，表達同樣的想法。這些後果包括：人倒退回「接受取向」和「市場取向」，不再有創造性（productive）；人喪失了自我感，變得依賴他人的認可，因而傾向於從眾卻又感到不安；人感到不滿足、無聊乏味和焦慮，把大部分精力用在試圖補償或掩蓋這種焦慮；人的智力卓越，但理性卻崩壞了，再加上擁有強大的技術能力，如今人正嚴重危及文明甚至整個人類的生存。

如果我們轉而探究促成這種發展的原因，就會發現大家的意見不如對病症的診斷一致。十九世紀初期，人們仍然傾向於把萬惡之源歸咎於沒有政治自由，特別是沒有普選。社會主義者，尤其是馬克思主義者，則強調經濟的因素。他們認為，人的異化源於他成為被剝削與被利用的對象。另一方面，像托爾斯泰、布克哈特之類的思想家，則強調精神與道德貧困是西方人墮落的原因；佛洛伊德則認為，現代人的問題是過於壓抑本能，和由此引起的各種精神官能症。但是，這種只分析一個面向而排除其他面向的解釋是片面的，因而也是錯誤的。這些從社經、精神和心理方面的解釋，都是從不同角度來看同一個現象；而理論分析的任務，就是要釐清這些角度之間的關係，以及它們如何彼此影響。

找到這種發展的原因，也就找到了治療現代人缺陷的藥方。如果我認為病因是經濟、精神或心理的，我必定相信只要醫治了這些病因，就會使人恢復健全、理智。另一方面，如果我認知到這些不同面向是相互關聯的，我必定會認為，只有當工業與政治的組織、精神與哲學的取向、性格結構與文化活動，各方面同時發生變革，社會才能達到心理健康。只注重某一個領域的變化，而排除或忽視其他領域的變化，整體的變化便難以出現。事實上，這看來正是人類進步最大的障礙之一。基督教鼓吹精神層面的更新，卻忽視社會秩序的變革，但沒有社會秩序的變革，精神層面的更新對大多數人來說勢必無法發揮作用。啟蒙時代把獨立的判斷與理性視為最高準則，鼓吹政治平等，但卻沒有察覺，社經組織如果不發生根本性變化，那政治平等就不會讓人類發展出兄弟般的情誼。社會主義，特別是馬克思主義，強調社會改革與經濟改革的必要性，卻忽視人的內心改變的必要性，而沒有這種內心改變，經濟變革絕不能產生「好社會」。過去兩千年來，每一項偉大改革運動都強調生活的某個面向而排除其他面向，它們的改革和更新的建議都是基進的，卻幾乎都以完全失敗告終。福音的傳揚演變為天主教會的建立；十八世紀理性主義者之理念，演變為羅伯斯比與拿破崙的專制統治；而馬克思的學說，演變為史達林的極權統治。這樣的結果幾乎是無法避免的。人是一個整體，他的思想、情感與生活實踐是密不可分的。當他缺乏表達情感的自由時，就不可能有思想上的自由；當他在生活實踐、在經濟與社會關係上，是依賴與不自由的時候，他不可能有表達情感的自由。如果基進的變革僅限於某個領域，而其他領域未見相應的改革，那麼結果便是：這些訴求最終僅由少數人實踐；對多數人而言，它們淪為空洞的口號與形式，反而掩蓋了其他領域依然停滯不前的現實。毫無疑問，對人類進步來說，在生活的全部領域邁出整合的一步，比在一個孤立的領域中邁出一百步，具有更深遠的意義與更持久的效果。幾千年來「孤立式進步」的失敗，應該已是一個相當有說服力的教訓了。

與此問題密切相關的，是基進主義與改革的問題，它們看似成了各種政治解決方案的分界線。然而，只要仔細分析就可發現，這種二分法是不成立的。改革一再發生。改革可以是基進的，也就是刨根究柢；也可以是浮面的，即只試圖治標而不治本。以這一點來說，非基進的改革永遠不能達成目的，最終甚至會走向與初衷相反的方向。另一方面，所謂的「基進主義」相信，大可以用武力來解決問題，然而實際上解決問題真正需要的是觀察、耐心與持續行動，這種基進主義與表面改革一樣不切實際且虛假。從歷史上看，兩者常常導致同樣的結果。布爾什維克革命導致史達林主義，德國右翼的社會民主黨的改革導致希特勒上台。改革真正的標準不在它的速度，而在改革是否切合實際，在它是否具有「基進性」。關鍵在於，它是否觸及根本、試圖改變病因，還是只是留在表層，處理一些表面的問題而已。

如果這一章討論的是邁向健全之路，也就是治療社會疾病的方法，我們最好先暫停一下，問自己：對於治療個人的精神疾病，我們了解多少？社會疾病的治療也必須遵循相同的原則，因為它是很多人的病症，而不是一種超越個人，或與個人脫離的病症。

個人疾病的治癒條件主要如下：

一、一定出現某種與正常心理功能相反的發展。根據佛洛伊德的理論，這表示「力比多」不能正常地發展，並因此產生症狀。但按照人本主義精神分析的觀點，病理的根源在於未能發展出「創造性取向」，這就導致非理性激情的發展，特別是亂倫性、破壞性與剝削性。人的心理如果不能正常發展，就會引起痛苦（無論自覺或不自覺）。這會讓人出現一種克服痛苦的強烈欲望，也就是力圖向健康的方向轉變。人追求身體與心理健康的動力，是治療所有疾病的基礎，只有在最嚴重的病症中，才會缺乏這種動力。

二、讓人出現追求健康傾向的第一步，是必須察覺到痛苦，以及察覺那些被排除在我們意識人格之外的部分。按照佛洛伊德的學說，壓抑主要是壓抑性欲的衝動。但在我們的理論架構裡，壓抑是指壓抑非理性的激情，壓抑孤單感和徒勞感，以及壓抑對愛與創造性的渴求。

三、自我覺察的提升，只有在邁出下一步時才能真正發揮效果。這一步，就是改變建立在精神官能症基礎上的生活方式，因為那樣的生活方式會不斷製造同樣的問題。舉例來說，如果一個病人的精神官能症讓他總想屈從於父親的權威，那麼，他常常會藉由選擇具有支配性或施虐癖的父親型人物來當他的上司、老師等等，以營造出這種生活方式。唯有當他實際改變自己的生活處境，不再讓自己不斷重複這種順從傾向時，他才可望痊癒。此外，他必須改變自己的價值觀、行為規範和理念，讓它們促進，而不是阻礙自身對健康與成熟的追求。

治癒社會問題也需要同樣的條件：與人性需求發生衝突所引發的痛苦、對那些被排除在意識之外的事物有所覺察，以及現實處境與價值與規範體系的轉變。

本書上一章的目的是為了揭示人類基本需求與我們社會結構之間的衝突，並幫助人們認識自身的內在矛盾，以及那些被忽視或排除在意識之外的感受。本章的主旨，則是討論在我們的經濟、政治和文化組織中進行實際變革的各種可能性。

然而，在討論實際問題之前，讓我們依據本書一開始提出的前提，再一次考慮心理健康的組成是什麼，以及什麼類型的文化可被認為有助於心理健康。

心理健康的人是富有創造力而沒有異化的人：他與世界建立起愛的關係；他運用理性，客觀地掌握現實；他經驗到自己是獨一無二的個體，與此同時又感到自己與他人和諧一致；他不屈從於非理性的權威，樂於接受良知與理性的理性權威；只要他活著一天，就不斷處於「誕生」的過程中，並把生命這份禮物視為他所擁有最寶貴的機會。

我們也要記住，這些心理健康的目標不是必須強加給人的理想，不是必須壓抑他的「天性」或「與生俱來的自私」才能獲得。恰好相反，只要一個人不是生下來就在精神或道德方面有障礙，那麼他天生就具有追求心理健康、幸福、和諧、愛與創造性的傾向。在無數情況中都可看到，只要一有機會，這些傾向就強力地顯現出來，只有當強大的社會條件與結構發揮影響力時，這些與生俱來的健全傾向才會被扭曲與壓抑。事實上，綜觀人類大部分的已知歷史，人對人的利用就是導致這種扭曲的根源。若相信這種扭曲是人所與生俱來，就好比把種子撒在沙漠裡，卻聲稱種子本來就不會生長一樣荒謬。

什麼樣的社會符合心理健康的目標？一個健全社會的結構是什麼樣子？首先，在這種社會裡，沒有人是別人用來達到目的的工具，每一個人都是自己的目的。因此，沒有人會被利用，也不會將自己用於與自身能力發展無關的目的。以人為核心，一切經濟與政治活動都是為人的成長這個目標服務。在健全的社會裡，人們無法利用貪婪、剝削、占有、自戀等，這類特質來獲取物質利益或提高個人威望。按照良知行事被當成基本與必要的特質，而機會主義與不遵守原則會被視為反社會行為。個人參與社會事務，社會事務也因而成為個人的事；個人與他人的關係，與個人和其自身的關係不再分離。此外，健全的社會讓人得以在可管理與可觀察的範圍內運作，積極而負責任地參與社會生活，並且成為自己生活的主人。健全的社會能促進人類團結，不只允許而且鼓勵成員之間友愛互動。健全的社會促使人人進行創造性活動，刺激理性的發展，讓人能夠透過集體的藝術與儀式表達出內心深處的需求。

第二節 經濟的轉型

一、社會主義的課題

在前一章，我們討論了解決當今社會病態問題的三種方案：極權主義、超級資本主義和社會主義。極權主義的解決方案，無論是法西斯主義還是史達林主義，顯然只會導致精神不健全和非人性化的程度越來越嚴重。而超級資本主義的解決辦法，只會加深資本主義固有的病態，使人更加異化、更加機械化，並最終讓人成為自己所創造的偶像的僕人。唯一具建設性的解決方案是社會主義，其目標在於從根本上重整我們的經濟和社會制度，使人不再被當作手段去達成自身以外的目的，創造出一種社會秩序，讓人的團結、理性、創造性得到鞏固，而不是被削弱。然而，迄今為止，在實行社會主義的那些地方，其成效無疑仍然是讓人失望的。這種失敗的原因何在？要達到什麼樣的社會與經濟重整才可能避免失敗，帶來健全的社會？

馬克思派的社會主義者認為，社會主義社會建立在兩個前提上：生產工具和分配的社會化，以及中央集權式的計畫經濟。馬克思與早期的社會主義者堅信，如果能達成這些目標，全人類便會幾乎自動地從異化狀態解放出來，而一個無階級、充滿友愛與公正的社會也將幾乎自動地誕生。他們認為，要達到這種人類變革，需要做的只有工人階級透過暴力或選舉奪取政權，將產業社會化，實行計畫經濟。他們的假設是否正確不再是一個學術問題。俄國已經在經濟領域實行了馬克思派社會主義者所認為必須做的事。雖然俄國的制度顯示，一種社會化和計畫的經濟在經濟發展上是行之有效的，但它也證明了這種制度絕不是創造一個自由、友愛與非異化之社會的充分條件。事實剛好相反，中央計畫式的經濟，甚至可能造成比資本主義或法西斯主義更嚴重的制度化控制與威權統治。不過，社會化和計畫經濟在俄國的實現，並不意謂俄國的制度就是實現了馬克思與恩格斯所理解的社會主義。它只意謂著馬克思與恩格斯所認為，「只要改變所有權制和實施計畫經濟，便足以引發他們渴望的社會和人性變革」的想法是錯誤的。

雖然生產工具的社會化與實施計畫經濟是馬克思主義最核心的訴求，但馬克思派社會主義還有其他要求完全沒有在俄國落實。馬克思沒有主張收入應該完全平等，但仍考慮著要大幅削減資本主義制度下的收入不平等。事實上，收入不平等的情況，在俄國比在美國或英國還要嚴重。馬克思主義的另一個思想是，社會主義將導致國家的消亡，以及導致社會階級逐漸消失。事實上，在俄羅斯，國家的權力與社會階級的區別，比任何資本主義國家都更加明顯。最後，馬克思的社會主義思想核心是，人的情感力量與知性力量是文化的目標，而物（資本）必須為生命（勞動）服務，生命絕不應附屬於任何無生命的事物。就此而論，俄國對個人及其特質的漠視，同樣比任何資本主義國家都更嚴重。

但是，俄國並不是唯一運用馬克思派社會主義經濟觀念的國家。另一個國家是英國。夠弔詭的是，英國工黨雖然不是建立在馬克思主義理論的基礎上，它的實際措施卻完全遵行馬克思主義學說的道路，也就是將產業社會化作為實現社會主義的基礎。它與俄國的差異十分明顯。英國工黨總是依賴和平手段來達到自己的目的。它的政策並不極端，只對醫療、銀行、鋼鐵、採礦、鐵路與化學工業加以社會化，並未將其他產業國有化。雖然工黨推行的經濟制度是夾雜著社會主義成分的資本主義，它追求社會主義化的主要概念是把生產工具社會化。

然而，英國的實驗雖然沒有失敗得像俄國一樣慘重，卻也是令人洩氣的。一方面，這個實驗創造了大量政治管制與官僚化，讓關心提高人類自由與獨立性的人難有好感。另一方面，工黨也沒有達到社會主義的任何基本期望。顯而易見的是，對英國礦工或鋼鐵工人來說，工廠是由幾千人所有（甚至像公營企業那樣由成千上萬的人所有），或是由政府所有都差不多。他的薪水、權益、工作環境，與他在生產過程中扮演的角色在本質上沒有改變。國有化只是可為工人帶來不可能在純粹資本主義經濟中透過工會得到的少量利益。另一方面，雖然工黨政府的措施沒有達到社會主義的主要目標，但如果忽視英國社會主義為英國人民的生活所帶來的重大有利變化，也是目光短淺。重大變化之一，是把社會保險制度推廣到健康保險方面。按照健康保險制度，在英國，人人都不用擔心生病，不必把生病當成打亂生活安排的災難，更不用擔心沒有恰當就醫而喪失生命。這種制度對美國的中產階級或上層階級來說可能沒有什麼意義，因為他們有錢支付醫療和住院費，不過這確實是一項根本的改善措施，可以與全民教育取得的進步相提並論。此外，儘管工業國有化在英國推行的程度有限（約占整個工業的五分之一），卻讓政府能夠在某種程度上調節整個經濟，使英國經濟得益不少。

儘管我們尊重並欣賞工黨政府的這些成就，但如果我們從人的角度而不是從純經濟的角度來考慮，會發現工黨的措施無助於實現社會主義。雖然有人認為，工黨只是剛開始著手實現社會主義的綱領，要是執政的時間夠長，就可以實現社會主義，但這種論點並不太讓人信服。人們甚至想像，將英國的所有重工業社會主義化之後，社會保險措施會更多，社會將更加繁榮，因而用不著擔心新的官僚系統，會比通用汽車或奇異公司的官僚系統更危害自由。儘管這種社會主義化與規劃具有諸多優點，但如果我們將社會主義理解為一種新的生活方式：一個團結互助、充滿信念的社會，個人在其中能找回自我，並擺脫資本主義體系所固有的異化，那麼，這種社會主義化與規劃仍稱不上是真正的社會主義。

蘇聯式共產主義的後果令人恐懼，而英國工黨的社會主義其成效也令人失望，兩者都導致許多民主社會主義者陷入聽天由命和絕望的情緒。一些人仍舊相信社會主義，但多半出於驕傲或固執，不是出自真正的信念。還有一些人忙於社會主義政黨的大小事務，無暇做更多的反省，但以投身於日常的實際事務為滿足。還有一些人對社會革新失去信心，把反對俄國共產主義為己任。

他們大肆抨擊共產主義，但不對資本主義進行任何激烈批評，也不再提可以讓民主社會主義運作的新建議。他們讓人覺得只要能解除共產主義對世界的威脅，萬事就會大吉。他們的舉動就像失戀的人一樣，對愛情完全失去信心。

克羅斯曼（R. H. S. Crossman）是英國工黨左派最具思想性與行動力的領袖之一，我在這裡要引用他的一篇文章，作為民主社會主義者普遍感到沮喪的典型表現：「我們並非生活在一個正穩步邁向世界福利資本主義的時代，而是一個世界革命的時代。所以，如果我們認為社會主義者的任務，就是促使人類物質生活的逐漸改進，以及人類自由領域的逐步擴大，那麼我們是極為愚蠢的。歷史的力量正在使人們走向極權主義：在蘇聯陣營中，這是克里姆林宮的政策刻意造成的局面；在自由世界，這是管理型社會的發展、全面重整軍備的影響，與壓制殖民地人民的意志所造成。社會主義的任務，既不是加速這場政治革命，也不是去反對它（這就像一百年前努力反對工業革命那樣徒勞無益），而是使它得以開化，變得文明。」[1]

在我看來，克羅斯曼的悲觀主義有兩點錯誤。其一，他認為管理式或史達林主義式的極權主義可以被「開化」。如果克羅斯曼所說的開化，是指一種不像史達林式獨裁那樣殘忍的制度，他可能是正確的。不過，《美麗新世界》中那個完全以暗示和條件反射為基礎的社會，其非人化與精神失常的程度，與歐威爾在《一九八四》中描寫的無異。這兩種完全異化的社會是無法使之變得人性化的。克羅斯曼的另一個錯誤在他的悲觀主義。社會主義因為具有真正的人性和道德嚮往，仍然是世界上千萬人極力追求的目標，而且現在可以實現民主社會主義的客觀環境也比十九世紀成熟。此假設的理由，隱含在我以下對經濟、政治和文化領域進行社會主義改革所勾勒的建議。不過，在我描述之前，我想首先聲明（儘管這種聲明不是必要的），我提出的建議既不是什麼新的概念，也不是包羅一切或必然正確詳盡的主張。這些建議只是基於一種信念：我們有必要從對原則的一般性討論，轉入對實質問題的探討，即探討如何實現這些原則。早在政治民主實現之前，十八世紀的思想家便討論了憲法原則的藍圖，以顯示要如何建立民主的政府組織。二十世紀需要探討的，是將社會改革為真正人性的社會的方法和途徑。對這種主張所提出的反對意見主要建立在悲觀主義和極度缺乏信心之上。人們聲稱，管理式社會的發展，和它隱含的對人的操縱是無法阻止的，除非我們倒退回手工操作紡織機的時代，因為現代工業需要的是管理人員和自動機器。其他的異議則是由於缺乏想像力。還有一些人表示反對，是因為他們心中有深深的恐懼感，唯恐獲得充分的生活自由。然而，毫無疑義的是，無論從理論上還是從實際上來說，社會改革的問題都不像化學家和物理學家需要解決的技術難題那樣困難。我們還需要堅信，我們對一場人類復興的需求，大於對飛機或電視的需求。只要我們將自然科學中一小部分的理性與實用精神應用在人類問題上，就能延續十八世紀先輩們引以為傲的使命。

二、社群社會主義的原則

馬克思主義之所以強調生產工具的社會化，是受到十九世紀資本主義的影響。所有制與財產權是資本主義經濟的核心，即使馬克思是透過顛覆資本主義的財產制，並要「剝奪剝奪者的權利」來定義社會主義時，他仍然停留於這個參考架構內。就像他們處理政治與社會因素時所採取的立場一樣，馬克思與恩格斯比其他社會主義思想流派受到資產階級精神的影響更多。這些社會主義思想流派關注工人在工作過程中發揮的作用、他與工廠中其他人的人際關係，以及工作方法對工人性格的影響。

馬克思派社會主義的失敗之處（大概也是它的受歡迎之處），正在於這種對財產權與純經濟因素所做的資產階級式高估。但其他社會主義流派更意識到馬克思式社會主義存在的陷阱，而對社會主義的目標有更充分的規劃。歐文主義者、工團主義者（syndicalists）、無政府主義者和行會社會主義者（Guild socialists），最主要的關注是一致的，那就是工人在工作中所面臨的處境，以及他與其他工人的關係（我在這裡與接下來所說的「工人」，是指任何靠勞動為生，不靠聘雇他人獲得額外經濟收入的人）。所有不同形式的社會主義都可稱為「社群社會主義」（communitarian Socilaism）。那是一種工業組織，其中，**每個工人都是積極與負責任的參與者；勞動是吸引人和有意義的；不是由資本雇用勞力，而是由勞力雇用資本**。

社群社會主義強調勞動的組織，以及人與人的社會關係，並不看重所有制。正如我在後面將會顯示的，現在世界各地的社會主義者具有回歸到這種態度的明顯趨勢，而在數十年前，他們曾經認為馬克思社會主義思想的純粹形式，是解決一切問題的唯一辦法。儘管工會主義者、無政府主義者，以及行會社會主義者存在相當大差異，但我將會根據科爾（Cole）的闡述，讓讀者對社群社會主義的思想原則有整體認識。

科爾寫道：「從根本上來說，過去堅持自由的主張是正確的。這種主張後來之所以被廢棄，是因為它只從政治自治的角度考慮自由。自由的新概念必須包含更廣，必須包含這樣的思想：人不僅是自由國家的公民，還是一個工業共同體的夥伴。官僚主義的改革家只強調生活的純物質面，所以認為社會是由吃得好、住得好、穿得好的機器人般的人構成，這些機器人是為更大的機器（政府）而工作。個人主義者提供給人們的選擇，是行動自由掩飾下的飢餓與奴役。新社會主義的目的是真正的自由，這種自由把人當成人，而不是問題或如神一般的偶像看待，從而確保了人的行動自由，讓人免除經濟壓迫。

「事實上，政治自由本身總是虛幻的。如果一個人每週六天（甚至七天）在經濟上處於屈從的地位，那麼，僅靠五年一次的投票並不會讓他變得自由。如果說自由對一般人有什麼意義的話，就必須包括工業自由。從事勞動的工人無論生活在什麼樣的制度之下，在知道他是自治的工人社群一員之前，本質上一直處於被奴役的狀態。光是消除受薪奴隸與雇主之間的卑下關係是不夠的。國家社會主義同樣讓工人處於專制枷鎖之中，其非人格化，最令人痛苦。工業自治不僅是政治自由的補充，還是政治自由的開路先鋒。

「人隨時隨地都在枷鎖中，只有當他感到當奴隸（不管是當個人或國家的奴隸）是一種恥辱，他的枷鎖才可望被砸碎。文明的病態不是多數人的物質貧困，而在於自由與自信精神的沒落。改變世界的革命將不會是發自推動改革的善意，而是發自爭取自由的意志。人們將會在完全意識到他們相互依賴的情況下，一致行動，不過，他們是為自己而行動。自由不會從天而降，他們必須為自己爭取自由。

「因此，社會主義者不應這樣呼籲工人：『難道貧窮不是痛苦的嗎？你願意扶植窮人嗎？』而是應該這樣呼籲：『貧窮是受人奴役的象徵。要治療它，你必須停止為他人勞動，必須相信你自己。』只要世上有充當主子的人或機構，受薪奴隸就會存在，而當工人學會將自由置於安逸之上時，這種狀態就會結束。一般人會成為社會主義者不是為了得到『最起碼的文明生活』，而是因為他和他的夥伴受奴隸制度的束縛而感到慚愧，是因為他鐵了心要結束那種讓他們變成奴隸的工業制度。[2]

「那麼，勞工階級應該追求的理想，其本質是什麼呢？工人所要求的『產業控制』又是什麼意思？它可以總結為：直接管理。實際經營管理的任務，必須交給從事這項工作的工人。他們必須能安排生產、分配和交換。他們必須爭取到產業自治，必須有權選舉自己的管理人員，必須搞懂並控制工業與貿易所有複雜的機制，必須成為社會在經濟領域公認的代理人。[3]

三、社會心理學的反對意見

在為如何在工業社會中實現「社群主義的社會主義」提出實際建議前，我們最好暫停一下，先討論對這類可能性所持的主要反對意見。第一類反對意見基於工業勞動的性質，另一類的出發點是人性與勞動的心理動機。

很多深思與立意良好的觀察者正是出自對勞動環境本身的變化，以最激烈的方式批評了「社群主義的社會主義」。他們稱，現代工業勞動的本質就是機械性、無趣和異化的。其基礎是勞動的極端分工，絕不可能占據整個人的興趣和注意力。一切讓勞動變得有趣和有意義的想法，只是不切實際的夢想，如果照做，在邏輯上必然會導致我們放棄現在的工業制度，倒退回工業革命之前的手工業生產方式。他們繼續主張，工業發展的目標必然是讓勞動變得更加沒有意義，更加機械化。我們看到，在過去一百年中，工作時間大大縮短了，指望將來每天工作四小時甚至兩小時似乎也不是異想天開。我們也看到，工作方法現在已發生劇烈變化。勞動過程被分割成許多微小的部分，這讓每個工人的工作成為機械性的，用不著對勞動投入積極的關注，所以，他們能夠沉湎於白日夢和幻想中。此外，我們正在使用越來越多的自動化機器，它們有自己的「大腦」，「工人」在乾淨、明亮、健康的工廠裡工作，需要做的，只是看著某些儀器，不時拉一下控制桿。持這種觀點的人會說：勞動完全自動化正是我們所希望的，人只需工作幾小時而且不用投以很大注意力，所以不會感到不舒服。這樣的勞動將成為像刷牙一樣無意識的例行公事，休閒的時間才會是生活的重心。

這種論點聽來很有說服力。誰又能說，我們的工業發展目標不是實現全自動化的工廠、取消所有骯髒與讓人不舒服的勞動？但有幾項考量阻止我們把勞動自動化視為健全社會的首要寄託。

首先，勞動機械化是否能產生上述論證所假設的後果，至少是值得懷疑的。很多證據表明情況恰好相反。例如，最近一個對汽車工人進行得很周全的研究顯示，他們對工作的厭惡程度，會隨著工作中大量生產的特徵（如重複性、機械化節奏等）越明顯而越強烈。一方面，大多數工人出於經濟原因喜歡這類工作（147：7人），但更多的人（96：1）不喜歡這類工作的內容。[4]工人的行為也表現出同樣的反應。「與從事生產流程標準化程度較低的工作相比，那些在高度標準化、大量生產環境中工作的工人，缺勤率更高，辭職的人也更多。」[5]大多數工業心理學家認為，機械化勞動所給予的做白日夢自由是一種積極、健康的因素，這種看法也讓人懷疑。事實上，白日夢是缺乏與現實連結的一種表現。做白日夢並不能讓人提神醒腦或放輕鬆，它的本質是逃避，帶有逃避所具有的各種消極後果。被工業心理學家如此標榜的東西本質上與現代人的一般特徵——注意力不集中——是同一種東西。你同時做三件事，是因為你沒有集中精神做任何一件事。那種相信做事不專心可以讓人提神醒腦的看法大錯特錯。事實是，任何注意力集中的活動，無論是工作、娛樂還是休息（休息也是一種活動），都會讓人精神煥發，反觀任何注意力不集中的活動都會讓人疲累。任何人經過幾次簡單的自我觀察，都會發現這種說法所包含的真理。

撇去這些不論，要達到高度自動化與大量縮減工時的狀態，還需要很多代人的努力——尤其如果我們不只考慮歐洲和美洲，還包括那些工業革命幾乎尚未開始的亞洲與非洲。人類難道在接下來的幾百年裡，都要繼續把大部分精力花在無意義的工作上，只為了等待有朝一日工作將不再需要花費精力？而在這過渡時期，他將何去何從？他會不會變得越來越異化，而且不只是工作時，連休閒時也一樣？希望勞動可以不費吹灰之力，難道不是建立在以懶惰幻想和「按鈕權力感」為基礎的白日夢，而且是一種相當不健康的白日夢？勞動難道不是人類生命的重要部分，不能也絕不該貶低到幾乎毫無意義的地位嗎？勞動方式本身難道不也是構成一個人的性格的基本要素？完全自動化的勞動難道不會導致完全自動化的生活？

雖然這一切問題都對理想化、全自動化勞動的想法提出懷疑，我們必須先處理那種否認勞動可以成為吸引人與有意義的活動（也因而可以是真正人性化的活動）的觀點。這類觀點的論據是：現代工廠的工作就其本質而言，就是不會讓人感興趣和獲得滿足的。此外，還有一些必須做的工作是斷然會讓人厭惡和不快的。工人積極參與管理乃是與現代工業的要求格格不入，容許這種參與將會導致混亂。為了在這種制度中恰當地發揮自己的作用，人必須服從，順從並適應例行公事化的組織。人生來就是懶惰、不願承擔責任的，因此，他必須受到制約以求暢順運作，不會過於主動和自發。

為了恰當地討論這些論證，我們必須對懶惰問題和勞動的各種動機進行一些思索。

讓人感到吃驚的是，儘管許多可觀察到的事實與人天生就懶惰的說法相矛盾，心理學家和普通人仍然堅持這種觀點。懶惰絕不是人性的正常現象，而是一種心理症狀。事實上，其中最嚴重的一種精神痛苦便是無聊乏味，即不知道自己該幹什麼，不知道如何打發時光。即使人得不到金錢上或是其他形式的獎賞，他還是會樂於以某種有意義的方式消耗自己的精力，因為他不能忍受無所事事帶來的無聊乏味。

讓我們觀察一下兒童：他們從來不懶，只消稍加鼓勵，甚至不用鼓勵，他們就會忙著玩耍，問一些問題，編一些故事。他們這樣做除了活動本身的樂趣之外，沒有什麼其他刺激因素。在心理學的領域，我們發現對一切事情都失去興趣的人是病入膏肓的人，絕不是人性的正常狀態。很多資料顯示，工人在失業期間會感到這種「強迫的」休息像挨餓一樣難受，甚至比挨餓更難受。還有很多資料顯示，許多年滿六十五歲的人，因為不得不退休而陷入重度不快樂，很多人還會因此健康惡化或生病。

無論如何，人們廣泛相信人天生懶惰是有充分的理由。主要原因在於異化的勞動讓人乏味，得不到滿足感。這會引發很大的壓力與敵意，它讓人對所從事的勞動和相關的一切產生厭惡感。結果我們發現渴望懶惰和「什麼也不做」成了很多人的理想。如此一來，人們感到他們的懶惰是一種「自然的」心理狀態，不是病態生活狀況的病症，不知道那是無意義的異化工作的結果。如果我們仔細研究一下有關工作動機的流行觀點，會很容易看到它們是以異化工作的概念為基礎，由此推導出來的結論並不適用於非異化的、吸引人的工作。

傳統上普遍的看法，認為金錢是勞動最主要的誘因。這個答案可以有兩個完全不同的意思：

第一，害怕挨餓是工作的主要誘因。單就其本身而論，這個論點無疑是正確的。假如工人不是面臨如果不接受工作就得挨餓的選擇，很多由薪水或其他工作條件所決定的工作絕不會有人做。在我們的社會中，令人討厭、卑微的工作，並不是人們自願去做的，但生活的需求迫使很多人選擇這類工作。

更常見的情況是，「金錢誘因」這個概念是把賺更多的錢，看成更努力工作的動機。這種觀點認為，如果人不是受到期望可能會獲得更多金錢報酬的誘惑，他根本不會去勞動，至少不會起勁地勞動。

大多數工業家和很多工會領袖仍然深信金錢是工作的誘因。例如，對於提高工人生產率最重要的方法是什麼，五十位製造業主管給出回答如下：

44％　錢是唯一的答案。
28％　錢是主要因素，不過也應重視某些較無形的事物。
28％　錢很重要，但超過了某個限度，錢也發揮不了什麼作用。
100％[6]

事實上，世界各地的雇主都贊成把薪水獎勵計畫作為唯一的手段，用以提高每個工人的生產率，提高工人和雇主的利潤，進而間接地減少曠職與方便管理等等。工業部門和政府機構的調查報告「通常證明了獎勵性薪水有效於提高生產率和達到其他目標」。[7]工人自己似乎也相信獎勵性薪資可以獲得最大的人均產量。一九四九年，由「民意研究機構」所進行的調查表明（對象是從全國各地廠家抽樣的一〇二一名體力勞動工人），六五％的工人認為獎勵性薪資可以增加產量，只有二二％的人說計時薪資會提高產量。不過，就他們喜歡什麼樣的薪資方式這個問題而言，六五％的工人回答喜歡計時薪資，只有二九％的人贊成獎勵性薪資（喜歡計時薪資的比例在計時工人中是74：20，甚至是拿獎勵性薪資的工人中，也有五九％的人贊成計時薪資，只有三六％的人贊成獎勵性薪資）。

維特勒斯（Viteles）指出，這些調查顯示「雖然獎勵性薪水對增加產量很有用的，但它本身不能解決讓更多工人與資方合作的問題。在某些情況下，它反而讓這問題更加嚴重」。[8]越來越多的工業心理學家，甚至一些工業家都贊同這種意見。

不過，如果我們不考慮資方不斷地刺激人們多賺錢的願望，我們對金錢誘因的討論就不夠全面。利用廣告、分期付款和各種手段，就可以刺激個人購買更多、更新的東西的欲望，而到最後他會幾乎沒有足夠多的錢來滿足這些「需求」。這樣，在產業的人為刺激下，金錢誘因發揮了在其他情況下無法發揮的作用。此外，用不著說，只要金錢誘因是唯一的誘因，它就能發揮任何事都無法與之相比的重要作用，因為勞動過程本身就是讓人得不到滿足感和無聊乏味的。許多人會寧願選擇金錢報酬較少但較有趣的工作。

除去金錢，地位和權力這些隨金錢而來的事物被認為也是勞動的主要誘因。我們用不著證明，對地位和權力的渴求是今天中層和上層階級最有力的勞動誘因。事實上，金錢的重要性主要在於它代表著地位，而地位的重要性至少等於安全和舒適。工人、員工和工商業低階管理職對地位的需求往往受到忽略。姓名牌對於臥鋪火車的搬運工、銀行出納等人來說是可以顯著增強自身重要感的心理刺激物。私人電話、高級的寬敞辦公室也是如此。這些地位因素也在工業工人中間產生影響。[9]

在當今社會，金錢、地位與權力，是驅動社會中最龐大群體——受雇者——的主要動力。但也有其他動機存在：建立經濟獨立生活所獲得的滿足感和熟練工作的表現，都讓勞動比單純為了金錢與權力更有意義和更吸引人。經濟獨立和技能，在十九世紀到二十世紀初，對獨立經營的商人、工匠和技藝高超的工人是最有滿足感的事。今天，這些動機的作用正在迅速消失。

與獨立經營者相比，受雇者的人數正在增加。在十九世紀初，差不多有五分之四的就業人口是自雇的企業家。到了一八七〇年，這類人只剩三分之一了，而到了一九四〇年，這古老的中產階級更只剩就業人口的五分之一。

這種從獨立經營者向受雇者的轉化減少了人們對勞動的滿足感（其原因我們已經討論過）。受雇者比獨立經營者更處於異化的勞動位置。無論他的薪水是高還是低，他都不過是組織的附屬品，不是一個為自己做事的人。

不過，也有一個可以減輕勞動異化程度的因素，那就是勞動所需的技術。不過，在這方面，情況也是朝著技術需求不斷減少，異化程度因而不斷增加的方向發展。

辦公室的工作人員始終需要某種程度的技術，但「討喜的性格」這個因素——即能夠將自己推銷出去的能力——卻越來越重要。就工業工人而言，那種老式的全能工人已越發不重要，代之而起是半技術工人。在一九四八年底的福特汽車公司，所有工人之中接受不到兩週訓練就開始工作的工人占了七五％到八十％。福特工廠辦的學徒培訓職業學校每年只有三百名畢業生，而且一半畢業生還進了其他工廠。在芝加哥的一家電池工廠，一百名各方面合格的機械工中，只有十五人具備全面的技術知識，另外四十五人只是能「熟練地」掌握某一部機器。芝加哥西方電氣公司的一家工廠中，工人的平均訓練期為三到四週，最細緻、複雜工種的訓練期也不過六個月。一九四八年該工廠共有員工六千四百人，其構成為：一千名白領工人、五千名工業工人，只有四百名可以被稱為熟練技術工人。換言之，員工總數中只有不到十％的工人技術合格。在芝加哥一家糖果工廠，九十％的工人所需的在職訓練不超過四十八小時。[10]

甚至像瑞士手錶業這樣以高素質、技巧精良的工人為基礎的行業，在這方面也發生了急劇的變化。儘管仍然有很多廠家按傳統的手藝原則生產，但在位於索洛圖恩州（Canton of Solothurn）的手錶大廠，技術真正熟練的工人比例極低。[11]

總之，絕大多數員工都不需要太多技能，幾乎沒有機會發展自己的特長或是展現自己的傑出成就。一方面，管理或專業人員至少對取得一些個人成就相當感興趣，然而大多數人是向雇主出賣體力或極少量的智力。雇主用他們的體力和些許智力來獲取利潤，工人卻分不到什麼好處，對產品也不感興趣。大多數工人的唯一目的是賺錢謀生，以及偶爾滿足他們的消費者貪欲。

這種情況必然導致不滿足、漠然和無聊乏味，以及讓人覺得徒勞和生活無意義的朦朧感受。人們不一定會察覺到這些社會塑造的病態。他們的掩飾方法或許是狂熱地投入各種逃避的活動，或許是拚命追求更多的金錢、地位和權力。但這些動機之所以如此強烈，只是因為異化的人必須靠這種方式補償內心的空虛，而不是因為這些欲望本身就是「自然的」或是最重要的工作動力。

有沒有任何實證可證明當今大多數人都不滿意自己的工作呢？

為了回答這個問題，我們必須區分人們對滿意與否的有意識看法和無意識感覺。精神分析證據顯示，不快和不滿的感覺有可能受到深深的壓抑。一個人可能在意識上感到滿意，而只有在他的夢境、身心疾病、失眠和其他症狀才會透露出潛在的不快。人們普遍認為，不滿意就意謂著「失敗」、古怪、不成功等等的想法，強烈支持著這種壓抑不滿和不快的傾向（因此，例如相信自己婚姻美滿並在填寫問卷時這樣回答的人，遠比真正婚姻美滿的人多得多）。

但即便是那些自以為對工作滿意的資料，也透露出不少問題。

一份全國性的研究報告顯示，有八五％的專業人員和行政主管對他們的工作感到滿意和愉悅，另有六四％的白領工人和四一％的工廠工人也是如此。另一項研究報告也有類似的情況：有八六％的專業人員、七四％的行政主管、四二％的商業員工、五六％的熟練技術工人和四八％的半熟練工人表示對工作滿意。[12]

從這些統計數字，我們看到專業人員、行政主管與工人和職員之間存在顯著差異。前一類人只有少數不滿意，而後一類人則超過半數不滿意。就總人數而言，大致過半數的受雇人員在意識上對工作不滿意，也不認為工作有什麼樂趣。如果考慮到無意識的不滿意情況的話，百分比就會相當高。就以那八五％「滿意」的專業人員和行政主管為例，我們應該調查一下他們之中究竟有多少人患有心因性疾病，如高血壓、胃潰瘍、失眠、神經緊張和神經疲勞等。儘管沒有這方面的確切資料，但如果我們考慮到這些症狀，那麼，真正對工作滿意和覺得工作有樂趣的人數，無疑比上述數字少得多。

就工廠工人和職員而言，自覺不滿意的百分比已經很高。毫無疑問，不自覺地感到不滿的百分比會更高。幾份研究報告說明了這一點，這些報告表明精神官能症和心因性疾病是曠職的主要原因（工廠工人有精神官能症症狀的比例高達五成）。疲勞和勞動的高補缺率是不滿意和怨恨的其他症狀。

從經濟觀點看，最重要的，因而也是被研究得最多的症狀，是工人不盡力工作，也就是人們常說的「保留餘力地工作」（work restriction）的傾向。這種傾向在當時十分普遍。「民意研究機構」在一九四五年進行的一次民意調查顯示，四九％受訪的體力勞動工人在回答問題時說「當一個人在工廠工作，就應當盡自己最大努力」，但四一％的工人卻回答說不應該竭盡所能，只要「中規中矩就行」。[13][14]

我們看到工業社會為它的大多數成員提供的工作，會引起大量有意識、甚至是無意識的不滿情緒。人們試圖透過混合金錢與地位的誘因，以此來抵消不滿情緒，而這些誘因毫無疑問激起相當大的工作渴望——對公司中高管理階層的人員而言尤其如此。不過，儘管這些誘因能刺激工作，它們能否導致心理健康或快樂卻是另一回事。有關勞動動機的討論通常只考慮到第一點，即某種誘因是否能增加工人的經濟生產力，而沒有顧及第二個問題，即有關工人的人格生產力的問題。人們忽視了這樣的事實：很多誘因都可刺激一個人去做某事，但這些誘因卻不利於其人格的健康發展。一個人可以因為恐懼或有罪惡感而拚命幹活：心理病理學除了有許多神經質動機導致人失去活力的例子，也有許多由此導致過分活躍的例子。

大多數人假定，既然我們社會現行的勞動——即異化的勞動——是唯一類型的勞動，那麼，厭惡勞動便是「自然」的事，也因此，金錢、地位和權力也就成了勞動的唯一誘因。不過，假如我們稍稍運用一下想像力，就可以從我們自己的生活中、從觀察兒童和很多隨時會遇到的情況中，找到大量的證據，顯示我們渴望把自己的精力花費在有意義的工作上，顯示這樣的話我們會感到精神振奮，顯示當我們所做的是有意義的事，我們會樂於接受理性權威的控制。

不過，即使上述情況千真萬確，很多人也會反對：這些真理對我們有何幫助？在工廠裡，機械化勞動本質上就是不可能有意義，不可能帶給人任何快樂或滿足感。這些都是無法改變的事實，除非我們願意放棄我們的技術成就。為了回應這種反對意見，並進而討論一些可能讓現代勞動變得有意義的構想，我想指出勞動的兩個不同面向，它們對解決我們的問題非常重要。這種差別就是勞動的技術面向（technical aspects）與社會面向（social aspects）的差別。

四、興趣和參與感成為工作動機

如果分別考慮勞動的技術面向與社會面向，我們會發現，假如其社會面向讓人滿意的話，則很多技術勞動都是充滿吸引力的。另一方面，有很多工作就其技術面向而言並不有趣，但勞動環境的社會面向卻可能使其變得有趣和吸引人。

先來討論第一種情況。我們發現，很多人都樂於當鐵路工程師。然而，儘管鐵路工程師是工人階級中薪水最高、地位最受人尊敬的職業，卻不能滿足那些「有能力做得更好」的人的野心。毫無疑問，如果工作的社會脈絡相同，很多企業行政主管會覺得當鐵路工程師更有樂趣。讓我們再以餐廳服務生為的例子。如果餐廳服務生的社會地位不同於現在的話，這工作一定能吸引很多人的興趣。當服務生可以讓一個人不停與他人互動、讓喜歡食物的人可以向別人推薦食物、愉快地為他人服務等。要不是服務生社會地位低下，收入微薄，很多人會覺得當服務生，比坐在辦公室裡與毫無意義的數字打交道要有趣得多。例如，要不是計程車司機社會地位和經濟地位不高，必定會有許多人喜歡做這工作。

人們常常說，有一些類型的勞動，要不是當事人受經濟需求所迫是不會去做的。礦工是常被提出的例子。但是，如果我們考慮到人有百百種，每種人各有各的有意識或無意識的想望，那麼，如果不是因為採礦在社會和經濟上是弱勢，則可能會有相當數量的人對在地球內部採出財富的工作十分神往。只要消除社會上和經濟上的不利，則幾乎沒有哪類工作是吸引不到某些類型的人。

不過即便我們上述的考慮是正確的，仍然可以肯定的是，機械化工業需求的許多例行公事化勞動不可能成為樂趣或滿足感的源泉。這再次證明，區分勞動的技術面向和社會面向相當重要。雖然在技術面向而言某些勞動確實是無趣的，但整個勞動環境卻可能帶給人很大的滿足感。

以下是一些例子。讓我比較一下做同樣工作——管理家務和做飯——的兩個人，一個是家庭主婦，一個是拿薪水的女傭。對她們來說，工作的技術面向是一樣的，都不是那麼有趣。然而，如果考慮到家庭主婦與丈夫、子女的關係及幸福快樂，而女傭與主人沒有任何情感連結，則她們的工作帶給她們的意義將大不相同。打掃對前者說來不是苦差事，對後者來說卻是如此。女傭打掃房子的唯一原因是她需要錢。產生這種差別的道理十分明顯：雖然就技術面向而言，兩人的工作是一樣的，但工作環境卻完全不同。對家庭主婦來說，打掃房子是她與丈夫子女的整體關係中的一部分，就此而言是有意義的。對女傭而言，她的勞動是沒有社會面向的，因此也不會由此獲得滿足感。

再舉一個例子：一名墨西哥印第安人在市場上出售他的產品，他得整天守著貨物，等待顧客，並不時回答諸如價格等問題。從技術面向而言，這工作與廉價商店女售貨員所做的一樣無聊和乏味。但兩者之間存在著根本區別。對那位墨西哥印第安人來說，他的店是內容豐富和讓人振奮的人際交往環境。他樂於與顧客周旋，喜歡與他們交談。要是他早早賣完東西，沒能進一步滿足他與別人交往的願望，他反而會大感挫折。可是廉價商店女售貨員的情況就完全不同了。雖然她用不著像時髦商店裡薪水較高的女售貨員那樣滿臉堆笑，可是她與顧客的關係卻是一樣的疏離。她成了售貨機器的一個零件，害怕被解雇，急於將工作做好。這項工作的社會環境是一種非人的、空虛的、無法讓人獲得任何滿足感的環境。當然，上述的印第安人是出售自己的產品，收穫自己的利潤，但即便是一個獨立經營的小店主，如果他不把工作環境的社會面向改造得具有人性，一樣會覺得工作無聊乏味。

我們再來看看工業心理領域的研究近況。我們發現，很多情況證明了區分勞動環境的技術面向和社會面向是重要的事，而且證明了工人積極地、負責任地參與管理，可以帶來活躍和促進的後果。

梅奧[15]在西方電氣公司的芝加哥霍桑工廠進行過一項現已成為經典的實驗，有力地證明了如果整體的工作環境能夠促進工人的興趣和積極參與，那麼從技術上而言，單調的工作一樣可以變得有趣。被選來實驗的是組裝電話線圈的工作。這是一項重複性工作，常常由婦女來執行。女工六人一組，在一個小房間內工作，房間內放著標準的裝配臺和相關的設備，小房間與主裝配間以隔板分開。五人就著裝配臺工作，一人向她們分送零件。所有女工都是有經驗的工人。其中兩人在實驗第一年辭職，職位由兩名有同樣技能的女工頂替。這項實驗共進行了五年，分成若干試驗階段，每一階段中都對工作條件作出某些改變。我們用不著談變化的細節，只說大致情況就足夠：上午和下午都安排了休息時間，休息時提供點心和飲料，工作時間也縮短了半小時。透過這些變動，每個工人的產出量都大幅增加了。到目前為止，一切順利；沒有比這個假設更合理的了：增加休息時間和採取某些讓工人「感覺更好」的辦法可以增加工作效率。但是，第十二個實驗階段採取了有違這種期望的新安排，並得出了頗為戲劇性的結果。與工人商量之後，每個小組又回復到實驗初期的工作條件：休息時間、點心和其他改善措施取消了三個月。讓每個人驚奇的是，這樣做並沒有減低產出量，恰好相反，日產量和週產量都超過了以前任何時期。在下一階段，舊措施又重新實行，只有一點例外，女工自己準備點心，公司則繼續在午餐時提供咖啡。產出量繼續上升。而且不僅僅是產出量，同樣重要的是在實驗期間，女工的生病率下降了八成，而參加實驗的女工也發展出友好的人際關係。

我們要如何解釋這個讓人吃驚的結果：「產量的穩步增長看似與實驗的改動沒有什麼關係。」[16]如果不是休息時間、茶點和縮短的工時，那又是什麼因素促使工人生產更多產品和彼此更友好地互動？答案十分清楚。雖然在技術面向而言，她們的工作仍然是同樣的單調乏味，以及某些改善性措施（如增加休息時間）並不是決定性因素，但整個勞動環境的社會面向卻發生了變化，從而導致工人的態度發生改變。工人被告知實驗的事，也知道實驗的幾個步驟；廠方聽取並常常採納她們的建議。最重要的大概是，她們知道自己是在參與一個有意義和有趣的實驗，而這實驗不僅對她們重要，對整間工廠的工人也很重要。起初，她們有些「害羞和感到不自在，沉默不語，大概也懷疑公司的意圖」，然而她們後來的態度變為「自信和坦承」。工人養成了對勞動的參與意識，因為她們知道自己在做什麼，心中有目標和目的，並可以透過建議影響整個實驗過程。

梅奧實驗的驚人結果顯示，疾病、疲勞和由此而來的低產量，主要不是技術面的單調所引起的，而是因為在勞動的社會面向，工人與整個工作環境之間異化了。一旦工人參與自認為有意義的工作，具備發言權，異化的程度便減少了，工人對工作的整體心理反應也會發生變化，儘管從技術面而言，他仍是在做同一種工作。

繼梅奧的霍桑實驗之後，又有一些研究傾向於證明，勞動環境的社會層面對工人的態度有著決定性影響，儘管從技術面來說，勞動過程的技術面與原先一樣。例如，懷亞特（Wyatt）和他的同事，「提供了能影響工人勞動意願的其他工作情境線索。這些線索顯示，不同個人工作效率的變化，其實與當時的群體氛圍或社交氣氛有關，即集體的影響。這種影響形成一種無形的背景，決定了人們對工作條件的整體反應。」[17]能夠說明同樣道理的，就是與規模較大的工作團隊相比，小規模的工作團隊中，工人的主觀滿意程度和生產量都較高，儘管在這兩間工廠中，工作過程的性質幾乎完全一樣，物質條件和福利措施都令人愉快，條件都比較好。[18]赫威特（Hewitt）和帕菲特（Parfit）在對一家英國紡織廠的研究中，特別提到了工作小組的大小與工人勞動熱情之間的關係。[19]在這家工廠中，大型作業區工人非病假的「曠職率」，比小型作業區的工人要高出許多。[20]梅奧和隆巴德（Lombard）在二次大戰期間，對飛機製造業的研究也得出類似的結論。[21]

費里德曼（G. Friedmann）特別強調與勞動環境的技術面向相對照的社會面向。為了說明這兩方面的差別，他描述了在同一條組裝線上工作的工人常常形成的「心理氛圍」。團隊成員彼此之間會建立起個人的連結與共同的興趣，從整體來看，這樣的工作情境其實沒那麼單調，遠比那些只從技術角度來看的人所想像的要更有變化。[22]

以上採自工業心理學研究的例子顯示[23]，在現代工業體制的組織結構中，即使工人只是稍微積極參與管理，都會帶來好的結果，然而，今天的歐洲最有意義，而讓人感興趣的運動就是社群主義運動（communitarian movement），如果我們注意一下有關這個運動的報導，則改造我們的工業體制將顯得更有可能性。

在歐洲有大約一百個「勞動社群」（Communities of Work），主要存在於法國，但比利時、瑞士和荷蘭也有一些。其中有些是工業的，有些是農業的。它們在各方面都有一些差別，但其基本原則卻十分類似，所以對一個「勞動社群」進行描述便足以表明所有「勞動社群」的基本特點。[24]

波瓦蒙多（Boimondau）是一家生產錶殼的工廠。事實上，它已成為法國七大錶殼工廠之一。這家工廠的創辦人巴布（Marcel Barbu）為了賺到足夠的錢開辦自己的工廠，曾非常努力工作。他在工廠裡建立了一個工廠委員會，和一種大家都贊同的薪水評等制度（包括分紅比率）。但這種開明的家長制並不是巴布要達到的目標。一九四〇年法國戰敗後，巴布才真正著手進行他構想多年的解放。由於在瓦倫斯找不到機械工，他便到街上找來一名理髮師、一名灌香腸的人，以及一名服務生，總之，找的都是非工業技術出身的人。

「這些人都在三十歲以下。巴布教他們製造錶殼，前提是他們同意和他一起尋找一種『廢除雇主和員工區別』的生產體制。……

「第一個具有劃時代意義的發現是，每個工人都能隨意地責備另一個工人……工人之間和工人與雇主之間，這種完全的言論自由立刻創造出一種活潑的信賴氣氛。

「不過，他們很快就清楚，『互相責備』會導致討論和工作上的浪費時間。所以他們一致同意每週留一段時間來舉行非正式會議，以消除意見分歧與衝突。

「但因為他們不僅是爭取建立一種較好的經濟環境，還是尋求一起生活的新方式，討論必然會轉到基本態度上。巴布指出：『很快的，我們就感到需要一個共同的基礎，或者如我們所說的那樣，需要一套共同的倫理基礎。』

「除非有共同的倫理基礎，否則就沒有共同的出發點，不可能建立任何事物。要找到共同的倫理基礎並非易事，因為這二十幾個工人的背景各不相同：有天主教徒，有新教徒，有唯物主義者，有人本主義者，有無神論者，也有共產主義者。他們都審視了各自的倫理觀，即不是那些死記硬背學來的，或是從傳統承接而來的，而是得自他們自己的經驗和思想，是他們的經驗和思想認為有必要的。

「他們發現，他們各自的倫理觀有某些共通處。他們將這些共通處當成一致遵守的最低共同標準。這不是一種理論而模糊的宣言。他們在前言中宣稱：

「『我們最起碼的共同倫理標準不會有武斷的危險，因為為了決定這些共通之處，我們仰賴生活經驗。我們的所有道德原則都在真實生活檢驗過，在每天的生活和每人的生活中檢驗過……』

「他們完全靠自己逐步再次發現的，是自然的倫理，即『十誡』[25]。他們用自己的話將『十誡』表述如下：

「汝應愛鄰居。

「汝不得殺人。

「汝不得拿鄰人的東西。

「汝不得說謊。

「汝不應食言。

「汝應靠自己的汗水賺錢維生。

「汝應尊重鄰居，尊重其人格和其自由。

「汝應自重。

「汝應先與自己鬥爭，反對一切貶低人的惡習，戰勝所有奴役人而對社會有害的內在衝動：驕傲、貪婪、色欲、嫉妒、暴食、憤怒、懶惰。

「汝應當相信，有比生命更高尚的善：自由、人的尊嚴、真理、正義……

「工人承諾，要盡最大努力，在日常生活中實施這些最起碼的共同倫理準則。他們相互承諾。那些有更嚴格個人倫理標準的人也承諾依照自己的信念生活，但他們也明白自己絕對無權干涉他人的自由。實際上，他們都同意完全尊重他人的信念或缺乏信念的立場，絕不以此嘲笑別人。」[26]

這個群體的第二個發現是，他們渴望教育自己。他們認為，他們從生產節省下來的時間可作為受教育之用。在三個月之內，他們的生產量增加了許多，乃至一週四十八小時的工作時間中可節省下來九小時。他們做些什麼呢？他們用這九小時來受教育，但得到正常工作時間一樣的報酬。首先，他們想一起唱歌，接著致力提高法語語法水準，然後學習閱讀商業帳目。此後又逐漸開設了其他課程，課程都是由他們找得到的最好老師在工廠裡授課。其他課程包括工程學、物理學、文學、馬克思主義、基督教、舞蹈、唱歌和籃球。

他們的原則是：「我們不是從工廠或從人的技術活動著手，而是從人自身開始……在一個『勞動社群』中，所看重的不是共同獲得什麼，而是為實現集體和個人的成就一起工作。」[27]目的不是要提高生產率或增加薪水，而是建立一種新型的生活方式，這種生活方式「絕不是要放棄工業革命帶來的益處，而是要適應這些益處。」[28]下面是這個「勞動社群」和其他「勞動社群」賴以建立的原則：

「一、為了過好人的生活，人必須享受勞動的全部果實。

「二、人必須具備自我教育的能力。

「三、一個人必須在適合各人發揮才幹的職業群體（以一百個家庭為最大限度）內追求共同的努力。

「四、人必須積極地與整個世界連結在一起。

「仔細審視這些要求之後，我們就會發現，這些要求意謂著把生存問題的核心，從製造、取得物品，轉移為發現、促進和發展人際關係；從對物質文明的追求，轉移為對人的文明的追求，甚至是轉移為對人與人之間交流互動的文明的追求。[29]

至於薪水，它與每個工人的勞動成果相關，但這不僅要考慮到專業工作，而且要考慮到「對群體有價值的活動：例如，如果一名一等技工具有拉小提琴、活潑和善於交際等特質，那對群體來說，他就比另一名技術上同樣能幹，但脾氣壞和不合群的技工價值更高。」[30]平均而言，所有工人的薪水比加入工會高一到兩成，還不包括分紅。

這個「勞動社群」買下了一座面積二百三十五英畝的農場。每個工人（包括妻子）每年在農場勞動三次，每次十天。由於每人每年有三十天假期，這意謂著工人一年在工廠只工作十個月。這種安排不僅顯示法國人特別熱愛農村生活，還表達出人不應當完全與土地分離的信念。

最有趣的是，他們找到得以交融集權與分權的方法，可以避免混亂的危險，同時讓每個成員都能積極且負責任地參與工廠和社群的管理。在此，我們看到了促成十八和十九世紀現代民主國家誕生的思維與觀察（像是權力分立、制衡制度等等），是如何被應用到一家工業的企業組織。

「最高權力由全體大會（General Assembly）掌握，大會每年召開兩次。只有一致通過的決議對成員具有約束力。

「全體大會選出一名社群主席（Chief of Community）。主席需全票通過方為有效。主席不僅是技術上最具資格的人，還如同一名經理應有的那樣，是一個榜樣，一個教育人、愛人、無私、樂於為人服務的人。服從不具備這些特質的所謂主席，是一種怯懦行為。

「主席任期三年，期滿後可能會回去操作機器。

「主席對全體大會的決議有否決的權力。如果大會不想放棄決定，必須舉行信任投票。如果主席得不到全體成員的信任，他就得選擇是服從大會的決定或辭職。

「全體大會選出總理事會（General Council）的成員。總理事會的任務是向主席提供建議。委員一年選舉一次。總理事會至少每四個月開會一次。除各部門的主管外，總理事會有七名成員。所有決議都必須是一致通過。

「在總理事會內，部門經理、八名成員（包括兩名工人的妻子）和主席組成指導委員會（Council of Direction），每週開會一次。

「社群裡所有負擔管理責任的職位，包括部門經理和領班，都是經過雙重信任的任命才能獲得，也就是當事人要由一個層級提名，再由另一個層級一致同意。通常（但並非絕對如此）是由上層提出候選人，下層決定接受或拒絕。成員指出，這樣可以同時杜絕煽動和獨裁。

「全體成員一週舉行一次聯絡大會（Assembly of Contact），正如會議名稱所示，其目的是讓每個人知道勞動社群內發生了什麼事，並且讓大家保持聯繫。」[31]

整個社群重要的特色之一是成立定時開會的「鄰里小組」（Neighbor Group）。

「鄰里小組是社群的最小組織，由五、六個住在附近的家庭組成，在小組長的領導下於晚餐後一起開會，在根據上述原則選出的鄰里小組負責人的指導下進行活動。

「從某種意義上講，鄰里小組是社群最重要的單位。它是『發酵劑』和『槓桿』。小組要在某一位成員家中開會，而不是另覓他處。大家在組員的家裡一邊喝咖啡，一邊研討所有問題。會議紀錄會送交社群主席，由他匯整各小組的紀錄，再交由各部門的負責人回應。藉由這種方式，鄰里小組不僅提出問題，還可以抒發不滿和提出建議。當然，也正是在鄰里小組中，彼此了解、互相幫助的情況最理想。」[32]

社群的另一個特徵是它有自己的法庭。法庭由全體大會選舉產生，其作用是對兩個部門之間或部門與成員之間的衝突做出裁決。如果社群主席無法消除衝突，就由法庭的八名成員裁定（也需要一致決議）。這裡並不具有成文法律，裁決依據社群的章程，即最起碼的共同倫理準則和常識。

波瓦蒙多的勞動社群設有兩大部門：社會部和工業部。後者的結構如下：

「男性成員（最多十人）組成技術小組。

多個小組成一個科，一個工作室。

多個科組成一個部。

每個小組的成員一致對科負責，每個科對部負責。」[33]

社會部處理技術性問題之外的一切活動。

「全體成員（包括工人妻子）都被期望在精神、智力、藝術和體魄方面有所養成。就此而言，閱讀布瓦蒙多的月刊《聯繫》（*Le Lien*）很有啟發性。月刊登載有價值的報導和評論：足球比賽（與外部的球隊進行）、攝影展、參觀藝術展覽、食譜、基督徒聚會，對諸如勒溫特四重奏（Loewenguth Quartet）之類音樂表演的評論、電影欣賞、馬克思主義講座、籃球比賽得分、有關拒服兵役的討論、農場生活紀實、有關美國如何教學的報告、聖阿奎那論金錢的段落、對布羅姆菲爾德（Louis Bromfield）的《愉快的山谷》（Pleasant Valley）和沙特（Satre）的《骯髒的手》（Dirty Hands）等書的評論。月刊充滿振奮人心的美好精神，是對那些充分肯定生活的人的真實寫照，在最大程度上反映出人們的意識。

波瓦蒙多「勞動社群」有二十八個社會科（以下按人數多少為序），且仍不斷新增：

「1精神生活科：天主教小組、人道主義小組、唯物主義小組、新教小組

2智力科：通識小組、公民教育小組、圖書小組

3藝術科：戲劇小組、演唱小組、室內裝潢小組、攝影小組

4生活科：合作小組、節日和集會小組、電影小組、反抗疲勞小組

5互助科：團結小組、家務小組、書籍裝訂小組

6家庭科：育兒小組、教育小組、社交生活小組

7衛生科：兩名有執照的護理師、一名具備醫學常識的見習護理師、三名巡診護理師

8體育運動科：籃球隊（男子）、籃球隊（女子）、越野隊、排球隊、足球隊（男子）、足球隊（女子）、體育隊（男子）、體育隊（女子）

9讀報小組」[34]

成員的一些說法，大概比任何定義更能說明「勞動社群」的精神和實踐。一名工會會員寫道：

「一九三六年我擔任工作室代表，一九四〇年被捕，被送往布痕瓦爾德集中營。二十多年以來，我了解許多資本主義企業……在勞動社群中，生產不是生活的目的，而是創造美好生活的手段……我本來不敢奢望在我們這一代會取得這樣重要而圓滿的結果。」

一名共產黨員寫道：

「身為法國共產黨黨員，為了避免誤解，我公開聲明，我對我的工作和社群生活完全感到滿意。我的政治見解受到尊重，我得到完全的自由，而我先前的生活理想也實現了。」

一名唯物主義者寫道：

「身為無神論者和唯物主義者，我認為最美好的人類價值之一便是寬容，是尊重其他宗教和哲學的見解。正是出於這個理由，我對我的社群生活格外感到滿意。不只是我的思想和言論自由未受損害，而且在勞動社群之中，我得到了深入研究我的哲學信念所需的物質條件和時間。」

一名天主教徒寫道：

「我在勞動社群中待了四年。我屬於天主教小組。就像所有其他基督徒一樣，我想建立一個社會，在這個社會中，人的自由和尊嚴會受到尊重……我以整個天主教小組的名義鄭重地說：勞動社群正是基督徒所希望的那種社會。在這裡，人人都自由，受尊重，一切都讓人向善，去追求真理。這樣的社會在外表上即便不能被稱為基督教社會，但它事實上就是基督教社會。基督給了我們徵兆，讓我們認得那是他的徵兆：我們彼此互愛。」

一名新教徒寫道：

「我們社群的新教徒宣稱，這種社會革命是解決問題的辦法，它讓每個人可以依自己選定的方式實現自我。這種解決辦法與他的唯物主義同伴或天主教同伴不發生任何衝突……社群由相互敬愛的人所組成，實現了我們的願望：看到人和睦共處，知道為何人想活著。」

一名人道主義者寫道：

「我在十五歲離開學校，十一歲第一次領聖餐後離開教會。我在學業上取得不錯的表現，但精神上的困擾已經從我心中消失了。我就像絕大多數人那樣，覺得那不關我的事。二十二歲時我進入了社群，立刻發現這裡的學習和工作氣氛都非別處可比。首先，社群的社會面向吸引了我，後來才明白人的價值所在。接著，我重新發現了人類的精神和道德層面，而那是我在十一歲時就失去的……我是人本主義小組成員，因為我看問題的方式與基督徒或唯物主義者不同。我愛我們的社群，因為透過它，我們內心深處的嚮往能被喚醒、交融和發展，好讓我們可以把自己從個體改造為人。」[35]

其他勞動社群，無論屬於農業社群還是工業社群，原則都與波瓦蒙多類似。下面是R. G.工坊（一個生產畫框的「勞動社群」）章程中的一些聲明，引自《一切公有》一書：

「我們的勞動社群不是新型的企業，也不是使勞資關係和諧的改革形式。

它是一種新的生活方式，按照這種方式，人理應能自我實現，一切問題都能從人的整體發展得到解決。因此，它與現今的社會是對立的，現今社會通常關切的是解決一個人或幾個人的問題。

……布爾喬亞道德觀念和資本主義制度導致人類活動的專門化，結果是人生活在道德的苦難、身體的痛苦、知識缺乏的痛苦和物質匱乏的痛苦中。

工人階級往往同時遭受這四種痛苦，在這種狀況下，談自由、平等和博愛不過是謊言。

勞動社群的目的是使人的全面發展成為可能。

R. G. 工坊的夥伴鄭重宣稱：只有在自由、平等、博愛的氛圍中，人的充分發展才可能實現。

但我們應當承認，這三個詞讓我們想到的，常常不過是硬幣上的頭像或公共建築物門上的銘文而已。

自由

只有具備下面三個條件，人才能是自由的：

經濟上的自由；智力上的自由；道德上的自由。

經濟上的自由：人有不可剝奪的工作權。他必須對自己的勞動成果擁有絕對的權利，除非出於自願，他不應當放棄這些權利。這個觀念反對私人擁有集體的生產工具，反對用錢來賺錢，因為這種機制導致人剝削人。我們也鄭重宣稱，勞動的意義是人為社會帶來一切有價值的東西。

智力上的自由：一個人只有能夠自行選擇，才是自由的。也只有在他具備充分的知識，能夠進行比較時，他才能夠自行選擇。

道德上的自由：如果一個人為自己的情感所奴役，他就不可能真正的自由。唯有當一個人擁有理想與哲學態度，使其能夠在生活中保持連貫的行動時，他才能獲得真正的自由。他不可以加速他的經濟或智力解放為藉口，使用違反社群倫理規範的手段。最後，道德上的自由不意味放縱。很容易便可證明，只有嚴格遵守那些為大家自由接受的集體倫理規範，才有道德上的自由。

博愛

人只有在社會中才能充分發展。自私是一種危險且不能持久的自助方式。人的真正利益不可能與社會的利益分開。只有透過幫助社會，人才能幫助自己。

人應當意識到，他自身的傾向讓他在與眾同樂時獲得更大的歡樂。

團結不僅是一項任務，還可以帶給人滿足感，也是安全的最佳保證。

博愛導致相互寬容，也使人下定決心永不分離。這讓大家可能在最起碼的共同基礎上一致接受一切決定。

平等

我們譴責那些煽動人心地宣稱人皆平等的人。我們能夠看出，人在價值上是不平等的。在我們看來，權利平等意謂讓每一個人都有充分實現自我的手段。因此，我們用個人價值的等級制度去取代傳統或世襲的等級制度。[36]」

總結這些社群原則最顯著的特點時，我想強調下列各點：

一、勞動社群確實運用了現代工業技術，避免倒退回手工生產的時代。

二、勞動社群設計出一個方案，依照這種方案，每個人的積極參與並不與夠強的集權化領導相牴觸。非理性權威為理性權威所取代。

三、勞動社群強調生活的實踐，反對意識形態的差別。這種強調讓持有最南轅北轍和矛盾信念的人能友愛和寬容地生活在一起，不用遵守社群主張的「正確意見」行事。

四、勞動社群把勞動、社會活動與文化活動整合在一起。儘管勞動在技術層面可能不吸引人，但卻可以在社會面向上富有意義和趣味。藝術和科學方面的活動是整個處境不可分割的部分。

五、異化的處境得以克服，勞動成為人類精力的有意義表現，人類團結得以在免去自由受到限制或從眾的危險中建立起來。

雖然「勞動社群」的許多安排和原則值得懷疑和辯論，但我們在這裏看到的，似乎是一種創造性生活（productive life）最令人信服的一項實例。它們反映的可能性從當今資本主義的立場看來會是異想天開。[37]

我們迄今描述的社群當然不是社群主義生活唯一可能的例子。無論是歐文（Owen）的社群，還是門諾派（Mennonites）或胡特爾派（Hutterites）的社群[38]，又或是以色列的農業屯墾區，全都可以增加我們對新生活方式之可能性的認知。它們也顯示，大部分這些社群主義實驗都是由頭腦精明和極具實踐意識的人所推行，他們絕不是那些我們所謂的「現實主義者」以為的夢想家。恰好相反，他們大部分人比傳統的商界領袖表現得更現實和更富想像力。毫無疑問的是，這些實驗的原則和實踐有許多缺點（承認了這些缺點才能迴避）。同樣不可否認的是，在十九世紀，人們堅信工業競爭有益社會，這樣的信念讓這些社群難以成功；相較之下，二十世紀後半的時代條件將更有利於它們的實現。然而，以輕率的高傲態度轉彎抹角地暗示這些實驗徒勞無益和缺乏現實性，就像人們最初對坐火車（與後來的飛機）旅行不以為然的態度一樣，是沒有多少道理的。這在本質上是思想懶惰的表現，是故步自封地相信不曾發生過的事情不可能發生。

五、實際可行性的建議

關鍵的問題在於，是否能為我們整個社會創造出與「勞動社群」類似的條件？我們的目的，是創造出這樣的工作環境：在其中，人將畢生的時間和精力奉獻給某種對他有意義的事業，知道自己在做什麼，能對所做的事施加影響，感到自己與共事者團結一致，而非互不相干。這意謂著工作環境再次變得具體化，意謂著工人被組織為規模夠小的小組，因此能以真正的、具體的人的身分與小組其他成員有所連結，儘管整個工廠可能有成千上萬的工人。這意謂著找到調和集權與分權的方法，這些方法讓人人都能積極並負責任地參與管理，同時又形成必需程度的統一領導。

如何才能做到這些呢？

讓工人能積極參與的第一個條件是，他不僅熟知自己的工作，而且十分清楚整個企業的運作情況。原因之一是，這種知識是勞動過程的技術性知識。一個工人可能只需在組裝線旁邊負責一個專門步驟，這樣的話只需對他進行兩天或兩星期的訓練。但是，如果他具有能解決整個產品生產過程中，所涉及到所有技術問題的更廣泛知識，他對待自己的工作的態度就會有所不同。工人可以在最初幾年一邊工作、一邊上職業學校，由此獲得這類技術知識。其次，他還可以參加為全廠工人開設的技術與科學課程繼續學習，哪怕這會占去一些勞動的時間。[39]如果工廠使用的技術過程是工人感興趣和想了解的對象，如果這類知識激發了工人自身的思考過程，那麼即便他負責的工作從其他方面來說是單調的技術性勞動，還是會呈現不同的面貌。除了工業流程的技術知識之外，另一種知識也是必要的：工人所任職企業的經濟功能，以及該企業與整個社會經濟需求之關係。同樣地，工人透過剛進廠頭幾年的在職學習，以及不斷吸收有關企業所涉及的經濟運作資料，他便可以掌握企業在國內經濟與世界經濟中的角色與功能。

儘管對工作流程與整體企業運作的知識在技術上與經濟上都非常重要，但光有這些仍然不夠。若這些理論知識與關注無法轉化為實際行動，它們最終只會停滯不前。工人只有能夠對關係到他個人工作狀況和整個企業的決策產生影響時，他才能成為積極、興致盎然、認真負責的參與者。只有當他不再是被資本雇用、不再是被指揮的對象，而是成為一位能夠利用資本、負責的主體時，才能克服他與工作的異化。這裡的關鍵不是占有生產工具，而是參與管理和決策。如同在政治領域一樣，問題在於要避免陷入缺乏中央規劃與領導的無政府狀態。不過，在集權式的威權管理，與缺乏計畫、毫無協調的工人管理之間，並不是只能擇其一。解決的辦法在於，將集權管理和分權管理結合起來，也就是讓決策過程同時包含由上而下與由下而上的綜合運作。

透過在主要的領導階層與普通工人之間劃分管理責任，就能制定出共同管理與工人參與管理的方案。[40] 熟悉情況的各小組，可以討論他們自己的勞動環境和整個企業的問題。他們的決議將轉達給管理部門，形成真正的共同管理的基礎。作為第三方參與者，消費者也可以藉由某種方式參與決策和計畫。如果我們接受任何勞動的首要目的，都是服務於人而非獲取利潤的原則，那麼被服務者就必然有權對服務他們的人的勞動內容提出意見。與政治分權的情況相同，要找到這種參與形式並不容易，但只要我們接受共同管理的普遍性原則，這項難題絕非不可克服。在憲法上，我們已經透過規定政府各分支的權限解決了類似的問題，而在企業法中，我們也已經解決了涉及各類股東、管理階層的權利問題。

共同管理與共同決策的原則，意謂著對財產權的嚴格限制。企業的所有者有權根據其資本投入的多寡得到合理的利潤；但對其資本所雇用的人，卻沒有無限制的支配權，對於這項權利，他們至少要與在此企業中工作的其他人分享才是。事實上，就大公司而言，股東並不是以制定決策來行使他們的財產權的，所以，如果工人與管理階層分享決策權，股東的實際作用不會有根本的不同。引進共同管理的法律會限制財產權，但絕不會在財產權上引起革命性變化。正如我們已經看到的，甚至像J. F.林肯這種擁護分紅制的保守工業家也提出，股息不應超過一個相對穩定與固定的金額，超過這個金額的利潤應當分給工人。甚至基於現有的條件，工人共同管理和控制企業的可能性仍然有可能實現。例如，美國鋼鐵公司董事長費勒斯（B. F. Fairless）在最近的一次演講中說，[41]該公司的三萬員工如果每人購買八十七張股票（總值三五〇〇美元），那麼他們便可買下公司的所有普通股。「如果他們每週投資十美元（這大約就是我們公司的工人在最近調薪的情況下所能賺到的錢），他們便能在不到七年之內，把公司公開發行的普通股買光。」實際上，工人們用不著買那麼多，只需購買一部分的普通股，就足夠讓他們在表決時成為大多數。

譚能邦在他的《勞動哲學》中提出了另一種方案。他建議，工會可以購買足夠的企業股票，從而代表工人控制這些企業的管理權。[42]不管我們使用的是什麼方法，都會是一種漸進式的方法，只不過是延續現有財產制度中已存在的發展趨勢，而且這些趨勢只是是達到目的的手段，能讓人以有意義的方式為有意義的目的工作，而不會成為商品，讓人的體力和技能像其他商品一樣被人買賣。

在討論工人參與管理時，必須強調一個重要的問題：這樣的參與有可能朝超級資本主義型的分紅觀念發展。如果一家企業的工人和員工只關心他們的企業，那麼人與社會力量之間的異化將會維持不變。利己主義和異化的態度只會從個人延伸到「團隊」。因此，工人參與管理的最基本要求，就是不要把眼光局限於自己所在的企業。他們不僅必須關心同一產業的其他工人，以及全部產業的勞動人口，還必須關心，並與消費者連結。就像懷亞特和其他英國社會心理學家所建議的，「愛公司」精神的發展，就像大學生「愛大學」精神的發展那樣，只會進一步強化人們不合群和自我中心的態度，而這種態度正是異化的本質。所有鼓勵「團隊熱情」的建議，都忽略了一項事實：世上只有一種真正的社會性取向，那就是與全人類團結一致。群體內部的社會聚合力和對外人的敵視態度不是社會情感，而是擴大了的自我主義。

在結束有關工人參與管理的討論之前，我要不厭其煩地重申，所有使勞動向人性化方向發展的建議，並不是為了增加經濟產量，也不是為了讓人對工作本身更加滿意。它們只在一種完全不同的社會結構中才能有意義：在這樣的社會結構中，經濟活動是社會生活的一個部分，而且是附屬的部分。我們不能將勞動活動從政治活動、休閒時間或個人生活中分開。假使生活的其他領域不符合人性，而只是勞動變得有趣，那麼，將不會出現真正的變化。事實上，在那樣的情形下，勞動也絕不會變得有趣。當今文化的弊病，就在於把生活的各個領域割裂和區隔開來。通向健全之路繫於克服這種分裂，在社會與每個人的內心達到一種新的統一和整合。

我在前面提過很多社會主義者對社會主義的實驗結果感到氣餒。但人們日益意識到，癥結不在社會主義的基本目的（建立一個沒有異化的社會，其中每個勞動者都積極和負責任地參與工業生產與政治），而在他們錯誤地強調私有財產與公有財產的對立，並且忽略了人的因素和恰當的社會因素。相應的是，人們也越來越意識到，社會主義的理想必須集中在工人參與管理和共同管理的思想上，必須集中在分權制和勞動過程中人的具體作用上，而不要老是糾纏在財產的抽象概念上。歐文、傅立葉、克魯泡特金和蘭道爾的思想，慢慢與馬克思和恩格斯的思想融合在一起，人們開始懷疑「最終目標」這種純粹意識形態的構想，變為越來越關心身在此時此地的具體的人。有跡象顯示，民主派人士與人道主義取向的社會主義者也逐漸意識到，社會主義應從自身做起，也就是從社會主義政黨本身的社會主義化開始。這裡所說的社會主義化，當然不是指財產權的改變，而是指每個成員都認真負責地參與。只要社會主義政黨一日不在其內部實現社會主義原則，它們就一日不能使人信服，而它們的代表（如果擁有政治權力的話）不管打著什麼樣的社會主義招牌，仍按照資本主義的精神行事。工會同樣是如此。由於工會的目的是實現工業民主，它們必須先在自己組織內部引進民主的原則，而不是用資本主義大公司的運作方式——或者更糟的方式——來運作工會。

這種強調工人勞動過程中具體處境的社群主義，過去曾對西班牙與法國的無政府主義者和工會組織主義者，以及俄國的社會革命者，產生相當大的影響。儘管這些思想在絕大多數國家的重要性已消失一段時日，但現在似乎正慢慢地以不那麼意識形態和教條主義，而是更真實、更具體的形式再次壯大起來。

《新費邊社論文集》（*New Fabian Essays*）是最近論述社會主義問題最精采的作品之一，可以從中察覺到人們越來越強調社會主義的功能和人的面向。克羅斯蘭德（C. A. R. Crosland）在〈從資本主義過渡〉（The Transition from Capitalism）一文中寫道：「社會主義的要求是，工業生產中的對立狀態，應當讓步給一種共同努力的參與感。如何才能做到這一點呢？最直接、最容易探尋到的路線，就是朝共同協商的方向前進。在這個領域裡，我們已經進行了大量有成效的工作。很顯然，在現有聯合生產委員會的基礎上，我們應該再做一些努力，一些更為基進的努力，好讓工人在決策中有參與感。幾家進步的公司已經取得了大膽的進展，其結果讓人受到鼓舞。」[43]他建議採取三項措施：大規模擴大國有化，立法限制股息，以及「改變公司所有權的法定結構，用法規來代替股東的唯一控制權，這種法規明確規定公司對工人、消費者和社會負有責任。工人將成為公司的成員，並在董事會中有自己的代表」。[44]

詹金斯（R. Jenkins）在〈平等〉（Equality）一文中看到了將來的問題：「首先，是否應該讓已經投降或被削弱權力的資本家仍保留大部分的特權？其次，將從資本主義發展而來的社會，應該是參與式、民主的社會主義社會，還是由一群特權菁英控制的管理型社會（在這樣的社會中，菁英過著與廣大群眾完全不同的生活）？」[45]詹金斯得出這樣的結論：「一個參與式、民主式的社會主義社會，要求企業的所有權在從富有的個人進行轉讓時，不應當轉讓給國家，而是就近轉讓給公共團體。」而且這個社會應該允許權力更為分散，「鼓勵各式各樣的人在他們的勞動中發揮更積極的作用，參與對公共和志願組織的控制和管理。」

阿爾布（A. Albu）在〈工業的組織〉（The Organisation of industry）一文中說道：「基礎工業

的國有化在技術上和經濟方面無論多麼成功，並沒有滿足人們更廣泛、更民主的權力分配要求，也未建立起讓工人實質參與管理決策的機制。這讓許多社會主義者感到失望，他們從不希望權力過度集中於國家手中，卻對可行的替代方案僅有最模糊且烏托邦式的構想。來自國外的極權主義教訓，以及國內『管理革命』的發展，更加深了他們的焦慮。他們看到，在一個仍然保持民主的社會中，想要實現充分就業會產生需要解決的問題，而解決的辦法又需要以信任和協商為基礎，並獲得最廣泛的大眾認可。當協商越來越脫離面對面的討論方式時，成功的機會更低。因此，工業單位的規模和結構，以及它們能否擁有自主倡議的能力，便被視為極其重要的課題。」[46]阿爾布寫道：「最終需要的是一種協商制度，使決策具備正當性，並讓產業中所有成員都能自願接受其執行的權威。如何讓這種工業民主的概念和比較原始的自治要求相調和，是需要大量研究的問題，自治的要求過去曾激發工團主義者的行動，現在則構成共同協商的討論基礎。不過，應該有一種途徑讓所有員工都能參與決策的制定：或者是透過直接選舉選出的董事會代表，或者是透過有相當權力的共同協商等級制度。無論是哪種情況，都必須使基層人員逐漸參與解釋和制定政策……因此，在工業活動中形成為共同目標努力的氛圍，仍然是社會主義工業政策未能達到的突出目標之一。」[47]

斯特雷奇（John Strachey）是《新費邊社論文集》中最樂觀的作者，大概也是論文集中對工黨政府取得的成果最滿意的人。他贊同阿爾布所強調的，必須有工人參與管理。他在〈英國工黨的任務和成就〉（Tasks and Achievement of British Labour）一文中寫道：「說到底，合股公司的問題是不負責任的獨裁統治。名義上是股東控制著公司，而實際上在很多情況下，是一、兩個自我任命且永遠當權的董事長進行獨裁統治。要讓上市公司直接對社會和所有的員工負責，它們就會變成非常不同類型的機構。」[48]

我之所以要引述英國工黨領袖的話，是因為他們的觀點來自工黨政府社會化措施的許多實際經驗，以及對這些成就深思熟慮的批判。但歐陸的社會主義者，同樣比從前更注意到工人參與管理的問題。大戰之後，法國和德國制定了一些法律，讓工人參與企業的管理。儘管這些法律的效果遠未達到令人滿意的程度（原因是這些改革措施三心二意，而且德國工會的代表都成了「經理」，不是由工人自身參與工廠的管理），然而很明顯的是，社會主義者越來越看透，把財產權從私人資本家手中轉移到社會或國家手中，對工人處境的影響微乎其微，社會主義的核心問題在於改變工作環境。就連新近組成的「法蘭克福社會主義國際」（Sociaist international in Frankfurt, 1951），在其所發布的十分無力且語焉不詳的宣言中，一樣強調凡是在與計畫經濟不互斥的地方，必須實施經濟分權。[49]對工業狀況進行科學觀察的人當中，弗里德曼得出的結論與我的特別相似，也是把重點放在對勞動的轉化上——朱塞佩（Gillespie）某種程度上也是如此。

強調共同管理的需求，而不將社群主義的改革計畫集中在財產權的改變上，並不表示不需要某種程度的國家直接干預和社會化。除了共同管理之外，最重要的問題是，我們的整個工業生產是建立在不斷擴大的內需市場之上。每家企業都想賣出越來越多的產品，以不斷擴大對市場的占有率。這種經濟狀況的結果是，工業部門要使用一切手段來刺激人的購買欲，創造和加強對心理健全極為不利的「接受取向」。如前所述，這就意謂人有著要購買新的、但不必要的東西的渴望，也就是總想要買更多的東西，哪怕從人性和非異化使用的角度看，新產品是沒有必要的（例如，汽車業在一九五五年花了大約十億美元製造新型汽車，單是雪佛蘭為了與福特汽車競爭就用掉約一億美元。老牌雪佛蘭本來就是一種很好的車，而福特汽車公司與通用汽車公司的競爭主要不是為了向大眾提供更好的車，而是為了讓他們在舊車還能用上好些年的情況下換新車）。[50]同一現象的另一個方面是浪費，而增加大規模生產的經濟需求又加速了這種傾向。這種浪費除了帶來經濟損失外，還有著重要的心理作用。它讓消費者不尊重勞動和努力，讓消費者忘記在他的國家和較貧窮的國家中，還有人受貧困所苦——他們浪費掉的東西對窮人極為珍貴。總而言之，我們的浪費習慣，顯示我們幼稚地不正視人類生活的現實，不正視無人可迴避的經濟上的生存鬥爭。

很顯然，從長遠的角度看，如果我們的經濟制度會在人們不想購買越來越多、更新更好的東西時出現經濟危機，那麼，再多的精神影響亦不會有用。因此，如果我們的目標是將異化消費變成人性的消費，就必須改變產生異化消費的經濟過程。[51]經濟學家的任務就是設計這些措施。整體說來，這意謂著要將生產引向那些既有的實際需求還未得到滿足的領域，而不是引向那些人為製造需求的領域。要做到這一點的方法包括：國營銀行提供貸款、將某些企業社會化、立法對廣告行銷加以限制。

與此密切相關的問題是，工業化國家對其他經濟發展程度不足國家的幫助。很顯然，殖民剝削的時代已經過去，世界的各個不同地區就像一片大陸那樣緊密關聯在一起，世界富有國家的和平取決於較窮國家的經濟進展。從長遠的觀點看，西方世界的和平與自由，不可能與非洲和中國的饑荒與疾病同時存在。如果工業化國家想幫助非工業化國家，就得削減不必要的消費；而如果它們想要得到和平，就必須提供幫助。讓我們來考慮幾項事實。布朗（H. Brown）認為，一項為期五十年的世界發展計畫將可讓所有人都營養充足，並讓不發達地區達到類似日本戰前的工業化水準。[52]為了實現這樣的計畫，美國頭三十年每年要支出四十億到五十億美元，以後少一些。布朗說道：「如果我們把這筆支出與我們的國民收入、聯邦預算、軍費和戰爭的開銷進行比較，這筆錢不會顯得太多。如果我們將開支與成功的計畫可能帶來的潛在收益相比，那麼開支似乎就更小了。而如果我們將開支與不思作為和任由維持現狀的代價相比，它可真是無足輕重了。」[53]

上面討論的問題只是一個更廣泛的問題的一部分，這個廣泛的問題，就是如何對那些以有害和不健康的方式操縱大眾需求的營利性資本投資進行限制。最為顯而易見的例子，是我們的電影業、漫畫業和報紙的犯罪事件專欄。這些行業為了謀取最大的利潤，就人為地刺激最低級的本能，毒害大眾的心靈。《聯邦食品、藥品和化妝品法案》規定，不得無限制地生產和宣傳有害的食品和藥物，我們對其他一切極重要的「必需品」也可如法炮製。假定這類法律被證明是無效的，那麼，某些產業（例如電影業）就必須社會化，至少是必須由公共基金資助，發展出與之抗衡的產業。如果社會的唯一目標是人的成長和發展，如果社會把物質需求放在精神需求後面，那要找到法律和經濟的手段去確保必要的變革就不會是難事。

就每個國民的經濟狀況而言，收入平等的觀念從來就不是社會主義的要求，而且很多原因顯示，此舉既不實際也不可取。人要過得有尊嚴，就不能缺少一份足以維生的收入。就收入不平等可被允許的程度而言，不能讓收入的差別超過某個限度，而導致生活經驗的差別。百萬富翁可以不加考慮去滿足任何心血來潮的興致，所以，他的生活經驗不同於一個為滿足一種代價高昂的願望，而不得不犧牲另一種願望的人。一個從來不出城、從來買不起奢侈品（即非必需品）的人，他的生活經驗也不同於能夠這麼做的鄰人。不過如果收入的差異不超過一定的程度，那即使收入有某種差別，人們的生活基本經驗還會是一樣的。重要的不是收入差別有多大，而是收入的差別到了什麼程度會轉變為生活經驗的品質的差別。

無須贅言，例如英國現有的那種社會保障制度必須保留。但這還不夠，既有的社會保障制度必須擴展為普遍的生存保證。

造成當今人們不自由的主要因素之一是飢餓，它迫使人接受他本不願接受的勞動條件。只有當這個經濟威脅消除了，每個人才能夠自由而負責任地行事。只要資本的所有者能將自己的意志強加給「只有」命一條的人，就不會有自由可言，因為後者沒有資本，除了資本家提供的機會，他無法找到工作。

一百年前，普遍認為沒有人對鄰居負有責任。當時的人假定（也由經濟學家科學地「證明」了），需要有一大群窮人和失業者來維持經濟的運轉乃是社會規律使然。今天，幾乎沒有人敢再提出這項原則。現在人們廣泛地認為，無論是根據自然規律還是社會規律，都沒有人應該被排除在國民財富之外。一百年前流行的那種合理化說法——窮人之所以窮是因為他們無知，缺乏責任心，簡言之是因為他們犯了「原罪」——現在已經過時。所有西方工業化國家都開始實施社會保險制度，保證人人在失業、生病和年邁時有最起碼的收入。這等於差一步就宣稱，即便不是失業、生病和年邁，人人都有最起碼的收入。實際上，這就意謂著每個國民可以得到最起碼的維生之資，儘管他沒有失業、生病和年邁。如果他主動辭去工作，如果他打算另謀高就或是出於任何個人原因變得不能繼續工作，而他的情況又不屬於救濟條款的任何一條，那麼，他便可以要求最起碼的生活費用。簡言之，他用不著有什麼「理由」便可索求最起碼的維生之資。這種要求應有一定的時間限制（比如兩年），以避免滋長那種拒絕承擔任何社會義務的異常心態。

這聽起來像是異想天開[54]，但現代的保險制度在一百年前的人聽來何嘗不是異想天開？對這樣的方案的主要反對意見，可能是認為，如果每個人都有權領取最起碼的生活費用，大家就會不工作了。這是基於人天性懶惰的謬誤。事實上，除心理不健全的懶人外，很少人不想賺取比最低生活費用還多的錢，很少有人喜歡無所事事。

然而，對那些強迫他人接受自身開出的工作條件者而言，對保證最低收入制度的懷疑也不是毫無道理。如果人人不再因為怕挨餓而被迫接受工作條件，那麼，就只剩下頗為有趣和有吸引力的工作才會有人願意從事。只要簽契約雙方能自由地接受或拒絕契約，才有契約自由可言。而在現今的資本主義制度中，情況絕非如此。

生活保障制度，不僅是雇主和員工之間契約自由的真正開端，還極大地拓展了日常生活中人與人互動的自由領域。

讓我們來看幾個例子。今天，一個被雇用的人如果不喜歡他的工作，常常是被迫繼續做下去，因為他沒有生活費可讓他冒失業的風險（哪怕只是一、兩個月）。如果他辭去工作，他會沒資格申請失業救濟。實際上，這種處境的心理作用還要深遠得多。他不能冒被解雇的風險這件事本身，就讓他容易害怕老闆或上司。他會控制自己不頂嘴，會努力去迎合順從，因為他老是擔心要是他堅持自己的主張，就會被解雇。讓我們再舉另一個例子。假定有個人在四十歲時決定改行從事完全不同的工作，為此，他得花一、兩年時間準備。在有最低生活費的保證下，這樣的決定意謂著，他必須以最低的標準生活，這就需要他對新選的工作懷有極大的熱情和興趣。因此，只有那些有天賦且對新工作真正感興趣的人，才會做出這種選擇。再讓我們以一位婚姻不幸的婦女為例。她不離開丈夫的唯一理由，是沒有能力養活自己（哪怕是在為了找到工作而進行培訓的這段時間）。我們再舉一個少年人為例。他父親是個神經質的人，父子之間存在嚴重衝突，如果他能夠擺脫家庭，他就能挽救他的心理健康。簡言之，如果實施了保障最低生活水準的制度，那麼，工作和私人關係中基於經濟考量、最根本的壓迫狀況就會消除，人人都能重新自由行動。

實行這種制度有何代價？既然我們對失業、生病和老邁的人已經實施了保證最低收入的原則，那麼就只有另外一小部分人會利用這種基本的生活特權，他們包括特別有天賦的人、暫時有內心衝突的人、沒有責任感的精神官能症患者，或對勞動不感興趣的精神官能症患者。考慮到所有因素，使用這種特權的人看來不會特別多，而且經過仔細研究，我們甚至今天就可以估算出大致數目。但必須強調的是，這個建議得與我們在這裡所建議的其他社會變革同步進行。而且必須強調，在一個國民都積極工作的社會中，對工作不感興趣的人只會是現今情況下的若干分之一。不管對工作不感興趣的人有多少，為實現這項方案所需要的花費，看來不會超過幾十年來各大國維持軍隊的開銷（這還不包括軍備成本）。還不應忘記的是，在一種能讓所有人恢復對生活和勞動興趣的社會制度中，每個人的生產力都將會大增，遠超過今日對勞動環境所做的少量改善之成果。此外，我們在控制犯罪、防治精神官能症或心身疾病方面的開支，也會大幅減少。

第三節　政治的轉型

我曾在前一章試圖說明：在一個異化的社會中，民主制度無法運作，而我們目前民主制度的組織方式，更加深了整體的異化過程。如果民主意味著個人能夠表達自己的信念，並主張自身的意志，那麼前提就是：他必須擁有信念，並擁有意志。然而，實際的情況卻是，異化的現代人有意見與偏見，卻沒有真正的信念；有好惡卻沒有真正的意志。他的意見、偏見與好惡，就像他的品味一樣，受到強有力的政治宣傳機器主導。若不是他早就習慣被廣告與整個異化的生活方式所制約，這類政治宣傳也不會如此有效。

一般選民的消息很不靈通。雖然他定時看報，但整個世界與他十分疏離，不具有什麼真實意義。他從報上得知，億萬美元被花掉，千百萬人被殺死。他看到各式各樣的統計數字，形形色色的歸納與總結，但這些事物並沒有以具體、有意義的方式，為他描繪出整個世界的模樣。他讀的科技消息與科幻小說沒有多大差別。一切都是不真實、無限的、不具人格的。他所接觸到的事實是很多清單般的記憶項目，就像猜謎遊戲，不是他與他的孩子賴以生存的基本要素。儘管有上述這些情況，但人們的政治選擇仍未完全失去理性，在投票過程中也表現出一定程度的清醒判斷，這確實顯示了人的韌性與基本理智。

除此以外，我們絕不可忘記，多數決的概念本身也助長了抽象化和異化的進程。本來，多數統治是少數統治（亦即國王與封建領主統治）的替代方式。它不表示多數人的觀點一定正確，只意謂著寧可讓多數人錯，也不可讓少數人把自己的意志強加在多數人身上。不過，在我們這個從眾的時代，民主逐漸被理解為：多數的決定必然是正確的，而且在道德上優於少數人的意見，也因此有道德上的正當性去對少數施加其意志。就像一則全國性廣告所說的：「一千萬美國人是不會錯的」，多數的選擇也被當成正確的證據。這顯然是個錯誤。事實上，環顧歷史，一切「正確的」政治觀念、哲學觀念、宗教觀念或科學觀念，原本都是少數人的主張。要是我們根據人數的多少來決定一個觀念的價值，那麼我們現在仍然住在洞穴裡。

正如熊彼得曾指出的，選民只是在爭奪他的選票的兩名競選者中選擇。選民面臨著種種政治機器以及一個官僚機構。這官僚機構一樣面臨兩難：一方面想要盡心盡力為國家工作，另一方面想保住執政地位或重返執政。這個需要選票的官僚機構，當然被迫在某種程度上注意選民的願望。任何極不滿的跡象都會迫使政黨改變其方向以挽留選票，而任何大受歡迎的方針都會自然持續下去。就此而言，甚至非民主的專制政體，也會在某種程度上必須顧及民意，只不過它可以靠強制手段長期推行不受歡迎的政策。每個選民除了靠選舉對政治官僚的決定施以限制與督促（通常是一種間接的影響力），不可能直接參與決策。選民一旦投了票，他便把自己的意志委託給他的代表，而代表是責任感與利己主義混合的職業。選民對代表的表現好壞幾乎無能為力，只有等到下次選舉才有機會決定是讓他連任，還是「趕走這個政治上的無賴」。在大型的民主國家中，選舉過程越來越有公投的色彩，選民能做的，不過是對某個強大的政治機器表示贊成或反對，並將自己的政治意志交付給其中之一。

從十九世紀中期到二十世紀，民主的進程就是投票權的擴大，最後發展到如今不受資格限制的普選。但光是全面開放投票權還是不夠的。民主制度要繼續進步，必須踏出新的步伐。首先，我們必須承認，真正的決策無法在大規模投票的氛圍中產生，只有在相當於過去的鎮民大會（town meeting），這類較小團體中方能制定，其規模不超過五百人。在這樣的團體中，重大問題才能得到徹底討論，每個成員才能發表自己的意見，理智地聽取並討論其他人的觀點。成員彼此之間有著個人的接觸，所以那些蠱惑人心與非理性的影響，難以左右他們的想法。其次，每個公民都必須掌握能夠做出合理決定的重要事實。最後，身為這樣一個小型面對面團體的一員，他做出的決定必須對中央選舉所產生的議會決策過程有直接的影響。如果不是這樣，公民在政治上就會像今天一樣愚昧無知。

問題於是出現了：是否可能將當今這種中央集權形式的民主制度，與高度的地方分權結合起來？是否能在現代工業化社會中，重新導入「鎮民大會」的原則？

對於這個問題，我認為沒有解決不了的困難。一種可能的做法是，將所有人依居住地點或工作地點，分成比方說五百人一組的小團體，並盡可能讓小團體成員的社會背景、階層多樣化。這些小組定期開會（比如一個月一次），挑選自己的幹部和委員會（每年更換一次）。開會的內容是討論地方性和全國性的政治議題。根據前面提到的原則，任何這類討論如果想要合理，都需要一定數量的事實性資料。這些資料要如何獲得呢？看來完全可行的辦法是，設立一個政治上獨立的文化機構，負責準備並發布供參考之用的事實性資料。這是我們的學校系統已經在做的事，也就是提供孩子一些比較客觀與不受政府變動的影響的資料。例如，我們可以在藝術、科學、宗教、商業與政治領域，挑選卓有貢獻而品格又絕無可疑的人士，來組成這樣的非政治性文化機構。他們的政治見解可能會各不相同，但我們有理由認為他們會對什麼是構成事實的客觀資料達成共識。要是不能達成共識，他們也可以把不同的事實攤開在公民眼前，解釋差異的由來。面對面小組在獲得資訊和討論問題之後，接著便投票。在現今技術設備的幫助下，我們很容易就能在短時間內算出投票結果。剩下的問題就是，按照這種辦法做出的決定如何傳達給中央層級的政府，使之在決策中發揮作用。沒有理由認為不可能找到完成這項過程的形式。在議會制的傳統中，我們通常有兩個議院，兩院都參與決策，但卻是依照不同的原則選舉出來。面對面小組做出的決定將構成真正的「眾議院」，它會與普選產生的議員和執政者分享權力。這樣一來，決策的方向就會不停流動，不僅自上而下，還會自下而上，而且是基於每個公民積極而負責任的思考。透過面對面小組的討論和投票表決，決策中所含的非理性和抽象因素就會消失，而政治會成為公民真正關心的議題。公民透過投票把自己的政治意志委交給自身之外的異化過程將會顛倒過來，每個公民將重新成為共同體的參與者。[55]

第四節 文化的轉型

社會或政治安排能做的只是促進或阻礙某些價值和理想的實現。猶太教—基督教傳統的理想不可能在物質主義的文明中成為現實（物質主義文明結構的中心是生產、消費和市場上的成功）。另一方面，沒有任何社會主義的社會能實現友愛、正義和個人主義的目標，除非它的觀念能夠以一種新的精神灌注人心。

我們並不需要新的理想或精神目標。人類的偉大導師已經為健全的生活制定了規範。確實，他們說著不同的語言，強調的面向不同，對一些問題持有不同的看法。但整體來說，他們的差異之處甚少。各大宗教與倫理體系之所以常常互相攻擊，強調彼此的差異而非基本相似點，是因為有些人將教會、階級制度和政治組織，建構在那些由偉大導師所奠定的素樸真理之上。自從人類斷然脫離自然與動物界，在良知與友愛中尋找一個新家以來；自從人類第一次意識到人類一體和以追求完全的誕生為宿命以來，人類的觀念與理想就一直沒有改變。各個文化的核心雖然多半沒有互相影響，但我們卻可以在它們之中發現相同的洞見，宣揚著相同的理想。今日，我們仍然秉持這些觀念，是被偉大的人本主義教導的直接繼承人。我們並不需要教導我們如何健全地生活的新知識，卻亟需嚴肅對待我們所相信與傳揚的思想。我們的心靈革命並不需要新的智慧，而是需要新的嚴肅態度與獻身精神。

讓人牢記文化的主要理想與規範，這首先是教育的任務。但可悲的是，教育在這方面做得遠遠不夠。現在，教育的目的，主要只是教授個人在工業化文明中立足所需的知識，並將他的性格塑造成社會需要的模式：野心勃勃與具有競爭力，但又能在一定程度上與他人合作，尊重權威，但又「有適度的自主性」（某些成績單上的教師評語是這樣寫的）；友善，而不對任何人或事太過依賴。我們的中學與大學仍然持續進行這樣的工作：提供學生完成現實生活任務所需的知識，以及人格市場所需求的性格特質。我們的教育很少讓學生獲得批判思考能力，很少讓他們具備我們的文明自稱維護的理想所需的性格特徵。當然，我們沒有必要詳述這一點，或把哈奇森（Robert Hutchins）等學者十分中肯的批評重說一遍。在此，我只想強調，必須消除理論知識與實用知識之間那種有害的脫節。這種脫節正是工作與思考之間異化現象的一部分。它傾向於讓理論與實務分離，使人更難以在自身的工作中找到意義。如果我們希望工作能成為以知識與理解為基礎的活動，我們的教育方法必須進行一次徹底的改造，讓理論教育與實際工作從一開始就結合在一起。對年輕人來說，理論教育是第一位，實際工作是第二位，這種排序對過了學齡的人來說則應該相反。不過，無論在人的任何發展階段，理論與實踐這兩個領域之間都不應脫節。凡是沒有學會一門有用手藝的青少年，都不能畢業。學生必須對工業生產的基本技術過程有所了解，初等教育才算告一段落。當然，中學教育應當結合掌握一門手工藝及現代工業技術與理論教育。

現在教育的主要目的，在於為社會機器造就有用的公民，而不是著重學生的人格發展。這可從我們認為一個人的教育只需進行到十四歲、十八歲，頂多是二十歲的事實中看出來。為何社會只認為對兒童的教育負有責任，而不是對各個年齡層的成年人皆如此呢？事實上，正如約翰遜（Alvin Johnson）讓人信服地指出的，六歲至十八歲並不像一般人所認為是適合學習的年齡。這段時間當然是學習讀、寫、算和語言的最佳年齡，但可以肯定的是，對歷史、哲學、宗教、文學、心理學等的了解是很有限的。事實上，就算是二十歲左右，在大學學習這些課程也不是理想的年齡。在很多情況下，要想真正理解這些領域中的問題，需要比讀大學時具有更多的生活歷練。對很多人而言，三十至四十歲是更適合學習的年齡（這是就理解力而非記憶力而言）。很多時候，人的興趣在年齡較大時也較廣泛。正是在這個年齡前後，人應該完全改換職業，以便有機會重新學習——這種機會在今天僅限年輕人擁有。

一個健全的社會必須為成年人提供教育機會，就像我們今日為兒童提供教育一樣。這一原則如今已透過日益增加的成人教育課程得到體現，但這些私人安排的課程，只涵蓋了社會中極少數的人，而這項原則本應施用於全民。

學校教育無論是傳輸知識還是塑造性格，都只是教育的一部分，而且大概不是最重要的部分。我在這裡是使用「教育」一詞的字面意義與最基本含義。這個字的拉丁文*e-ducere*原是指「誘發、啟迪」，即誘發、啟迪出人的內在。即使一個人有知識，即使他把工作做得很好，又即使他正直、誠實，不為物質需求感到焦慮，他也一樣不會與不能感到滿足。為了要在世上感到自適，人就必須掌握世界，而且不僅是用頭腦掌握，還是以他的感官、他的眼、他的耳和他的整個身體掌握。他必須用身體的活動把腦子所想的東西表現出來。無論從哪方面來看，人的身與心不可分離。當人掌握住世界，並因此將思想與世界結合為一體時，他就創造出哲學、神學、神話和科學。當人以感官表達出他對世界的掌握時，他就創造出藝術、儀式、歌曲、舞蹈、戲劇、繪畫、雕塑。當我們使用「藝術」一詞時，受到現代用法的影響，即把藝術當成一個單獨的生活領域。我們一方面有藝術家這種以藝術為專職的人，另一方面有藝術的欣賞者和消費者。但這種分離也是一種現代現象。這不是說過去的重要文明中沒有「藝術家」。埃及、希臘或義大利的偉大雕塑，都是天賦異稟與專精於藝術的藝術家所創造。希臘戲劇或十七世紀以來的音樂也是如此。

然而，哥德式教堂、天主教儀式，印度的求雨舞、日本的插花藝術、民間舞蹈，以及社區合唱團等等，又是什麼呢？它們是藝術嗎？是通俗藝術嗎？我們找不到恰當的字眼。因為從廣義和一般意義來說，藝術是人人生活的一部分，但在我們的世界，藝術卻失去了它本來的地位。那麼，我們該用什麼字眼呢？在討論異化時，我用了「儀式」這個詞語。這裡的困難當然是「儀式」有著宗教意涵，因而又讓它成為一個特殊與單獨的領域。由於找不到更好的措詞，我將採用「集體藝術」（collective art），其含義與「儀式」相同，意指用我們的感官以有意義、有技巧、創造性、積極和分享的方式對世界做出反應。在這種描述中，「分享的」說法十分重要，因為正是它使得「集體藝術」有別於現代意義的藝術。後者是個人化的事物，其創造方式與消費方式都是如此。「集體藝術」是分享的藝術，它使人感到自己以一種有意義、豐富、創造性的方式與他人結合在一起。它不是附加於生活的，一種個人的、「閒暇的」消遣，而是生活不可分割的部分。它符合人的基本需求，只要這種需求未能滿足，人仍舊感到不安和焦慮，就如同他缺乏一幅能賦予世界意義的認知圖像那樣。為了逐漸走出「接受取向」和走入「創造性取向」，他必須不僅從哲學或科學上，而且還從藝術上與世界連結。如果一種文化不能主動幫助實現這樣的認知，一般人的成長就不會超越他的「接受取向」或「行銷取向」。

我們現在的處境如何？除了對天主教徒之外，宗教儀式幾乎不再重要。世俗的儀式幾乎不存在。除了一些聯誼會或兄弟會還在試圖模仿儀式之外，我們只有少量的愛國儀式和體育儀式了，而這些儀式也只能迎合整個人存在需求的極小部分。我們是一群消費者。我們沉迷電影、犯罪報導、烈酒和娛樂。其中不包含積極的創造性參與，不包含共同經驗，不包含對生活有意義的回應。我們對年輕一代有什麼期望？當他們沒有機會從事有意義、分享的藝術活動時，他們又該做些什麼？除了以酗酒、做電影中那類白日夢、犯罪、患精神官能症與精神疾病的方式逃避現實之外，他們還能做什麼？如果我們對我們的全體人格沒有集體的表達方式，沒有共同的藝術和儀式，那麼消滅文盲和擁有歷來最高的高等教育普及率又有何用？毫無疑問，一個仍然有著真正的宴會，有著分享的藝術形式、相對原始的村落的文化，即使沒有識字能力，一樣比我們教育普及、看報和聽收音機的文化來得更進步，精神上更健康。

健全的社會不可能建立在只有純知識而幾乎完全沒有共享藝術經驗的基礎上。大學加上足球、犯罪故事加上七月四日慶典，外加母親節、父親節、耶誕節，這些都不能構成一個健全的社會。在考慮要如何建立一個健全的社會時，我們必須承認，在重要性上，創造一種非宗教性的集體藝術與儀式，並不亞於推廣識字率和高等教育。要把一盤散沙的社會改造成社群主義的社會，有賴於再次創造出機會，讓大家可以一起唱歌，一起走路，一起跳舞，一起欣賞讚美——凡事都在一起，而不是成為理斯曼（Riesman）所說的「寂寞的群眾」（lonely crowd）的一分子。

人們在復興集體藝術與儀式方面有過好些嘗試。由法國大革命創立的「理性宗教」（Religion of Reason）就有一些新的節日與儀式。民族情感創造出一些新的儀式，但它們從未發揮沒落的宗教儀式曾經有過的重要作用。社會主義也在五一勞動節創造出自己的儀式，以及「同志」等帶著博愛意味的稱呼，但其重要性從來也沒有超過愛國儀式。我們大概可以從盛行於第一次世界大戰前後的「德國青年」運動中，找到集體藝術與儀式最原創性及最深刻的表現形式。但這運動一直相當隱蔽，後來也被淹沒在國家主義與種族主義的浪潮中。

整體來說，現代的儀式十分貧乏，無論在品質還是數量上，都不能滿足人對集體藝術和儀式的需求。

我們該怎麼辦呢？我們能發明儀式嗎？我們能人為地創造集體藝術嗎？當然不能！但是，一旦我們認識到這種需求，一旦我們開始培育它，種子就會發芽，天賦高的人就會為舊瓶裝上新酒，新的天才就會出現（而如果沒有這種新的方向，天才就會被埋沒）。

集體藝術將會從幼稚園的兒童遊戲開始，然後在學校中延續下去，再在人後來的生活中延續下去。我們將有共同的舞蹈、合唱、戲劇、音樂和樂隊。這些不會完全取代現代體育運動，但會把體育活動擠為眾多非盈利、無目的的活動之一。

這裡又與工業及政治組織的情形一樣，決定性因素是權力下放：具體的面對面小組，積極和負責任的參與。在工廠，在學校，在政治討論小組，在村莊，我們都可以創造出各式各樣的共同藝術活動。這樣的藝術活動可以經由中央藝術機構的幫助和建議而得到發展，但絕不是由其「餵養」。與此同時，現代的廣播與電視技術也創造出極好的機會，可以把最好的音樂與文學作品帶給廣大的視聽者。更不用說，不能把這些機會單獨留給商界，而是應該讓它們與非盈利的教育機構分庭抗禮。

可能會有人認為，大規模地復興集體藝術與儀式的想法不切實際：這種事只適合手工業時代，不適合機器生產的時代。如果這種反對意見正確，我們可能就該認命地接受，我們的生活方式將很快毀掉自身，因為它缺乏平衡和健全。但是，這種反對意見與人們當初反對興建鐵路和製造飛機的意見一樣，是沒有說服力的。它只有一點正確，那就是，在我們一盤散沙、異化，與沒有真正的社群感的現狀下，我們將無法創造新的集體藝術和儀式。

不過，這正是我一直強調的。我們不能把工業與政治組織中的改革，與教育和文化生活的改革分開。如果我們沒有同時在所有領域著手改革，則任何改革與重建的努力都會落空。

在談社會的精神變革時，我們不能忽略宗教。毫無疑問，三大一神教都強調「創造性取向」所追求的相同人本主義目標。基督教和猶太教要宣揚人的尊嚴，宣揚友愛，宣揚理性，宣揚精神價值勝於物質價值。這些倫理目的都與某種上帝的概念相關。不同的一神教信徒對上帝的概念不盡相同，也有數以千萬計的人不接受上帝的概念。可是，非信徒集中攻擊上帝的概念卻是一個錯誤。他們的真正目標應當是向信徒提出挑戰，看他們是否真的把他們的宗教（尤其是把他們的上帝概念）當一回事，也就是說，看他們是否真正奉行友愛的精神，堅持真理和正義，並因此成為今日社會最激進的批判者。

另一方面，即使從嚴格一神論的立場出發，討論上帝也意謂著妄稱上帝的名字。不過，我們雖然說不清上帝是什麼，卻說得清上帝不是什麼。現在，我們應該停止有關上帝的爭論，團結起來揭開現代形式偶像崇拜的假面具。今天，被奉為偶像膜拜的不是巴力（Baal）與阿斯塔蒂（Astarte）[56]，而是專制國家中，被神化的國家和權力，是我們文化中被神化的機器和追求事業成功。這是威脅著人類精神特質、無孔不入的異化。無論我們是否有著狂熱的宗教信仰，無論我們是否認為有必要建立一種新宗教，或延續猶太教—基督教傳統就足夠，只要我們關切的是實質而非外表，是經驗而非口號，是人而非制度，我們就能團結起來堅決否定偶像崇拜，並在這種否定中（而不是從任何肯定上帝的口號中）找到更多的共同信仰。我們必然會更加謙遜，更加友愛。

即使我們相信（我就是這樣相信），有神論的觀念在人類未來的發展中註定消亡，上述的說法仍然成立。事實上，那些把一神教視為人類演化其中一個階段的人，相信一種新的宗教將會在今後幾百年內發展出來，並不會過於牽強。這種新宗教將適合人類的發展與成長的需求，其最重要的特徵是具有普世主義，符合人類在新時代達成的統一性。它包羅了東、西方各大宗教所共有的人本主義教導，內容不會與今日人類的理性洞察力相牴觸，其強調的重點將放在生活的實踐，而不是教條的信仰。這樣的宗教會創造出新的儀式與新的藝術表達方式，有利於尊重生命和人類團結的精神。當然，我們不可能發明宗教。新的宗教將是隨偉大新導師的誕生而出現——他就像過去幾世紀的導師那樣，是隨著時機的成熟應運而生。在這之前，信上帝的人應當在生活中體現他們的信仰，而不信上帝的人，則應本著愛與正義的戒律生活，耐心等待。[57]

---

1 *New Fabian Essays*, ed. by R. H. S. Crossman, Turnstile Press, London, 1953, p. 31.

2 G. D. H. Cole and W. Mellor, *The Meaning of Industrial Freedom*, Geo. Allen and Unwin, Ltd., London, 1918, pp. 3, 4.

3 同上引書，p. 22.

4 Ch. R. Walker and R. H. Guest, *The Man on the Assembly Line*, Harvard University Press, Cambridge, Mass., 1952, pp. 142, 143.

5 同上引書，p. 144. I.B.M.公司擴大工人工作範圍的做法反映出類似考量。當原先分給幾個工人的工作改為交由一個工人來完成，這個工人就會有一種成就感。他與自己的勞動產品產生關聯，造成生產增加和疲勞減少。

6 Survey reported in the Public Opinion Index for Industry in 1947, quoted from M. S. Viteles, *Motivation and Morale in Industry*, W. W. Norton & Company, New York, 1953.

7 同上引書，p. 27.

8 同上引書，pp. 49, 50.

9 W. Williams, *Mainsprings of Men*, Charles Scribner’s Sons, New York, 1925, p. 56, quoted in M. S. Viteles, *loc. cit.*, p. 65 ff.

10 這些數字轉引自G. Friedmann, *loc. Cit.*, p. 152 ff.

11 G. Friedmann, *loc. Cit.*, pp. 319, 320.

12 參見C. W. Mills, *White Collar*, Oxford University Press, New York, 1951, p. 229.

13 M. S. Viteles, *loc. Cit.*, p. 61.

14 維特勒斯（M. S. Viteles）在「『經濟人』的衰落」（The Decline of 'Economic' Man）這一章節中得出這樣的結論：

總之，對上述這種類型的研究有力地證明了馬修森（Mathewson）在工廠透過觀察和訪問管理部門的代表之後得出的結論：

一、保留餘力是一種廣為流行的習俗，深深烙印在美國勞動人民的工作習慣上。

二、科學管理沒有能夠在勞動契約雙方之間形成信任精神。這種信任精神在推動買賣契約雙方的善意合作方面，曾經發揮過重要作用。

三、潦草工作和保留餘力，與過速工作和過度工作相比，問題更大。主管試圖加快工人工作速度的努力，都被工人巧妙想出的怠工辦法所抵消。

四、主管只滿足於了解一個人在一小時內完成工作的整體情況，因而只是從表面上注意工人是否增加了產量。為了保證增產所採用的方法是傳統和非科學的，而工人堅持由來已久的自我保護的做法，這種做法早於計時薪水、獎金和其他提高生產能力的措施。

五、無論工人本人在多大程度上願意或不願意完成一天的工作量，他的實際經驗常常讓他背離良好的工作習慣。（M. S. Viteles, *loc. Cit.*, pp. 88, 89.）

15 參見Elton Mayo, *The Human Problems of an Industrial Civilization*, The Macmillan Company, 2nd ed., New York, 1946. 另參見F. J. Roethlisberger and W. J. Dickson, *Management and the Worker*, Harvard University Press, Cambridge, 10th ed. 1950.

16 E. Mayo, *loc. cit.*, p. 63.

17 一九四七年工業公眾輿論指數調查報告，引自 M. S. Viteles，*Motivation and Morale in Industry*，W. W. Norton & Company, New York, 1953. p. 134.

18 M. S. Viteles, *loc. cit.*, p. 138.

19 D. Hewitt and J. Parfit on *Working Morale and Size of Group Occupational Psychology*, 1953.

20 M. S. Viteles, *loc. cit.*, p. 139.

21 E. Mayo and G. F. F. Lombard, "Team Work and Labour Turnover in the Aircraft Industry of Southern California," Harvard Graduate School of Business, *Business Research Series* No. 32, 1944.

22 G. Friedmann, *Où va le Travail Humain?*, Gallimard, Paris, 1950, p. 139; cf. also his *Machine et Humanisme*, Gallimard, Paris, 1946, pp.

329, 330 and 370 ff.

23 I.B.M. 公司所作的「擴大工作範圍」實驗也表明，如果改變高度的勞動分工和因此造成工人勞動的單調，讓工人的勞動由幾件單獨的操作結合成有意義的合作，那麼，工人就會有更大的滿足感。此外，根據沃克（Walker）和格斯特（Guest）的報告，汽車工人更喜歡至少可以看到他們完成的零件的勞動方式。哈伍德製造公司的一家工廠進行了以下實驗：在一個接受實驗的團隊中，採用的民主辦法與決策，使這個團隊的產量增加了十四％。(參見Viteles, *loc. cit.*, pp. 164-167) 小弗倫奇對縫紉機工人的一項研究顯示，由於工人參與勞動安排和決策的程度日益增加，產量提高了十八％。(J. R. P. French, "Field Experiments, " in J. G. Miller, [ed.] *Experiments in Social Process*, The McGraw-Hill Book Co., New York, 1950, pp. 83-88) 在戰爭期間，英國也採用了同樣的原則，當時飛行員參觀工廠，向工人解釋他們的產品如何實際運用於戰鬥。

24 我這裡是根據畢曉普（Claire Huchet Bishop）的《一切公有》（*All Things Common*, Harper and Brothers, New York, 1950）一書對「勞動社群」的描述。我認為這部思想深刻的著作是探討工業組織心理問題和未來各種可能性最啟人以思的作品之一。

25 不包括原「十誡」的第一誡，該誡涉及的是人的命運，不是道德原則。

26 C. H. Bishop, *loc. Cit.*, pp. 5, 6, 7.

27 同上引書，p. 12.

28 同上引書，p. 13.

29 同上引書，p. 13.

30 同上引書，p. 14.

31 同上引書，p. 17, 18.

32 同上引書，pp. 18, 19.

33 同上引書，p. 23.

34 同上引書，p. 35.

35 同上引書，pp. 35-37.

36 同上引書，pp. 134-137.

37 這裡必須提一下奧里維蒂（A. Olivetti）在義大利開創社群主義運動的努力。奧里維蒂是義大利最大打字機工廠的總經理，他不以僅以最開明的方法建立了工廠，還制定了社會體制的整套方案，也就是以基督教和社會主義的原理建立一個社群的聯邦。（參見他的*L'Ordine Politico delle Communità*, Roma, 1946）奧里維蒂也在許多義大利城市建立了社群中心，在開拓上居功。然而，與上述社群的主要不同在於：一方面，他的工廠沒有改造成為一個「勞動社群」（顯然也不可能做到，因為他不是工廠的唯一所有者）；另外，奧里維蒂為整個社會的組織制定了特有的方案，與社群主義運動中的「勞動社群」相比，更強調特定的社會和政治結構狀況。

38 參見the article by C. Kratu, J. W. Fretz, R. Kreider, "Altruism in Mennonite Life" in *Form and Techniques of Altruistic and Spiritual Growth*, ed. by P. A. Sorokin, The Beacon Press, Boston, 1954.

39 一些大型的工業企業已經朝著這個方向邁出了第一步。社群主義者已經向我們表明，在勞動時間內除了可以給予工人技術性教育，還可以給予他們很多其他種類的教育。

40 參見費里德曼（G. G. Friedmann）在他很有見地和啟發性的著作《機器與人本主義》（*Machine et Humanisme*, Gallimard, Paris, 1946）中所表達的觀點（特別是第三七一頁起）。社會學大師、當代著名人物之一的阿爾弗雷德·韋伯（Alfred Weber）在他的深刻著作《第三或第四種人》（*Der Dritte oder der Vierte Mensch*, Piper Co., München, 1953）中得出類似的結論。他強調工人和雇主共同管理的需要，要將大企業縮小為比較小的單位，並廢除利潤動機和引進社會主義形式的競爭。但是，只有外部變化還不夠，「我們需要一種新的人類結晶。」（同前引書，p. 91ff.）

41 這篇文章的節錄版，發表於一九五三年十一月十五日出版的《讀者文摘》第十七頁。

42 F. Tannenbaum, *A Philosophy of Labor, loc. cit.*

43 參見C. A. R. Crosland, "The Transition from Capitalism," in the *New Fabian Essays*, ed. by R. H. S. Crossman, Turnstile Press, Ltd., London, 1953, p. 66.

44 同上引書，p. 67.

45 同上引書，p. 72.

46 *New Fabian Essays*, p, 121, 122.

47 同上引書，p. 129, 130.

48 同上引書，p. 198.

49 參見A. Albu "The Organization of Industry," in the *New Fabian Essays, loc. cit.*, p. 121，並參見A. Sturmthal "Nationalization and Workers Control in Britain and France," *The Journal of Pol. Economy*, Vol. 61, I, 1953.

50 莫利（R. Moley）十分清晰地表達了這種觀點。他在為《新聞周刊》所寫、關於一九五五年新型轎車的設計與生產費用的報告中指出，資本主義是想讓人對他們已有的東西感到不滿，因而想買新東西，而社會主義的做法卻相反。

51 參見Clark在*Condition of Economic Progress*的論述：「同樣多的收入如果相對平等的分配，會比不平等分配引起對產品相對更大的需求。」（轉引自N. N. Foote and P. K. Hatt, “Social Mobility and Economic Advancement,” *The American Econ. Rev.*, XLII, May, 1953）

52 參見Harrison Brown,*The Challenge of Man's Future*, The Viking Press, New York, 1954, pp. 245 ff。我還未見過有多少書能像這本書一樣，依據有力的推理和無可辯駁的事實，清楚表明現代社會必須在心理健康和精神錯亂、進步和毀滅之間做出選擇。

53 同上引書，p. 247, 248.

54 夏皮羅博士（Dr. Meyer Shapiro）讓我注意到，羅素（Bertrand Russell）在《通往自由的建議之路》（*Proposed Roads to Freedom*, Blue Ribbon Books, New York, p. 86 ff.）一書中提出了相同的建議。

55 有關面對面團體的問題，參見Robert A. Nisbet, *The Quest for Community*, Oxford University Press, New York, 1953.

56 譯註：古代近東的神祇。

57 赫胥黎（Julian Huxley）也建議建立一種新的人本主義宗教，見“Evolutionary Humanism,” *The Humanist*, Vol. XII, 5, 1953, p. 201 ff.

第九章

結論

當人類首次從動物界脫離出來的時候，就像自然界的怪胎。由於喪失了控制行為的大部分本能配備，他比大多數動物更無力，更不擅於為生存而鬥爭。另一方面，他發展出思考、想像和自覺的能力，這為他改造自然和改造自己打下基礎。在漫長的歲月裡，人一直靠採集和狩獵食物為生。在這個階段，他仍然受到自然的束縛，害怕被逐出自然。他將自己等同於動物，並把這些自然的代表奉為神明膜拜。經過長期的緩慢發展之後，人開始耕耘土地，創造出以農業和畜牧業為基礎的新社會與宗教秩序。在這期間，他把各種女神奉為自然繁衍的孕育者，覺得自己是萬物之母——大地——的兒子。從大約四千年前起，人類歷史上發生了決定性的轉變，在擺脫自然的漫長過程中邁出新的一步。他斬斷了自己與自然和大地的連結，為自己設定了一個新目標：完完全全地誕生，完完全全地覺醒，完完全全地成為人，完完全全地自由。理性與良知成為指導他行為的原則，他的目標是建立一個由友愛、正義和真理主導的社會，即一個嶄新和真正屬於人類的家園，以代替他在自然中無可挽回地失去的舊家。

然後，到了西元前五百年左右，印度、希臘、巴勒斯坦、波斯和中國的偉大宗教體系以嶄新和更進步的形式，表達出人類一體和萬物背後具有統一精神原則的思想。老子、釋迦牟尼、以賽亞、赫拉克利特、蘇格拉底，還有後來在巴勒斯坦的耶穌及其門徒、在美洲的羽蛇神，還有更後來在阿拉伯的穆罕默德，這些偉大人物都教導我們，應當把人類一體、理性、愛與正義視為奮鬥、追求的目標。

北歐似乎沉睡了很久。希臘及基督教思想被傳播到這塊土地上，但要經過一千年，歐洲才完全吸收這些思想。大約在西元一五〇〇年，一個新的階段開始了。人發現了自然與個體，為自然科學打下了基礎，自然科學開始改變大地的面貌。中世紀的封閉世界崩潰，統一的宗教體系也瓦解了，人在科學中找到新的統一原則，並致力在社會統一、政治統一，以及對自然的控制中尋求新的統一。道德良知（猶太教—基督教傳統的遺產）與智識良知（希臘傳統的遺產）融合在一起，帶來了人類創造力從未有過的繁花盛放。

從文化上來看，歐洲是人類最小的孩子，可是它卻創造出那麼多的財富和武器，讓它數百年來成為世界其他地區的主人。到了二十世紀中葉，一場重大的變革再度發生，其影響深遠的程度不亞於過去的變革。新技術以蒸汽機、石油和電來取代畜力和人力。這些新技術創造出的交通方式把地球變成只有一塊大陸的面積，把整個人類變成一個社會，每一群人的命運都休戚相關。新技術創造出了奇妙的裝置，能把最好的藝術、文學和音樂帶給社會的每個成員。新技術創造的生產力讓人人都能過有尊嚴的物質生活，並大大縮短了工作的時間。

可是，在今天，當人似乎已經進入一個嶄新、更富有和更快樂的紀元的開端時，他的生存和後代子孫的生存卻受到了前所未有的威脅。這究竟是如何發生的？

人本來已經擺脫了宗教權威和世俗權威，獲得了自由，傲然獨立，以理性和良知作為唯一的審判者。不過，他卻害怕這剛贏得的自由。他達到了「不受束縛的自由」（freedom from），卻還未達到「自我支配的自由」（freedom to），即做自己的自由、表現創造性的自由和完全覺醒的自由。所以他就設法逃避自由。他的成就本身——他對自然的駕馭——開闢了他逃亡的道路。

在建造新工業機器的過程中，人完全沉迷在這項新的工作，致使這工作成為他首要的生活目標。他曾經致力於尋求上帝和救贖，但現在，他的精力卻朝征服自然和獲取更多物質享受的方向前進。他不再把生產當成改善生活的手段，反而將其具體化為目的本身，讓生活附屬於此目的。在勞動分工越來越細、工作越來越機械化、社會組織越來越龐大的過程中，人自己成了機器的一部分，不再是機器的主人。他覺得自己是一件商品，是一筆投資。他的目的是成功，也就是在市場上賣得好價錢。他作為人的價值在於他的可銷售性，而不在他的愛、理性或藝術能力等人類特質。快樂相當於購買更新更好的商品，相當於消費音樂、電影、娛樂、性愛、烈酒和香菸。除了自從眾得到的自我感之外，他沒有別的自我感，因而感到不安全、焦慮，須仰仗他人的認可。他與自己異化開來，崇拜自己雙手製造的產品和他選出的領袖，就像這些產品和領袖高高在他之上，不是他的創造物。從某種意義上來看，他倒退回西元前二千年前、人類的大演化開始之前。

他沒有能力去愛，去運用理性，去下決定。事實上，他沒有能力欣賞生命，因而隨時準備好，甚至樂意摧毀一切。世界再度支離破碎，失去統一性。他重新膜拜各式各樣的事物，不同的只是他現在膜拜的都是人造物，而不是自然的一部分。

這個新紀元以個人的開創精神為開端。事實上，十六、十七世紀新大陸和新航道的發現者，科學的先驅者，新哲學的創造者，英國、法國和美國大革命的政治家和哲學家，其後的工業先驅，甚至十九世紀後半期以剝削致富的美國商人，都顯示出卓越的個人開創精神。但是，隨著資本主義的官僚化和管理階層化，這種個人的開創精神正逐漸消失。官僚機構的本質就是沒有什麼開創性，也沒有什麼自發性。稱資本主義為個人開創精神提供了機會的說法，說好聽點是懷舊，說難聽點不過是一種騙人的口號，用以反對需要以真正個人開創精神為基礎的改革計畫。

現代社會始於夢想要創造一種滿足人類各種需求的文化，它的理想是在個人需求和社會需求之間建立和諧關係，結束人性與社會秩序的衝突。人們相信可透過兩種途徑達到此目標：第一，靠增進生產技術讓人人能豐衣足食；第二，以理性、客觀的方式理解人類及其真正的需求。換言之，現代人致力的目標是創造一個健全的社會。更具體來說，這意謂著社會中每個成員已經充分發展其理性，能按本來面目客觀地看待自己、他人和自然，不會被幼稚的全知觀點或偏執的怨恨所扭曲。在這種社會中，每個成員將充分發展出獨立性，能區別善與惡，能夠自己做出選擇，有信念而不是只有意見，有信仰而不是只有迷信或模糊不清的希望。在這種社會中，每個成員能夠愛自己的孩子，愛鄰居和所有人，愛自己和自然界的一切；每個成員能夠感到與萬物合一卻又不失個性和完整性；每個成員都能用創造而不是用毀滅來超越自然。

截至目前為止，我們一直未能達到此目標。我們尚未縮小這種差距：少數人意識到這些目標，努力按照它們生活，但多數人的思想遠遠落後，還停留在石器時代，停留在圖騰崇拜，停留在偶像崇拜，停留在封建時代。我們能否把這多數人轉變為健全的人？或是他們會利用人類理性的偉大發現以實現自己非理性和精神錯亂的目標？我們能否創造一個美好、健全生活的願景，以激勵那些害怕邁步前進的人的生命力？目前，人類正處於十字路口，走錯一步可能就意謂著滅亡。

在二十世紀中葉，人類發展出兩個龐然巨物，彼此害怕，為尋求安全而不斷擴充軍備。美國及其盟國是較富裕的一方，生活水準較高，對於舒適和享樂的興趣也比對手——蘇聯及附屬國和中國——更大。敵對雙方均聲稱，自己的體制才是人類的最後救星，是人類未來的保證。雙方均聲稱，對方代表著與自己完全相反的前景，如果人類要想得救，就得將其徹底剷除。雙方都高舉十九世紀的理想。西方打著法國大革命的旗號，標榜自由、理性和個體性。東方高舉著團結和平等等社會主義觀念。雙方都成功地抓住了千百萬人的想像力，得到他們狂熱的效忠。

兩個體制之間如今有著決定性的差異。在西方世界，人們有自由表達他們對既有體制的批判意見。在蘇聯世界，批評和表達異議會遭到武力鎮壓。因此，西方世界帶有和平進步轉型的可能性，而這種可能性在蘇聯世界幾乎不存在。在西方世界，個人可免於被任意監禁、刑求和殺害的恐懼，但在蘇聯社會裡的任何人，只要沒有變成運作良好的機器人，都可能面對這種命運。事實上，西方世界已經變得前所未有的富裕和快樂，反觀蘇聯體制下的生活絕不會快樂——任何有劊子手站在門後監視的地方都不可能快樂。

我們雖然不應該忽視自由資本主義和極權共產主義之間的巨大差別，但如果我們看不到兩者的相似之處，特別是它們的未來發展趨勢，那麼我們仍舊目光短淺。這兩種體制都建立在工業化的基礎上，目標都是要不斷增加經濟效率和財富。兩者都是由管理階級和職業政客統治的社會。就世界觀而論，無論是西方的基督教意識形態還是東方的世俗彌賽亞主義，都是徹頭徹尾的唯物主義。它們透過中央集權制度、大工廠、群眾政黨把人組織起來。每個人都是大機器中的一個齒輪，必須暢順運作。在西方，社會控制主要是透過心理制約、群眾暗示和金錢獎勵來達成。在東方，除了這些手段，還依賴恐怖統治。我們可以推測，隨著蘇聯經濟的發展，它對大多數人民的剝削將減少，因此恐怖統治將逐步被心理操控手段所取代。西方會更迅速地朝著赫胥黎的《美麗新世界》的方向發展，而東方今天就是歐威爾的《一九八四》中描述的情況。但兩種體制大有可能交會。

那麼，未來的前景會是如何？首先，也是最有可能的，是發生一場核子大戰。這場戰爭最可能的結果是工業文明的毀滅，世界倒退回原始的農業水準。或者，如果毀滅的情況並不像許多專家預測的那樣徹底，結果勢必是戰勝者組織並統治整個世界。這種情形只會發生在一個基於武力的中央集權政府——無論這個政府的所在地是在莫斯科或華盛頓都沒有分別。但不幸的是，即使避免了戰爭，也不能保證人類有光明的未來。我們可以想像，在今後五十年或一百年間，資本主義和共產主義的發展中，自動機器化和異化的過程將會持續。兩種制度下的社會都會發展成為管理式社會，居民豐衣足食，願望都得到滿足，也不會產生滿足不了的願望。他們都是些不需外力推動的機器人，由無形的領袖帶著走，會製造出像人一樣活動的機器，和生產出像機器一樣活動的人。人的智力提高，但理性卻退化，造成一種危險處境：人具備了最巨大的物質力量，卻不具備使用這些力量的智慧。

這種異化和自動機器化導致不斷惡化的精神錯亂。生活變得沒有意義，沒有喜樂，沒有信仰，沒有真實感。除了不去感受，不去理性思考，不去愛之外，人人都「快樂」。

十九世紀的問題是上帝死了，二十世紀的問題是人死了。在十九世紀，不人道意謂著殘酷；在二十世紀，它變成意指精神分裂般的自我異化。過去的危險在於人可能變成奴隸，未來的危險在於人可能變成機器人。機器人確實不會造反。但是，基於人的本性，變成機器人之後的人無法既活著又心理健全。他們會成為「魔像」（Golem）[1]，會摧毀世界和自己，因為他們無法再忍受無意義生活的無聊乏味。

我們面臨的危險是戰爭和人的機器人化。有什麼替代選項？我們應當離開原來的路線，朝人的誕生與自我實現邁出下一步。首要條件是消除戰爭的威脅，這威脅正籠罩著我們，癱瘓了我們的信念和開創精神。我們必須以天下為己任，在世界範圍內推廣所有大國的內部發展經驗，倡導相對平均的財富分享，和一種新的、更公正的經濟資源分配。這最終必將導向國際經濟合作和計畫，形成世界性政府和徹底裁軍。我們必須保留工業方法。但我們必須讓勞動與國家減低集權化，使其符合人性化的程度，只在工業生產所必須的程度內讓集權最大化。在經濟領域，我們需要在同一家企業內工作的所有人的共同管理，讓他們積極和負責任地參與。這類新的參與形式並非遙不可及。在政治領域，我們可以重新採取鎮民大會的形式，組成千千萬萬的面對面小組。他們得到翔實資訊，就各種問題進行討論，決議會被整合到一個新的「眾議院」中。年輕人的文化復興必須和勞動教育結合，成人教育必須與新的大眾藝術系統和全國性世俗儀式結合。

要免於淪為機器人，唯一途徑是建立人本主義的社群主義（humanistic communitarianism）。關鍵不在財產所有權的法律問題，也不在利潤的分享，而在於共同分擔勞動和共同分享經驗。所有權變更必須在必要的範圍內進行，讓「勞動社群」得以成立，並防止利潤動機將生產引向危害社會的方向。收入必須達到這種平等狀態：人人都能得到過上有尊嚴的生活物質保障，從而使社會各階級不致因經濟收入的懸殊而產生截然不同的生活經驗。人必須恢復他在社會中的最高地位，人應被視為目的而非工具，永不成為被他人或被自己利用之物。人利用人的現象必須結束，經濟必須成為人類發展的僕人。資本必須為勞力服務，物必須為生命效力。「創造性取向」必須取代十九世紀流行的「剝削取向」和「囤積取向」，並取代今日盛行的「接受取向」和「行銷取向」，成為一切社會安排所服務的目標。

任何變革都不能強制推行，必須同時在經濟、政治和文化領域展開。局限於單一領域的變革將會破壞全局。正如原始人在自然力量面前一籌莫展，現代人在面對自己創造的社會力量和經濟力量時也是一籌莫展。他崇奉他雙手造出來的東西，對新偶像頂禮膜拜，然而又非常相信命令他毀掉一切偶像的上帝之名。人只有創造出一個健全的社會，才能保護自己，免受自己精神錯亂所引發後果的影響。健全的社會符合人的需求，而人的需求根植於他的生命狀況。在這樣的社會裡，人與人相親相愛，扎根於友愛和團結的連結而不是血緣和土地的連結。在這樣的社會裡，人能夠以創造而不是摧毀的方式超越自然。在這樣的社會裡，每個人不是靠從眾，而是透過將自己體驗為自身力量的主體來獲得自我感。在這樣的社會裡，人不需要透過扭曲現實和崇拜偶像才能獲得「定向架構」和獻身對象。

建立這樣的社會意味著邁向下一步，代表著「類人類」（humanoid）歷史的終結，也就是人類尚未完全成為真正人類的階段結束。這並不意味著「世界末日」或終極圓滿，也不代表一個完全和諧、不再有衝突與問題的人類社會已經來臨。恰好相反，人的生命註定要受到矛盾的困擾，必須永遠致力解決這些矛盾又永遠解決不了。當人克服了人祭（human sacrifice）的原始狀態（無論是阿茲特克人的獻祭，還是以世俗戰爭形式表達的獻祭），當他能夠理性而非盲目地調整自己與自然的關係，當物真正成為他的僕人而不再是偶像時，他才會遇到真正屬於人的衝突和難題。這時，他將不得不具有冒險犯難精神、勇敢、富於想像力，能夠承受痛苦和享受歡樂。但他的力量將會是為生命而非死亡服務。人類歷史的這個新階段——如果它會來臨的話——將是一個嶄新的起點，不是一種結束。人類今天面臨著最根本的選擇：不是在資本主義與共產主義之間選擇，而是在資本主義和社會主義造成的機器人化與人本主義社群主義之間選擇。

很多事實似乎顯示，人正在選擇機器人化，而這意謂著長遠來說人會走向錯亂與毀滅。但是，這一切事實並不足以摧毀我們對人的理性、善意與心理健全所抱持的信心。只要我們能夠想到其他替代選項，就沒有迷失方向；只要我們能夠一起協商，一同計畫，我們就有希望。當然，陰影正在越拉越長，錯亂的聲音變得越來越尖銳。我們有能力觸及偉大導師所夢想的人的狀態，但我們卻處於一切文明被摧毀或人被機器人化的危險中。幾千年前，上帝對一個小部落說：「我將生死禍福陳明在你們面前，而你們選擇了生。」這也是我們的選擇。

1 譯註：有生命的泥人。傳說中用巫術灌注而產生自由行動能力的人偶。

健全的社會

佛洛姆從人本主義出發，勾勒人類真正的理想生活

The Sane Society

作者：埃里希．佛洛姆（Erich Fromm）
譯者：梁永安

副 社 長：陳瀅如
責任編輯：翁淑靜
特約編輯：沈如瑩
封面設計：Javick Studio
內頁排版：洪素貞
行銷企劃：陳雅雯、張詠晶

出版：木馬文化事業股份有限公司
發行：遠足文化事業股份有限公司（讀書共和國出版集團）
地址：231新北市新店區民權路108-4號8樓
電話：(02) 2218-1417
傳真：(02) 2218-0727
電子信箱： service@bookrep.com.tw
郵撥帳號：19588272木馬文化事業股份有限公司
客服專線：0800221029
法律顧問：華洋法律事務所 蘇文生律師
印刷：呈靖彩藝有限公司
初版 2025年7月

定價：620元
I S B N：978-626-314-824-6（平裝）
978-626-314-825-3（EPUB）

國家圖書館出版品預行編目

健全的社會 / 埃里希 . 佛洛姆 (Erich Fromm) 著 ; 梁永安譯 . -- 初版 . -- 新北市 : 木馬文化事業股份有限公司出版 : 遠足文化事業股份有限公司發行 , 2025.07
面； 公分
譯自 : The sane society.
ISBN 978-626-314-824-6(平裝)

1.CST: 社會心理學

541.7 114004285